智慧交通
高速公路移动大数据分析

高鸿 著

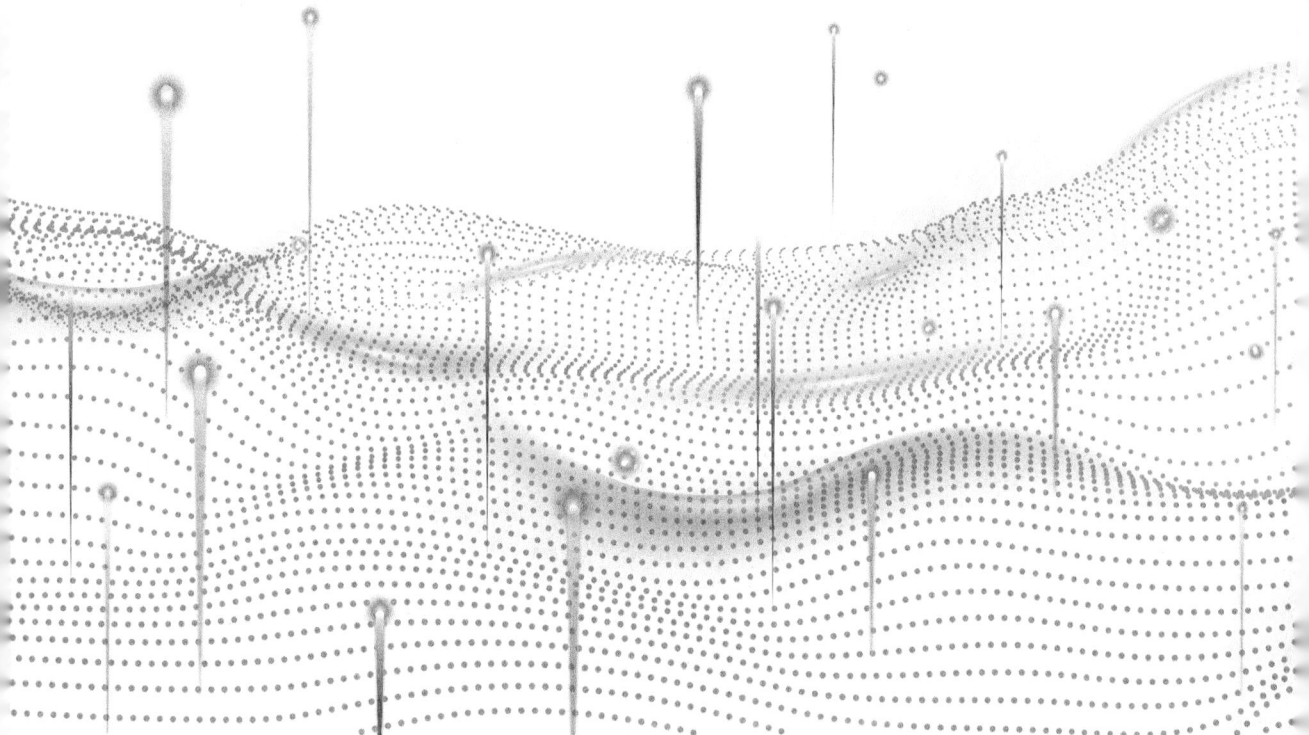

人 民 邮 电 出 版 社

北 京

图书在版编目（ＣＩＰ）数据

智慧交通：高速公路移动大数据分析 / 高鸿 著
. -- 北京：人民邮电出版社，2024.7
ISBN 978-7-115-63547-1

Ⅰ. ①智… Ⅱ. ①高… Ⅲ. ①高速公路－交通运输管
理－数据处理－研究－中国 Ⅳ. ①U491

中国国家版本馆CIP数据核字(2024)第018661号

内 容 提 要

本书基于新一代人工智能及记录高速公路系统内车辆空间移动的时空大数据，从地理学空间流的视角探讨高速公路系统内的车辆流动，对于揭示区域内经济活动及人口出行的空间分异格局和流动规律等具有重要的意义。本书遵循"问题聚焦—理论框架—方法步骤—案例应用"的思路组织内容，综合利用地理信息技术、空间统计、网络分析、数据挖掘及数学张量等，构建不同的时空聚合分析方法，对高速公路移动大数据进行深入分析，全面剖析高速公路移动大数据蕴含的各类知识（空间格局、时间过程、关联关系等），提出"1个表达模型+2套聚合模式+4种聚合方法"的内容体系，并通过多个案例验证所提出方法的有效性，可为高速公路系统管理、区域规划等提供指导意见和借鉴方向。

本书的读者对象为对智慧交通方向交通数据挖掘感兴趣的读者、高速公路系统的管理人员、交通地理学和区域经济学的相关研究人员。

◆ 著　　　　高　鸿

责任编辑　李　瑾

责任印制　王　郁　马振武

◆ 人民邮电出版社出版发行　　北京市丰台区成寿寺路 11 号
邮编　100164　电子邮件　315@ptpress.com.cn
网址　https://www.ptpress.com.cn
固安县铭成印刷有限公司印刷

◆ 开本：800×1000　1/16　　　　　　彩插：4
印张：10.5　　　　　　　　　　　2024 年 7 月第 1 版
字数：206 千字　　　　　　　　　2024 年 7 月河北第 1 次印刷

定价：69.80 元

读者服务热线：(010)81055410　印装质量热线：(010)81055316
反盗版热线：(010)81055315
广告经营许可证：京东市监广登字 20170147 号

前　　言

　　智慧交通是近些年来交通运输行业最为关注的前沿热点和发展方向，被认为是当前交通行业各种现实问题的有效解决途径。由于高速公路系统内部车流在空间分布上具有差异性，在随时间变化上具有规律性，同时高速公路系统对社会经济和生态环境具有重要的影响，因而面向智慧交通的高速公路系统分析与建设需要充分考虑其时空内涵与时空影响。

　　高速公路收费站记录的车辆出入形成的数据，能够反映不同车辆在高速公路系统内的空间移动，称为高速公路移动大数据。从地理信息科学专业空间流的视角分析高速公路移动大数据，能够充分挖掘高速公路系统的时空分布特征和演变规律，进而可为高速公路系统的运行管理和发展规划提出指导和建议。

　　本书分为 10 章，各章的主要内容如下。

　　第 1 章为智慧高速公路的内涵延伸，主要对智慧交通的相关概念和发展进行介绍，重点挖掘智慧交通的时空内涵。此外，面向智慧规划、智慧管理和环境协调，对智慧高速公路系统的建设方向进行探讨。

　　第 2 章为空间移动的记录数据，主要介绍移动数据科学的兴起趋势及移动数据的概念，基于此对高速公路移动大数据进行解释，说明高速公路移动大数据的主要类型和应用特点。

　　第 3 章为面向智慧交通的高速公路空间流研究绪论，主要介绍高速公路系统内空间流相关的研究背景，梳理研究现状，明确本书的研究内容以及所采用的技术路线。

　　第 4 章为高速公路空间流概述，主要介绍高速公路空间流的产生、高速公路空间流的相关概念，以及高速公路空间流的监测与采集方式，对本书中高速公路空间流多维信息表达模型及聚合分析方法的研究对象进行概念上的描述和界定。

　　第 5 章为高速公路空间流多维信息表达模型，主要介绍高速公路空间流多维信息表达概念模型和高速公路空间流多维信息表达逻辑模型。对于高速公路空间流多维信息表达概念模型，主要介绍高速公路空间流基本表达维度的构造，包括维度构造的基本思路和所生成的主要维度的类型等，继而构建出多维空间，利用基本维度或者维度组合实现对高速公路空间流多种信息的描述和表达。对于高速公路空间流多维信息表达逻辑模型，主要介绍基于已有的空间流数据记录计算高速公路空间流的不同维度信息，并对多个维度的信息进行组织、存储，以便后续应用分析。

第 6 章为高速公路空间流聚合分析模式，主要介绍利用高速公路空间流的多维信息表达模型进行不同主题下的聚合分析。设计不同主题下高速公路空间流聚合分析的工作流，包括主要步骤和基本流程；探讨不同聚合主题适用的地理学分析目标，构建出高速公路空间流聚合分析的基本框架。此外，本章还着重介绍以地理位置为聚合主题进行高速公路空间流位置聚合分析的框架和基本步骤，以及以时间变化为聚合主题进行高速公路空间流时间聚合分析的框架和基本步骤，为后续利用高速公路空间流的时空聚合分析方法进行不同目标下的地理学分析提供方法基础。

第 7 章为基于位置聚合的高速公路空间流地理格局探测，主要介绍以位置为聚合主题的高速公路空间流的聚合分析方法及案例，说明高速公路空间流可以映射的地理位置类型（节点、路径、连线），进而构建不同类型的高速公路空间流位置聚合分析方法；针对不同类型的位置聚合分析，设计聚合特征的计算方法及其对应的特征排序筛选算法；基于筛选出的变异程度较大的聚合特征的空间分布，分析高速公路空间流的地理空间格局。

第 8 章为基于时间聚合的高速公路空间流数量预测，主要介绍以时间为聚合主题的高速公路空间流的聚合分析方法及案例。引入多维数学张量实现高速公路空间流时空多维信息表达，利用张量分析方法实现对高速公路空间流的时间变化特征的提取；分析高速公路空间流的时间变化规律，并利用时间序列建模方法和张量重构，提出高速公路空间流的时空同步高效预测方法。

第 9 章为基于位置和时间聚合的高速公路空间流关联分析，主要介绍利用高速公路位置聚合和时间聚合分析方式，探测高速公路空间流与其他地理要素的关系。基于位置聚合方法，提出高速公路空间流的地理格局与其他地理要素变量的空间格局之间的静态关联关系的探测方法；利用时间聚合方法，提出高速公路空间流的时间变化与其他地理要素变量的时间变化之间的动态关联关系的探测方法。设置对应的案例，说明基于时空聚合的高速公路空间流要素关联探测方法的应用。

第 10 章为结论、创新和展望，总结本书研究的整体结论，说明本书的创新点，对本书研究的不足之处进行讨论，并对后续可开展的研究进行展望。

本书主要内容的研究和撰写工作是作者在南京师范大学攻读博士学位期间完成的，感谢南京师范大学地理科学学院袁林旺教授和俞肇元教授给予的研究指导、数据支持和项目资助（国家自然科学基金 41971404、42001320 和国家杰出青年科学基金 41625004）。同时，感谢兰州交通大学测绘与地理信息学院闫浩文教授、周亮教授和杨树文教授对本书出版提供的项目资助（国家自然科学基金 42271214、41930101）、支持和帮助。

资源与支持

资源获取

本书提供如下资源：

- 本书图片文件；

- 本书思维导图；

- 异步社区 7 天 VIP 会员。

要获得以上资源，您可以扫描下方二维码，根据指引领取。

提交勘误信息

作者和编辑尽最大努力来确保书中内容的准确性，但难免会存在疏漏。欢迎您将发现的问题反馈给我们，帮助我们提升图书的质量。

当您发现错误时，请登录异步社区（www.epubit.com），按书名搜索，进入本书页面，点击"发表勘误"，输入勘误信息，点击"提交勘误"按钮即可（见右图）。本书的作者和编辑会对您提交的勘误信息进行审核，确认并接受后，您将获赠异步社区的 100 积分。积分可用于在异步社区兑换优惠券、样书或奖品。

与我们联系

我们的联系邮箱是 contact@epubit.com.cn。

如果您对本书有任何疑问或建议，请您发邮件给我们，并请在邮件标题中注明本书书名，以便我们更高效地做出反馈。

如果您有兴趣出版图书、录制教学视频，或者参与图书翻译、技术审校等工作，可以发邮件给我们。

如果您所在的学校、培训机构或企业，想批量购买本书或异步社区出版的其他图书，也可以发邮件给我们。

如果您在网上发现有针对异步社区出品图书的各种形式的盗版行为，包括对图书全部或部分内容的非授权传播，请您将怀疑有侵权行为的链接发邮件给我们。您的这一举动是对作者权益的保护，也是我们持续为您提供有价值的内容的动力之源。

关于异步社区和异步图书

"异步社区"是由人民邮电出版社创办的 IT 专业图书社区，于 2015 年 8 月上线运营，致力于优质内容的出版和分享，为读者提供高品质的学习内容，为作译者提供专业的出版服务，实现作者与读者在线交流互动，以及传统出版与数字出版的融合发展。

"异步图书"是异步社区策划出版的精品 IT 图书的品牌，依托于人民邮电出版社在计算机图书领域 30 余年的发展与积淀。异步图书面向 IT 行业以及各行业使用 IT 的用户。

目　　录

第**1**章

智慧高速公路的内涵延伸

1.1 智慧交通的时空内涵挖掘

1.1.1 智慧交通的探索式发展

智慧交通是近些年来各类交通运输行业最为关注的前沿热点和发展方向，被认为是当前交通行业各种现实问题的有效解决途径，其前身为智能交通系统（Intelligent Transportation System，ITS）。智慧交通是在智能交通系统的基础上，融入最新的硬件技术、软件技术和信息技术，以期能够获取交通系统中各种实时信息而构建的新一代交通信息感知、集成、展示和处理系统。

在当前有关智慧交通的各种建设构想和探索实践中，物联网、云计算、大数据、移动互联和人工智能等多种高新 IT 技术被广泛应用并被赋予了极大的期望。这些技术能够采集和处理驾驶者信息、行驶车辆信息、行驶道路信息和行驶环境信息，即"人、车、路、环境"交通四要素，从而实现多种交通要素信息的同步采集与实时汇总。这几类信息的相互补充与融合，有助于搭建出现实交通状况的全面感知和综合决策系统，实现交通系统的智慧化运营与管理。

长期以来，我国在智慧交通建设方面侧重于城市尺度，已制定相应的规划并进行了初步的探索，并且智慧交通被认为是智慧城市建设中的核心环节。早在 2002 年，我国便开始初步制定面向现代化的智能交通发展规划。之后，科技部设立了与智能交通系统相关的多个研究课题，同时也确定了一系列智能交通建设的试点示范城市。2008 年 5 月，中国智能交通协会正式成立。2012 年，我国在相关文件中明确了智慧交通的概念，并且认为智慧交通是智慧城市建设中的一个重要部分和核心环节。2017 年，我国提出了"交通强国"的发展战略。2019 年，中共中央、国务院印发了《交通强国建设纲要》，该文件

1

指明了智慧交通的初步发展方向。综上可以看出，我国智慧交通的建设与发展经过了一系列的探索实践。

现阶段智慧交通的建设形式，主要以现实中已有的道路基础设施分布为依据，加以信息化和智能化改造。例如增加不同的信息采集设备、信息汇总大数据平台和信息处理系统，从而辅助现有交通系统的管理与服务，形成具备一定智慧化的运营管理和综合服务的交通系统，呈现出分城市、分场景逐步探索实施，以及与基础设施同步发展并紧密结合的特点。国内部分城市已有智慧交通建设和应用的案例，例如，作为智慧城市建设与发展的示范城市，上海在智慧城市的建设中，重点应用了车路协同技术和智能驾驶技术，致力于车辆信息和位置服务信息等的数据融合；之后又建立了交通综合信息平台，实现了道路信息、车辆信息和交通基础设施信息的实时接入和整合。面向公交系统这一专题，上海通过公交系统的智能化改造，实现了"公交枢纽—公交站点—公交车辆"之间的信息智能汇总和管理，向市民提供了更为便捷的公交系统服务。城市智慧交通建设系统中各种设备所采集的各种交通信息的多渠道及时发布，也是智慧交通的重要应用环节。另外，自动驾驶目前被认为是智慧交通建设的重点技术之一，我国在这一领域进行了积极的探索，例如，国内部分城市开展了无人驾驶巴士的应用，百度公司推出自动驾驶出租车，等等。

在智慧高速公路建设探索方面，2020 年 12 月底深圳外环高速公路正式通车。深圳外环高速公路被打造成了广东省智慧高速公路省级科技示范路，实现了交通管理智慧化，一方面构建了综合监测体系，实现了对路网运行状态、车辆实时信息、交通事件和交通环境的动态监测，另一方面也在沿线布设多功能智能杆，挂载基站实现 5G 通信网络全覆盖。2020 年通车的四川省成都到宜宾的高速公路（简称成宜高速）也是对智慧高速公路建设的探索示例，作为交通强国的试点项目，成宜高速分阶段建设数字高速公路，不仅包括自动驾驶基础设施的建设，还面向车路协同构建了完善的高速公路网络智能感知体系，且实现了 5G 网络全覆盖，为信息传输更加快捷提供了支撑。此外，浙江、湖南以及京津冀等地区最新的高速公路建设，均涉及交通系统信息的智能感知和传输等技术，朝着智慧交通的建设方向逐步迈进。

1.1.2　智慧交通的时空内涵

当前智慧交通的建设构想普遍侧重于智能监测和高效传输设备的广泛使用，从而实现交通系统各种信息的实时感知与汇总集成。这种策略可以实现高速公路系统的信息感知、安全保障和及时调控，对于解决交通系统现实问题具有重要的意义和价值。在此过程中，各种交通系统感知设备的实时监测数据不断积累，形成交通系统日常运行的丰富记录，其中蕴含着交通系统运行的规律与演变特征，对于了解交通系统的运行、改善交通系统的管理具有重要的作用。因而，借助于当前各种时空大数据挖掘技术，对交通系统各种智能监测设备采集的交通大数据进行挖掘和分析，可反过来促进交通系统的建设规划和区域管理。但目前智慧交通系统的建设方案中较少强调这种"反哺"式的技术构想和场景应用。

目前智慧交通的建设思路，在某种程度上太过于关注交通系统本身，割裂了交通系统与所处区域环境之间的关联性和耦合性，这虽然可以方便交通系统中驾驶者的安全高效驾驶和交通系统管理者的实时感知处置，但难以进一步提高交通系统在整体上对于区域规划和区域发展的统筹作用。因而，智慧交通的建设也应该从整体上考虑交通系统和所处地理区域之间的关系，从而进行有针对性的建设方案设计与实施。

那么，从区域整体性的视角出发，智慧交通应该具备什么特性呢？本书将从较为宏观的角度，即时间角度和空间角度，探讨面向智慧交通的大数据分析思路，通过挖掘交通系统大数据蕴含的时间规律和空间规律，说明交通系统在区域系统中的功能和作用，为交通系统管理者、区域管理者和区域发展规划提供一定的思考和借鉴。

（1）智慧交通的时间内涵延伸

从时间角度来看，智慧交通应该具备的功能是监测交通系统内各种要素的时间演变过程，并进一步模拟和预测智慧交通系统内要素的演变方向和程度。目前，智慧交通建设探索中广泛使用的各类信息传感器可以监测到交通系统内的多种信息，并可以在较为精细的时间尺度上实现连续监测。利用连续监测数据，可以挖掘交通系统中各种时间演变过程，例如恢复车辆的行驶过程，监测某一位置上交通状态的演变过程，监测各类交通事件的发生与发展过程，等等。

利用智慧交通监测设备积累的交通时空大数据，识别并归类交通系统内的不同时间过程，再结合相关的动力学或者统计学的方法，模拟并还原这些过程的时间演变，可在当前智慧交通的基础上进一步构建未来交通系统的数字孪生系统，从而实现交通系统发展的下一阶段，即耦合道路现实信息采集系统和道路过程模拟模型，完成现实世界交通系统在信息世界的复刻。在数字孪生交通系统中可进行交通系统的仿真实验和模拟，通过多次虚拟交通实验筛选出现实交通问题的解决措施，或者通过虚拟交通实验优化现有交通设施的布局方案，并验证不同交通措施实施策略的可行性和有效性。因而，强化对智慧交通系统中各种时间过程的监测和模拟，对于细粒度认知交通系统运行机制，构建数字孪生交通系统和仿真实验等方面具有非常重要的意义。

智慧交通系统中各种时间过程监测和模拟的目的之一，就是进行时间过程的预测，从而实现交通系统的各种预判式管理。例如在交通系统中，最主要的预测就是交通流量的预测，既包括不同关键位置上的交通流量的预测，又包括交通系统整体的流量预测，还包括特定区域之间的交通流量预测，即从一个固定地方到另一个固定地方的流量预测。另外，智慧交通系统也需要对一些异常交通状态或者事件，例如异常驾驶行为、交通事故和交通拥堵等，进行监测和追踪。对异常交通状态实施连续监测和追踪，并模拟异常交通状态的时间演变过程和产生条件，可进一步构建相应方法对异常交通状态进行预判和预警。交通系统中的各种异常交通事件和异常交通状态，往往意味着对交通系统运行安全的威胁，通过监测和模拟异常交通状态的时间演变过程，完成对系统中异常交通状态及其发生时间的预判和预警，有助于消除交通系统潜在异常，保证交通系统的运行安全。

总而言之，从时间角度来看，智慧交通系统并不仅仅要实现交通系统运行状态的信息化感知，更重要的是要利用各种感知设备监测和记录时间连续数据，模拟交通系统内部状态的时间演变过程，最终实现交通系统状态的发展方向和演化程度的预测，以及影响交通运行安全的异常状态和异常事件的预判和预警。

（2）智慧交通的空间内涵延伸

从空间角度来看，智慧交通应该明确交通系统内不同位置各种交通状况的差异。由于所处局部自然环境和人文环境的差异，交通系统内部不同位置具有相应的空间差异性，即位置与位置之间的差异性，一方面这种空间差异性导致驾驶者在不同路段行驶时的驾驶感觉、驾驶主观难度等出现变动，继而影响驾驶者的行为；另一方面交通系统内的交通条件的空间差异也对交通系统的管理者提出了额外的要求，即管理者应该根据不同位置上的特征差异制定相应的管理措施，也就是具有空间针对性的交通管理。例如，比较常见的就是在连续多弯道的地方及事故多发地带进行提醒，在陡坡或者其他复杂环境设置多种监控感知设备。因而，交通系统中行驶环境的空间差异性在某种程度上决定了对应位置上智慧交通建设方案的重点与难点，影响相应建设方案的制定与执行。

除了行驶环境这种能观察到的空间差异性，不同交通状态的分布也具有某种无法直观理解的空间分布规律，这种隐含的交通状态空间分布规律是智慧交通建设过程中最需要通过大数据技术来挖掘与表征的，也决定了智慧交通建设过程中需要感知和采集的交通系统信息的种类。交通系统中若只监测某种单一类型的信息，往往不能反映复杂交通状态的空间分布规律，因而需要使用多种类型的传感器去采集交通系统中多个位置上不同的交通状态信息，实现对交通状态的全面描述与综合表征，以发现交通系统内隐含的空间分布规律。

在挖掘交通系统内隐含空间分布规律的过程中，通常会面临两个难点，一个是隐含规律的微弱性，另一个则是隐含规律的尺度敏感性。交通系统内隐含空间分布规律的微弱性是指其往往难以较为明显地展示，需要通过对交通数据进行空间多模态的分解，将交通数据的空间分布分解为多种交通状态空间分布特征的叠加，然后进行不同空间组分的筛选和提炼，剩余的分异有时不那么明显，但对于指示交通系统的空间分异规律往往具有重要的作用。交通系统内隐含空间分布规律的尺度敏感性是指其往往在某种特殊的时空尺度下才会显现，对于智慧交通建设最直接的影响就是一定程度上决定了智能监测设备的空间布设密度和时间采样间隔。如果智慧交通系统中智能监测设备的空间布设间隔过大（如只在道路分岔路口布设），虽然可以一定程度上满足交通管理的需求，但难以对交通系统的内部进行充分的空间采样，无法说明交通系统内部真实的分布细节，影响对智慧交通系统内部运行规律的空间精细认知。因而，在基于交通大数据挖掘交通系统中隐含的空间分布规律以进行空间针对性的智慧交通建设时，需要重点考虑隐含规律的微弱性和尺度敏感性。

总而言之，从空间角度来看，智慧交通建设需要充分考虑到不同位置对应的环境条件和交通状态的特殊性和差异性。交通系统内不同位置上的差异性决定了智慧交通的空间结构，挖掘交通系统空间分布的隐含规律可辅助于强化智慧交通建设的空间针对性，保证智慧交通在区域系统的合理运营。

（3）智慧交通的时空一体内涵延伸

从时空统一的角度来看，智慧交通应该关注交通系统中不同要素的时间演变和空间分异所对应的环境关联和影响。交通系统并不是割裂在现实环境之外，交通系统与现实环境中不同要素之间存在着一定的信息关联和交换，并且也存在一定的相互影响。智慧交通建设应该关注交通系统在时间演变和空间分异上与现实环境不同要素之间的相互影响，并通过大数据挖掘的方法识别不同影响的种类、程度和方式，继而在智慧交通建设的过程中考虑并利用所发现的交通与环境之间的影响方式和作用程度，修改或者优化已有的智慧交通建设方案，达到交通系统与所处环境的协调统一和互利发展。

从时间演变的角度来看，交通与环境之间的相互影响主要体现为：交通系统通常是一个连续不间断运行的局部系统，其内部车辆持续运行会持续对周围环境产生累积影响。一个典型的例子就是交通系统车辆尾气的持续排放和扩散。由于交通系统内车辆的不间断运行，总有不同的车辆在交通线路上进行尾气排放，虽然新能源汽车的出现在一定程度上缓解了这种问题，但此种汽车所占比例较小。交通系统中持续排放的尾气所包含的空气污染成分会向环境持续扩散，继而影响生态环境质量。因而，智慧交通的建设方案应该考虑到交通系统对生态环境的影响，如汽车尾气污染、噪声污染和灯光污染，以及危险化学品运输车发生事故可能带来的化学污染，等等。这就要求智慧交通的感知设备增加相关的环境传感器，并通过交通监测设备和环境传感器采集到的时间连续数据，探讨交通与环境之间时间演变的关联性，根据相关研究结论为智慧交通建设方案提供建议。

从空间分异的角度来看，交通与环境之间的相互影响主要体现为：交通系统是有一定空间分布的，不同位置上对应的交通状态可能会受到对应位置周围环境条件的影响。环境状况有时是交通状态的重要影响因素，例如，有的路段很容易堵车，有的路段事故频发。另外，交通状态的空间分异也会影响环境的形成与发展，例如，人们会根据城市交通路网的分布和车流量的大小，建造居住区或者其他商业区，在工厂区位选址时交通条件也是需要考虑的因素。因而，应该充分考虑到交通设施空间分布与环境背景之间的关联，从而对智慧交通系统空间分布的建设方案进行优化，以达到在交通系统内更方便、更有针对性地提供位置服务。

1.2　智慧高速公路系统的建设方向探讨

高速公路系统在所有交通系统中具有一定的特殊性，主要表现之一就是高速公路在区域人地耦合系统中扮演着重要的角色。一方面高速公路系统具有非常高的活跃度，另一方面高速公路系统对经济发展和居民生活等均有非常重要的影响，因而智慧高速公路系统的建设需要从区域系统的视角进行深入探讨。基于上述内容所讨论的智慧交通的时空内涵，本书接下来将聚焦于高速公路系统，详细探讨智慧高速公路建设应该关注的几个方向，即分别从空间分异、时间演变和时空统一的视角，探讨智慧高速公路系统建设的关键点。

需要强调的是，本书只关注大数据挖掘技术在智慧高速公路建设中的应用和功能，不讨论其他设备或者技术在智慧高速公路建设中的应用。

1.2.1　面向智慧规划的高速公路系统空间分异研究

我国国土面积大，为了将不同的城市通过高速公路连接起来，高速公路系统的空间分布非常广泛，具有多样的空间分异。智慧高速公路系统应该在明晰高速公路多样空间分异的基础上，进行智慧规划和建设，因而利用已有高速公路时空大数据探测高速公路系统多样的空间分异，是高速公路系统智能化改造和智慧高速公路建设的第一步。

在我国，高速公路系统通常是收费的，这就要求高速公路系统在某种程度上成为相对封闭的系统，即人员和车辆不能随意进出高速公路系统，只能通过固定的出入口进出。基于此，可以将表征高速公路系统的空间分布的元素抽象为两种，即交通线路和收费站。其中收费站设立在高速公路系统的入口和出口，一般靠近城市进行修建；交通线路是连接不同城市的通道，在高速公路系统中占据主要地位。从网络的视角来看，多个收费站形成节点，交通线路形成边，高速公路系统是通过节点和边形成的网络，高速公路系统的这种网络化抽象对于探测高速公路的空间分异具有重要的指导意义。因而高速公路系统的空间分异可以通过两种典型的空间单元——以节点为空间单元和以边为空间单元——进行展示。此外，也可从车辆移动行为的整体出发，以不同节点组合形成的"连线"为单元说明高速公路系统的空间分异规律。

首先是以节点为空间单元的高速公路系统空间分异，即高速公路系统在不同节点之间的差异性。各种收费站抽象而成的高速公路网络节点，是高速公路系统的入口和出口，对所有节点进行流入量和流出量的连续观测，可以测明高速公路系统内的车辆总数，进而推测高速公路系统的容量和容量变化。以高速公路系统节点为空间单元，最主要的空间分异规律就是不同节点之间流入量的差异和流出量的差异。汇总某一段时间内从不同节点进入高速公路系统的车流量，并进行空间上的展示和分析，可以得到流入量的空间分异规律。高速公路流入量的空间分异，可以反映区域人口流动和经济活动的繁忙度和活跃度，流入量大的节点附近城市更为活跃。相应地，汇总某一段时间内从不同节点离开高速公路系统的车流量，并进行空间上的展示和分析，可以得到流出量的空间分异规律。高速公路流出量的空间分异，一定程度上可以说明对应节点附近的城市在人口流动和经济活动方面的吸引力。进一步计算不同车辆类型在不同节点的流入量和流出量，可以对节点附近区域的经济结构和产业特色进行刻画和定位。例如货车流入量大的节点反映了附近区域工业活动相对频繁一些，可能属于工业厂区或者消费品集散区；大型客车流入量大的节点反映了附近区域人口流动更为活跃，可能属于某种旅游景区或者度假区。因而，以高速公路系统节点为空间单元，重点挖掘流入量和流出量的空间分异，以及不同类型车辆的流入量和流出量的空间分异，可以充分了解高速公路系统在区域交流中扮演的角色，解析人口流动和经济活动的特色，从而便于区域管理者从实际情况出发，制定相关的发展规划与管理政策，实现高速公路系统的智慧规划。

其次是以边为空间单元的高速公路系统空间分异，即以高速公路系统的不同路段为空间单元，在充分测度和衡量路段内交通状况的基础上，说明不同路段之间的差异，从而说明在高速公路系统内路段尺度的空间分异。路段内交通状况的度量可以从两方面入手：一是对影响驾驶行为的交通环境进行综合测度和说明，如路段长度、平均坡度和最大坡度、弯道数量、路段周边山体状况等；二是对路段上车辆行驶的状态和特征进行归纳，如不同时段的车流量、不同类型的车流量、不同类型车辆的平均通行时间、拥堵时间及发生频率、拥堵持续的时间、不同种类交通事故的发生频率等。从交通环境和行驶特征两个方面，充分挖掘并度量每一个路段上的交通状况，并将不同路段之间的交通状况进行地图综合展示和差异对比分析，可以分析并得出高速公路系统内路段尺度上的空间分异规律。基于所发现的空间分异规律，交通管理部门和规划部门在智慧高速公路系统建设或智能化改造的过程中，可进行针对性的改造以优化现有的交通设施体系。例如，基于交通环境的空间分异特征和规律,针对空间分异中交通环境相对较差的部分,通过增加建设额外路段等措施,优先改造最差路段,并进一步确定逐步改造的路段,根据路段空间分异的结果制定路段改造的顺序和策略,从而辅助于智慧交通建设中对已有路段进行改造的合理规划;基于行驶特征的空间分异特征和规律,针对空间分异中车辆行驶状态异常频发的路段,可以进行专门的监测和管理,采取增加提示信号牌、增加路况感知设备、增加巡检频率以及补充建设应急状态处置点等措施,使交通系统实现更为精确有效的管理。综上所述,基于高速公路系统内以边为空间单元、从交通环境和行驶状况两个方面来展示的空间分异,可以提升对已有交通系统的精确管理,同时也有助于对已有高速公路系统在智慧高速公路建设改造过程中的智慧规划。

最后,从整体上对车辆在高速公路系统内的空间移动行为进行考虑,也是研究高速公路系统内空间分异规律的重要方面。高速公路系统具备的一个重要功能,就是将区域内多个城市连接起来,方便不同城市之间的交流和联系。在这种交流和联系中,逐渐形成了特定的稳定关联模式,即某两个城市之间往往具备更为紧密的关联,挖掘一定区域系统内多个城市之间具备的某种内在的紧密空间关联关系,对于评估高速公路系统在区域发展中的作用、制定区域系统内不同城市之间协同发展的策略具有重要意义。单从高速公路道路分布来看,区域内多数城市之间均被路网连接,并不能直接反映城市之间的关联关系,只能通过路网距离的远近来说明城市之间存在的关联关系的紧密与否,通常认为路网距离近的城市之间的关联也更紧密,这种认知一定程度上可以说明现实世界之间的空间关联关系,但不够直接。更为直接的做法是聚焦到高速公路系统内车辆的移动,从车辆移动的整体行为来评价城市之间的关联关系,即车辆移动的起点和终点之间的连线使得不同城市连接在一起。从所有车辆行驶形成的空间关联之中,识别出数量最多、规律最明显的空间关联,也可以说明高速公路系统内区域关联的空间分异规律,这对区域管理部门制定面向城市协同发展的规划措施和政策具有重要的参考意义。

因而,在高速公路系统内分别探讨以节点、边和整体为单元的空间分异规律,能够为交通管理部门和区域规划部门进行智慧高速公路建设规划和区域发展经济发展规划提供重要的指导和依据,进而促进区域发展的智慧规划。

1.2.2　面向智慧管理的高速公路系统时间演变研究

在现实生活中,高速公路系统一般总是处于持续运行的状态,因而在区域内属于动态系统,即随着时间的推移,其内部发生着各种动态的过程。分析高速公路系统内各种动态过程的时间演变规律,并进一步预测其发展的趋势和程度,有助于实现“预判式”的精准管理。由于高速公路系统可以抽象为由收费站构成节点、由交通线路构成边的网络,所以本书将从节点上的动态过程、边上的动态过程这两个方面，分别阐述对应的时间演变规律及其对高速公路系统实现智慧管理的意义。

首先是高速公路网络节点上各种交通过程的时间演变规律，其中最重要的就是在不同节点车辆驶入和驶出过程的时间演变规律。监测每一个节点不同类型车辆驶入的数量，形成多种类型车辆驶入数量的时间序列曲线。同时考虑高速公路系统内不同节点对应的多种类型车辆的驶入过程，通过对应的时间序列监测数据，模拟其时间演变的过程，并进一步预测其未来的发展趋势，即预测出高速公路系统内不同节点多种类型车辆在未来时间驶入的数量。这样，一方面可以指导高速公路系统入口的管理人员进行适当的引导和安排，另一方面可估算高速公路系统内车辆总数的变化，探讨高速公路系统的容量阈值。同上述驶入过程描述一样，驶出过程的时间演变监测与模拟也很重要，由于高速公路系统的入口和出口都是收费站，预测高速公路系统内驶出车辆的数量和类型，也有助于管理系统的提前合理安排。针对高速公路网络节点上不同类型的车辆驶入和驶出高速公路系统的过程，监测流量数据形成时间序列，模拟时间序列的演变趋势，并预测未来时刻高速公路系统不同类型车辆的驶入数量和驶出数量，能够为高速公路系统出入口的管理人员提供一定的依据，从而实现出口和入口处"预判式"的车辆引导和处置，促进高速公路系统的智慧管理。

其次是高速公路网络的边上各种交通过程的时间演变规律，主要包括高速公路不同路段上交通事件的形成、发展、演变和结束过程，比较有代表性的就是交通拥堵和交通事故。对于交通拥堵的时间演变过程，可通过路段上连续布置的监测和感知设备，识别车辆的行驶状态，并根据不同车辆行驶状态和空间距离，判断交通拥堵的产生条件，并追踪拥堵的形成。通过积累数据多次模拟与优化，建立道路状况、车辆行驶状态、车辆位置关系等不同因素与交通拥堵之间的关系，构建路段上交通拥堵形成的"识别-判定-预警"机制。在交通拥堵产生后，连续观测拥堵的范围变化，结合流量数据模拟交通拥堵的实际影响，从而辅助管理者进行干预与引导，可通过多种措施并行解决拥堵产生的根本原因，缓解乃至消除拥堵。建立拥堵产生后增长扩散与影响累加的评估和模拟模型及拥堵解决途径的预案库，并通过现实案例不断调整优化模拟模型和解决途径之间的对应关系，从而形成高速公路系统内路段上交通拥堵的空间影响模拟模型和解决途径预案库。对于交通事故的时间演变过程，由于交通事故具有一定的突然性和偶发性，一方面可通过历史记录数据，发现交通事故产生的时空规律和热点区域，从而增设必要的监测设备，以保证能在第一时间获得交通事故的时空位置信息；另一方面可根据监测数据实时评估事件的演变趋势和扩散影响，并据此确定和调整处置策略。对于交通系统内的时间过程，主要是完善交通事件的产生判定、扩散模拟和解决预案之间的充分衔接，可提升高速公路系统内不同交通事件的处置应对效率，从而促进有效管理，构建出智慧高速公路建设与改造过程中智慧管理的部分。

因而，探讨高速公路系统内不同单元（节点和路段）上的各种时间过程，模拟其时间演变规律，建立异常事件监测和预警机制及未来发展趋势和程度的预测模型，辅之以各种处理预案库的建设和完善，可以充分提高交通管理部门对高速公路系统的智慧化管理。

1.2.3　面向环境协调的高速公路系统关联响应研究

高速公路系统在城市区域内起着非常重要的作用，由于高速公路往往具有广泛的空间分布，同时也处于持续不断运行的过程中，因此高速公路系统与所处的区域环境之间必然存在关联与响应。探讨高速公路系统与所处区域环境不同要素之间的关联响应关系，可以明晰高速公路在区域内的影响范围和程度，进而可以优化智慧高速公路系统建设和改造的方案，达到与环境协调的目标。区域环境主要可以分为人文经济环境和自然生态环境，而高速公路系统具有一定的空间分异和时间演变规律，分别与人文经济环境和自然生态环境之间存在一定的关联响应关系，这种关联响应关系有助于探讨面向环境协调的智慧高速公路系统建设方向。

首先是高速公路系统和人文经济环境之间的关联响应。高速公路系统是区域内人口流动和经济活动中生产要素流动的重要媒介，因而高速公路系统与人文经济环境具有较强的联系，人文经济环境决定了高速公路系统内车辆移动的数量和种类。某一区域内如果工业发达，工业生产活动频繁，就会有生产原料和工业产品的运输，那么该区域的高速公路系统中，靠近工业厂区的收费站和路段上货车会占较高的比例；如果某一区域内人口众多，且经济发展水平较高，居民生活较为富足，那么该区域高速公路系统内小型客车所占的比例较高；如果某一区域存在著名旅游景点或者度假区，那么该区域高速公路系统内大型客车所占的比例较其他区域将会有所提升。反过来，基于区域人文经济环境对高速公路行驶车辆的影响，可以利用高速公路系统内车辆的类型、数量等信息，定量去评估和刻画区域人口流动和经济发展的特色。统计不同区域内进出高速公路系统的多种类型的车辆数量、数量变化等信息，建立高速公路系统内车辆流入/流出的测度体系，可以实现区域经济发展、经济结构等人文经济环境的定量评估与匹配建模。通过数据建模得出高速公路系统交通流量特征与区域人文经济环境之间的对应关系后，可以进一步分析区域经济发展中高速公路系统的主控因素和限制性因素，进而制定相关的高速公路系统改造政策与措施，从而更好地为区域经济提供高速公路交通服务，促进经济增长，达到高速公路系统与区域人文经济环境之间的协调与统一。

其次是高速公路系统和自然生态环境之间的关联响应。高速公路系统的空间分布较为广泛，会与各种类型的自然环境产生相互影响，这种影响可以概括为两个方面，即实体接触影响和流动扩散影响。实体接触主要指高速公路节点或者路段在空间上的分布与地理环境的空间重叠，表现为高速公路穿过了不同的地理环境实体，如山体、河流、农田等。高速公路系统的实体接触影响通常会在一定程度上改变地理环境的形态和特征，如各种桥梁、隧道的建设，改变了山体和河流形态特征。实体接触影响一方面表现在道路设施的修建阶段，修建交通基础设施时不可避免地会对已有的自然环境造成不同程度的改变和破坏，修建完成后生态环境虽然会有一定的恢复，但不会完全恢复；另一方面表现在高速公路的运行阶段，主要是高速公路系统内车辆行驶带来的噪声污染和灯光污染，会对近距离区域内的生态环境造成影响。流动扩散影响主要表现在高速公路系统内车辆行驶时产生的尾气在空气中扩散而产生的影响，降低了大气环境质量。在交通基础设施修建过程中，为了把城市和交通网络充分连接起来，高速公路往往呈现出环状的布局，因而高速公路汽车尾气对城市的影响也将不可避免地持续存在。需要强调的是，流动扩散影响往往比实体接触影响有着更大的影响范围。因而，聚焦于高速公路系统的空间分异和时间演变对区域生态环境的实体接触影响和流动扩散影响，明确不同影响的程度和方式，并相应地提出解决或者缓解的措施，可以促进智慧高速公路建设和改造与生态环境的一致性，从而构建环境协调的智慧高速公路系统。

第 2 章
空间移动的记录数据

2.1 移动数据科学的兴起

移动数据是指记录不同个体空间位置变化的数据集，反映了海量个体在空间上的移动。各种应用于个体尺度的空间定位技术、传感器技术和移动互联技术的广泛普及，使得各种要素在空间上的移动能够被监测和记录下来，其中蕴含的空间移动现象逐渐得到人们的普遍关注。例如在新冠病毒（COVID-19）感染全球流行时，为了抗击疫情，监测重点区域的人口移动，根据感染者的移动轨迹进行密切接触者排查和管控，对于疫情防控具有重要作用。随着各种类型空间移动监测数据的不断积累，移动数据科学（Moving Data Science）的概念开始兴起，移动数据被应用于各种领域，这对理解空间移动的模式和规律、指导现实管理和决策具有重要意义。

当前空间移动的行驶记录数据主要有两种类型，分别是轨迹数据和 OD（Origin-Destination，起点-终点）数据。轨迹数据是空间移动的精确记录，主要连续记录移动个体的位置和时间，以形成一系列时间上连续的点，例如出租车的移动轨迹、共享单车的移动轨迹；此外，每一个点上除了时间信息外，还可以记录其他的信息，比如当前移动的方向和速度等。OD 数据是空间移动的整体记录，主要记录空间移动的起点和终点，并没有包含中间过程的信息，例如乘坐飞机的起点站和终点站、乘坐火车的起点站和终点站。由此可见，移动数据中既包含空间位置信息，又包含时间信息，蕴含着丰富的空间分异信息和时间演变信息。挖掘不同类型移动数据中的时空分异规律对于现实问题的诊断和分析具有重要的意义。

轨迹数据能够说明车辆行驶过程中空间位置随时间变化的信息，因而轨迹数据一个最重要的应用就是探测并分析道路网络中的交通状态。例如，利用轨迹数据分析城市内部不同类型的交通拥堵，一种简单的思路就是根据轨迹数据中位置和时间的变化，计算出车辆的行驶速度。车辆正常行驶状态下的速度可以通过频率筛选或者规定限速等方式确定下来，高于和低于正常速度的状态都可能表明行驶的道路上出现了异常状况。当出现交通拥堵时，车辆的行驶速度将低于正常行驶速度，因而可以根据轨迹数据计算出的行驶速度，来说明拥堵发生与否。此外还可更进一步，根据计算出的速度低于正常速度的幅度和低速的持续时间，对交通拥堵的程度进行说明。虽然从轨迹数据中检测出的交通拥堵往往不具备较高的时效性，但是在城市尺度分析轨迹大数据，检测交通拥堵并分析交通拥堵的时空分布规律，并基于此进一步探讨城市内交通拥堵的驱动因素和产生的影响，对于促进城市内交通流管理、合理制定城市发展规划等方面具有重要的作用。还可基于轨迹数据检测出的交通拥堵的时空分布，研究不同方法实现对城市内交通拥堵出现规律的预测和模拟，以促进城市智慧交通建设。

OD 数据着重强调空间移动的起点和终点，将 OD 数据的起点和终点在地图上进行展示，能够说明不同空间区域之间的关联，因而 OD 数据一种最重要的应用就是作为"流"数据，可以形象地称为"地理流"或者"空间流"，用于挖掘和分析空间关联模式和强度。空间关联模式的挖掘主要包含两个方面：一方面是进行大规模流数据的可视化，即通过几何形状合并、密度计算等操作，对海量个体 OD 数据直接进行空间展示时的相互遮蔽现象进行精简，实现主要流动模式和流动规律的可视化，从而从大规模 OD 数据中揭示主要的空间关联模式；另一方面是通过聚类的方法进行主要空间关联模式的挖掘，即对海量个体的 OD 连线按照几何分布形状进行聚类，相同类别表示具有相近起点和相近终点的 OD 连线，从而实现主要空间关联模式的揭示。基于可视化的空间关联模式揭示和基于聚类的空间关联模式揭示之间的区别在于，前者着重于流数据内在模式的空间展示，并不能充分支持定量的分析，而后者基于定量化的流特征进行聚类，可挖掘出主要的空间关联。

在当前技术发展的背景下，以轨迹数据和 OD 数据为代表的、表示个体空间位置变化的移动数据正快速累积。围绕着移动数据的特征，学者们提出了多种多样的理论和方法，以期实现移动数据中各种时空规律的挖掘，并将规律应用于现实问题的解决。各种移动数据相关的理论和方法蓬勃发展、相互补充，逐渐形成了独特的移动数据科学的内容体系。交通运输行业是移动数据产生的重要领域，通过对移动数据进行分析不仅可以挖掘出人的空间移动规律，还可以挖掘出货物的空间移动规律，因而在交通领域引入移动数据科学的相关理论与方法，对于促进交通管理、交通规划和交通经济发展，实现全方位的智慧交通具有重要的意义。

2.2 高速公路系统内的移动数据

高速公路移动大数据主要是指在高速公路系统内，每一辆车空间移动的信息记录和积累，形成的表示车辆空间移动、富含时空信息的大数据，是上述移动数据的类型之一。

高速公路移动数据也包含两种主要的类型，即高速公路车辆轨迹数据和高速公路车辆 OD 数据。高速公路车辆轨迹数据是对高速公路系统内车辆移动的位置和时间的连续记录，即高速公路系统内车辆移动的轨迹记录数据，是对高速公路系统内车辆空间移动的精细记录。车辆在高速公路上行驶往往需要根据行驶时间和距离进行付费，车辆并不能随意进出高速公路系统，只能在特定的出入口进出。在高速公路系统内，车辆只能在高速公路的道路网络的约束下行驶，因而高速公路系统内车辆轨迹数据在空间上进行展示时会和高速公路道路分布重叠在一起，也就是说高速公路道路的空间分布一定程度上包含高速公路车辆轨迹数据中的空间信息。另外，高速公路车辆轨迹数据主要通过安装在车辆上的 GPS 设备进行连续的位置信息采集，而高速公路系统内车辆众多，并不能保证每一辆车都会安装 GPS 设备，所以并不能采集到完备的高速公路车辆轨迹数据集。同时，由于高速公路系统内的车辆分别属于不同的个人，已有的安装 GPS 设备的车辆所采集到的轨迹数据，也并不能合理地汇总和归纳到某一个部门。除此之外，由于高速公路道路的空间分布比较广泛，在某些区域可能没有 GPS 信号，或者在某些天气下 GPS 信号较弱，均会影响轨迹数据采集时的空间定位。综上所述，实现高速公路系统内车辆轨迹数据的全面采集难度较高，一方面是因为无法采集到所有车辆的移动轨迹数据集，另一方面是因为在某些区域或情况下不能进行准确的空间定位，不能采集到准确的轨迹数据集，所以表示空间移动的轨迹数据并没有在高速公路系统内进行大范围的应用和分析。在多数情况下，高速公路车辆轨迹数据主要是在某一路段上进行采集和分析，例如通过密集布设的摄像头对某一路段内的所有车辆进行监控，通过视频图像解析还原不同车辆的行车轨迹，从而实现车辆个体尺度驾驶行为的分析和模拟。

由于上述原因，高速公路系统往往难以采集到所有车辆行驶过程中完备的轨迹数据，高速公路系统内车辆轨迹数据的空间信息可用高速公路道路的空间分布代替，因而高速公路移动数据中轨迹数据类型的采集和应用较少，这使得高速公路 OD 数据成为研究高速公路系统内车辆空间移动的主要数据基础。相较于轨迹数据，高速公路 OD 数据的采集成本更低。由于高速公路系统具有固定的出入口，只需要在这些固定的出入口设置监测设备，记录车辆的编号、车辆进入时的站点位置和进入时间、车辆离开时的站点位置和离开时间，就能实现对每一辆车在高速公路系统内空间移动的监测和记录。相较于在每一辆车上安装 GPS 设备进行轨迹数据的采集，在高速公路系统固定的出入口安装联网的设备，记录车辆进出高速公路系统的时间和站点，具有更低的成本。高速公路 OD 数据的不足之处在于不能提供车辆行驶过程的空间分布信息，但由于车辆在高速公路系统内行驶时受道路网络的约束强，即车辆不能随意驶出高速公路网络，只能在特定的高速公路网络内行驶，因此可以将高速公路道路的空间分布数据和高速公路 OD 数据结合起来进行分析，实现信息互补的规律挖掘。

高速公路移动大数据是一种重要的交通大数据，在规划智慧高速公路建设的过程中，对高速公路移动大数据进行分析，挖掘其中蕴含的空间分异规律、时间演变规律和环境响应规律，有助于我们充分了解当前高速公路系统的运行特点，以及高速公路系统在区域人地系统中的角色和功能，从而可从区域规划和管理这一比较宏观的视角出发，制定智慧高速公路的建设方案，使得高速公路系统能够更好地服务于区域发展。

第**3**章

面向智慧交通的高速公路空间流研究绪论

3.1 研究背景与意义

3.1.1 研究背景

（1）空间流成为 GIS 的重要研究对象

地理个体在不同空间位置之间的流动称为空间流（Spatial Flow），即可以被形象地理解为地理个体在空间上的流动。随着当前信息时代空间定位技术、传感器技术、移动互联网技术以及数据传输和存储技术等的快速发展与广泛应用，地理个体空间位置的变化可以被精确地记录和保存，形成空间流数据，例如居民职住通勤记录、手机空间移动记录、车辆空间移动记录等。海量个体的空间移动记录形成了庞大的空间流数据集，蕴含着丰富的时空信息，逐渐成为当前地理信息科学（Geographic Information Science，GIS）的重要研究对象和数据来源。越来越多的空间流现象的观测与分析，重塑着人们对地理空间格局的认知，改变了依赖距离或者交通条件研究空间交流和区域联系的传统范式，拓展了地理空间格局和空间分异的研究思路。因而，基于海量空间流数据，挖掘其隐含的区域联系、空间分异和时空演变等模式和规律，有助于探索地理系统的演化机制，为地理要素格局研究和机理分析提供新的视角和途径。

（2）当前 GIS 对空间流的分析面临挑战

空间流在应用于 GIS 进行分析时面临诸多挑战。一方面，当前空间流的表达方式较为独特，即常常被描述为在空间上从起点到终点的连线，用来直观地说明地理个体在空间上的流动，但这一连线并不代表实际的路线轨迹。由于 GIS 的空间分析方法的变量往往是对特定的空间单元进行度量，例如点单元（如监测站点、采样点）、线单元（如道路、河流）

和面单元（如行政区、土地利用类型），所以空间流的"起点-终点"表达模型并不能很好地适用于当前 GIS 的多种分析方法。另一方面，当前空间流是针对单一的地理个体分别进行记录，例如一个人、一辆车，因而所记录的信息是极度分散的。此外，对海量个体的空间流进行记录又会使得数据量异常庞大。所以，当前 GIS 也较难对信息离散和体量庞大的空间流数据进行直接有效的处理和分析。综上所述，常见的对空间流基于"起点-终点"的表达模型及其信息离散和体量庞大的特性，使得当前 GIS 对空间流进行处理、分析和规律探索时面临困难。

（3）从交通流向高速公路空间流研究转变具有一定的必要性

传统对高速公路系统内车辆流动的研究侧重于交通流的视角，主要研究在道路网络拓扑的条件下，不同位置上特定时段内的交通总流量，进而进行交通流量的预测、特征分析及各种应用。这类侧重于交通流量的研究忽略了高速公路车流所带来的区域之间的关联及其所引起的各种地理效应。车辆在高速公路系统内移动形成的空间流，是不同区域高速公路运输状况的原始数据记录，蕴含着丰富的交通运输特征和地理时空信息。因而，对高速公路系统内车辆的空间流进行特征探索与时空分析，既可以揭示丰富的交通时空分异、空间关联和区域结构等重要信息，也可以反映出不同区域经济活动和人口流动的特征，从而为评估区域发展的水平与特色、制定区域发展规划提供重要的依据。从空间流的视角出发探讨高速公路上车辆的空间流动，有助于分析不同区域之间的地理关联及其所引起的各种地理效应。

（4）表达方式与信息聚合是深入分析高速公路空间流的重要途径

鉴于当前研究中对空间流的"起点-终点"表达模型难以适用于 GIS 的分析方法，探索空间流的新型表达方式，以使其能够在充分描述和表达空间流各种属性的同时，又适用于包括 GIS 空间分析在内的多种已有数据分析方法，是实现空间流数据挖掘的重要思路。一方面，已有的多数 GIS 空间数据分析方法具有深厚的理论支撑和广泛的应用，不同领域的研究人员能够快速地实现对空间流的分析；另一方面，研究人员更容易理解已有分析方法得到的结果，这也有助于从空间流中挖掘隐含规律与知识。因而，探讨高速公路空间流的表达方式，使其适用于 GIS 空间数据分析方法具有重要的意义，已有学者开始探讨除"起点-终点"表达模型之外的空间流表达模型，例如极坐标模型。此外，着眼于空间流数据信息离散且体量庞大的特性，基于新的空间流表达模型研究空间流的不同信息聚合方法，是挖掘海量空间流数据所蕴含的知识与规律的有效方式。所谓信息聚合，就是将形式分散、具有关联的各类信息碎片，围绕着某个主题（时间、空间等）进行筛选和汇总，得到能够反映整体状况综合特征的过程。因而，表达模型和信息聚合是实现利用已有数据分析方法

17

对空间流进行深入分析的重要途径。

综上所述，本书将着眼于高速公路交通空间流的时空分析与知识挖掘，重点研究空间流的表达方式，并在此基础上研究高速公路空间流的时空聚合方法，以实现对高速公路空间流的深入分析与规律挖掘。

3.1.2　研究意义

（1）理论意义

地理个体的空间流动是现实世界普遍存在的现象。随着信息技术的发展，各种各样的空间流会被观测和存储下来，成为地理学研究中重要的研究对象。空间流具有区别于其他地理变量的独特性质与特征，它既具有位置分异构成的空间格局，又具有位置变化所蕴含的区域连接。因而，探索体现空间流特色、适配已有方法的空间流表达理论与分析模式，对于从愈发常见且体量庞大的空间流数据中挖掘隐含规律、理解宏观地理系统的演化机制具有重要的意义。研究空间流的表达模型，以使其适用于已有的多种空间数据分析方法，一方面可以扩充 GIS 的数据模型理论体系，丰富 GIS 的学科内涵；另一方面，也可以增加 GIS 分析的数据种类与数据来源，扩展 GIS 方法的应用范围。此外，研究庞大空间流数据的信息聚合方法，对于地理大数据的时空分析也具有一定的借鉴意义。由于当前各种移动传感器观测到的地理信息以及其他泛在地理信息同样具备信息离散且体量庞大的特征，因而地理信息聚合方法的研究对于地理大数据的宏观规律挖掘与隐含知识发现具有重要的意义。

（2）现实意义

高速公路系统是快速交通运输网络中的重要部分，是城市之间人员和货物运输的主要基础设施，已被大量研究证明是促进经济、社会发展的要素。越来越多的地区大力推进高速公路基础设施建设，但在此之前，评价已有高速公路交通状况的空间关联、分布特征与空间格局十分必要，对于高速公路交通设施的建设与规划具有重要的现实指导意义。高速公路空间流信息是车辆通过高速公路系统进行空间移动的重要记录，也是高速公路系统内不同城市站点交通状况的重要记录。利用高速公路空间流信息，评价不同地区交通运输状况的特征（例如交通总量、繁忙程度），对于制定高速公路交通设施建设的整体规划、指导高速公路系统交通流管理、促进 ITS 建设等方面具有重要的意义。此外，由于高速公路系统与区域经济发展关联紧密，因而利用高速公路空间流研究不同区域的交通特征，也可用于管理部门了解区域经济活动和产业结构，进而评估区域发展的规模和特色，促进区域整体发展规划的制定和实施。

3.2 研究现状

3.2.1 空间流的表达方式研究

空间流也被称作地理流、社会流，是近些年来地理学最为关注的研究对象之一。在已有研究中，最常用的记录空间流的方式为"起点-终点"数据（Origin-Destination data，OD数据）这一原始记录，重点关注空间流的起点和终点，忽略对空间流的实际运行轨迹和中间过程的记录。因而，在一些研究中，空间流也被直接称作 OD 流（Origin-Destination Flow）。现有的大量研究直接基于空间流的原始数据记录，对空间流进行表达和分析。基于原始数据记录的空间流表达主要有 3 种，分别是：①仅考虑空间信息的空间流表达；②考虑空间信息和时间信息的空间流表达；③考虑空间信息和属性信息的空间流表达。此外，也有少数研究讨论了时空流（Geostream）的数据表达，其主要是以时间和空间为流动的坐标度量，但本书除了关注空间流的空间信息和时间信息外，还关注其他多种类型的信息。

仅考虑空间信息的空间流表达方式，主要利用空间流起点与终点的位置信息，通过起点与终点的点对坐标组合 $\{P_o, P_d\} = \{(X_o, Y_o), (X_d, Y_d)\}$，进行空间流的表达，其中 X_o 和 Y_o 分别表示空间流起点的经度和纬度，X_d 和 Y_d 分别表示空间流终点的经度和纬度。这种空间流的表达方式只关注地理位置的变化，可以通过起点与终点之间的连线讨论空间流所蕴含的区域交流与联系。此种表达方式还可支持利用多组点对（起点与终点）之间的空间流连线，进行各种空间流的基本流模式挖掘及节点间连线的空间聚类分析。

考虑空间信息和时间信息的空间流表达方式，在空间流起点与终点坐标的基础上，对空间流在起点对应的开始时间和在终点对应的结束时间进行记录和表达，通过 $\{O_i, T_{oi}, D_i, T_{di}\}$ 信息组合进行空间流的表达与分析，其中 O_i 表示第 i 个空间流的起点坐标，T_{oi} 表示该空间流在起点的时刻，D_i 表示第 i 个空间流的终点坐标，T_{di} 表示该空间流在终点的时刻。此外，也有研究提出在此种空间流表达的基础上考虑高程信息，构建 $\{(x^{(o)}, y^{(o)}, z^{(o)}, t^{(o)}), (x^{(d)}, y^{(d)}, z^{(d)}, t^{(d)}), s\}$ 的空间流表达模型，其中 $x^{(o)}, y^{(o)}$ 为起点的平面坐标，$z^{(o)}$ 为起点的高程坐标，$t^{(o)}$ 为空间流在起点的开始时刻；$x^{(d)}, y^{(d)}$ 为终点的平面坐标，$z^{(d)}$ 为终点的高程坐标，$t^{(d)}$ 为空间流在终点的时刻；s 为空间流的其他属性信息。这种表达方式同时考虑了空间流的时间信息和空间信息，丰富了对空间流基本信息的表达，可以进一步支持对空间流的时间分析，例如时间演变分析和预测，扩展了空间流可支持的分析类型和应用领域。

考虑空间信息和属性信息的空间流表达方式，同样利用了空间流的起点坐标和终点坐标，但同时也对空间流的属性进行表达，例如空间流的流量属性、持续时间属性等。这类

方法构建了 $\{P_o, P_d, \alpha\}$ 的空间流表达模型,其中 P_o 表示空间流起点的地理坐标,P_d 表示空间流终点的地理坐标,这两种地理坐标包含各自的经度信息和纬度信息,α 表示其他的空间流属性。这种空间流的表达方式是 GIS 中一种典型的"空间+属性"的地理要素表达方式,即在地理位置表达的基础上,考虑多种不同的非空间属性,进一步扩展了对空间流的基本属性的表达。在这种表达方式中,对空间流地理位置的表达也是通过记录空间流的起点与终点的点对坐标进行的,难以适用于已有的 GIS 空间数据分析方法。

以上 3 种空间流的表达方式中,对空间流地理位置的表达都基于起点与终点之间的点对实现,这种表达方式的优势在于可以实现对每一个个体空间流的表达,同时能够直观地展示空间流所引起的地理位置上的变化。除了基于起点和终点的空间流地理位置表达方式外,也有研究探讨了空间流的极坐标模型,通过点、角度和长度的三元组对流的空间属性进行表达,即构建出 $\{(x^{(o)}, y^{(o)}), \theta, L\}$ 与 $\{(x^{(d)}, y^{(d)}), \theta, L\}$ 的空间流表达模型,其中 $(x^{(o)}, y^{(o)})$ 为空间流的起点坐标,$(x^{(d)}, y^{(d)})$ 为空间流的终点坐标,θ 为流的方向,L 为流的长度。这种空间流的表达方式基于数学中极坐标的思路而进行,先定义基准方向,再根据空间流和基准方向之间的夹角说明空间流的方向,继而引出空间流的方向这一基本属性,因而和基于"起点-终点"的空间流表达方式有着本质上的区别。但这种空间流的表达方式只关注于空间流的形状特性,并未进一步探讨空间流的其他重要基本属性。

此外,轨迹数据也是一类主要的空间流记录数据和空间流的表达方式。轨迹数据主要是通过记录地理个体在移动过程中的一系列位置及其在不同位置上的时间,实现对空间流过程的详细记录。轨迹数据第一个位置就是空间流的起点,轨迹数据的最后一个位置就是空间流的终点,其余点表示了移动过程中经过的位置,即空间流并未停止。因而,当利用轨迹数据研究空间流所反映的区域交流时,会忽略掉中间过程,只关注轨迹数据的起点位置和终点位置,继而对轨迹数据所代表的空间流进行整体分析。所以,轨迹数据一般适合进行移动过程中地理个体的状态特征解析,在分析空间流整体时会对其进行简化,形成基于起点和终点的空间流表达,即 OD 表达。

整体而言,大部分研究依据空间流的原始数据记录,基于"起点-终点"的点对,对空间流进行形式化表达并构建相应的分析方法。此外,也有少量研究指出可以基于"点-角度-距离"构建空间流几何形状的表达方式。有学者将以上两种空间流的表达模型分别称为空间流的正交模型和空间流的极坐标模型。

3.2.2　空间流的分析方法研究

空间流的分析方法主要包括 4 种类型,分别是空间流的可视化分析、空间流的聚类分析、空间流的统计分析以及基于空间流进行的区域交互分析。

（1）空间流的可视化分析

当空间流数据集中包含大量的空间流记录时，传统的可视化方法会造成视觉上的混乱，无法有效地表现出海量空间流的内在规律性，因而研究人员开发出多种空间流的可视化方法展示空间流的整体规律性，以便于人们根据视觉特征直观地了解空间流。例如，研究人员通过设计带有箭头的直线或者条带（不同粗细），形成"流图"（Flow Mapping），用来表示不同地点之间的空间流以及空间流的属性（如密度）。然而，这类空间流可视化方法的一个不足之处在于它仅仅能够帮助人们快速理解庞大空间流数据的宏观规律性，无法实现空间流在数值上的模式分析。此外，也有研究利用一些其他的方法进行空间流的可视化分析，例如 Circos 弦图。

在一定区域和时段内，多个空间流的地理分布和网络数据有些相似性，都是由节点和边组成的，不同的边连接相邻的节点，所以一些网络数据的可视化方法也可以应用于空间流数据的可视化分析，例如边绑定（Edge Bundling）方法。但是需要说明的是，空间流数据和网络数据所表达的含义是不同的，网络数据中移动个体可以沿着具有邻接关系的多条边进行移动，而空间流数据中个体只沿着一条边进行移动。因而这类以网络数据为基础的可视化方法适用于大规模的空间流数据（多个空间流形成"网络"），用以说明多个空间流所形成的区域连接关系。除此之外，轨迹数据也是一类记录空间移动的精确数据类型，有研究将轨迹数据划分为一系列的 OD 数据，构建了 Flow Trees 进行空间流数据的可视化分析。

（2）空间流的聚类分析

空间流的聚类分析是一种主要的识别海量空间流分布格局和基本模式的分析方法，长期以来大量的研究者基于不同的思路提出了多种空间流的聚类分析方法。其中，空间流的聚类分析可以进一步分为两种类型，分别是基于点的聚类方法和基于线的聚类方法。基于点的聚类方法主要考虑空间流的起点和终点，用以度量不同空间流之间的相似性，并根据这种相似性度量对空间流进行聚类，例如计算欧氏距离、曼哈顿距离、切比雪夫距离等不同的距离指标。或者，将研究区划分成若干网格，统计不同网格内空间流的特征后，根据网格特征的相似性对空间流进行聚类。基于线的空间流聚类方法主要利用空间流起点与终点之间的连线进行聚类，此类研究方法能够直观地揭示区域之间的空间关联方法，然而此种空间流聚类分析主要通过开发新的聚类算法来适配空间流的"起点-终点"表达方式，较少利用已有数据挖掘模型中的一些经典的聚类算法。

（3）空间流的统计分析

空间流的统计分析是一种挖掘海量空间流内在模式的重要途径，研究人员开发出了多种空间统计模型进行空间流数据的分析。利用空间统计模型可以进一步挖掘海量空间流数据集中的隐含规律，特别是在空间流互相重叠、遮盖的情况下。然而，由于空间流数据表达的独特性，空间统计模型研究难度较大、进展缓慢，可用的空间统计模型较少；另外，GIS 中含有多种经典的空间统计模型，但其适用的输入数据主要是点、面等空间单元，因而较少有研究利用 GIS 中的空间统计模型对空间流数据进行分析。

（4）基于空间流的区域关联分析

由于空间流可以反映不同位置之间的交流与联系，因而一些研究将空间流数据视为空间交互数据（Spatial Interaction Data），来研究不同区域之间的空间关联与区域内部的空间结构。基于空间流的区域关联分析，主要是基于空间关联模型，例如重力模型，利用特定区域之间的空间流，分析其空间关联的程度，并没有充分利用庞大空间流数据隐含的多种信息进行分析。

不同类型的空间流分析方法的研究案例如表 3-1 所示。

表 3-1　不同类型的空间流分析方法的研究案例

研究者	分析方法	方法分类
Andrienko等	提出了多个车辆轨迹的聚合方法，实现海量空间流的制图与可视化	可视化分析
Guo等	提出了空间流的密度估计和流向图的概化方法，实现对海量空间流内在模式的提取和展示	可视化分析
Zhu等	提出了基于密度的流向图概化方法，实现对大规模空间流的模式提取和多尺度分析	可视化分析
Guo等	基于空间流的点进行聚类，根据聚类结果划分空间区域，展示空间流的分异格局	聚类分析
He等	提出了一种简单线要素的聚类方法，分析空间流数据中隐藏的不同地点之间的空间连接	聚类分析
Guo等	提出了一种基于向量约束的空间流聚类方法，用以识别空间流的聚集模式和社区结构	聚类分析
Song等	提出了基于蚁群算法的空间扫描统计模型，用以检测具有任意形状的空间流聚集	空间统计分析
Gao等	提出了多维空间扫描统计方法，生成空间流的聚类，用以比较不同空间流的聚集模式	空间统计分析
Tao等	提出了一种基于k函数的空间流聚类算法，实现"热流"的检测	空间统计分析

研究者	分析方法	方法分类
Ke等	根据不同城市之间的交通流量网络，分析江苏省内城市网络的层次结构	区域交互分析
Zhang等	针对空间流数据，通过比较GWNBR模型和GWOLSR模型介绍区域关联的差异	区域交互分析
Dai等	基于轨道交通的空间流（客流）分析全国范围内城市之间的关联程度和网络结构	区域交互分析

（5）信息聚合与空间流聚合分析

信息聚合是 GIS 分析中一种常见的数据处理方法，是指在特定情境下围绕某些核心主题要素将各类泛在的、不同种类的信息和数据按照某一主题要素进行搜集、甄别、汇总、存储和呈现的方法。尤其是在当前大数据时代背景下，信息聚合成为解决海量多元数据分析的关键途径。在大数据的信息聚合中，主题要素是关键，它是串联所有信息的媒介，也是不同分析过程中的关注点。已有 GIS 分析中的信息聚合，侧重于多源、泛在信息的空间聚合，即将多种空间信息和非空间信息按照一定的逻辑和组织进行筛选、呈现和存储，所聚合的信息往往类型多样，包括空间信息、文本信息、影像信息，甚至包括声光电磁等信息，因而已有 GIS 中的信息聚合主要强调信息从杂乱到有序，即从互不关联到多元信息的有序关联。然而，较少有研究针对空间流这类数据，探讨其内涵信息的聚合分析方法。

已有研究中的空间流聚合通常情况下是一种数据化简方式，这种空间流聚合主要是根据空间流的几何形状，将多个空间流整合成具有相应密度值的综合空间流，即将多个箭头合并为一个箭头。通过空间流的聚合，可以得出众多相似空间流的宏观趋势和特征，得到综合的空间流形状，进而极大地减少所要分析空间流的数目。因而，空间流的聚合主要用在空间流的可视化中。图 3-1 展示了相关研究中一种具有代表性的空间流聚合方式，具体是将多个位置相近且分布相似的空间流进行区分和合并，最后得到一个综合的空间流。该综合空间流具备一定的属性测度，以反映聚合之前的多个空间流特征，例如密度。然而，这种空间流的聚合，主要应用空间流的位置信息、方向信息和数量信息等，但这种应用是耦合性的应用，并没有区分所应用的不同类型的信息，也没有深入探讨其他类型的信息，例如时间信息。此外，这种空间流的聚合结果仍然是空间流，同样不适合用 GIS 分析方法进行空间规律的挖掘。因而，需要进一步开发支撑多种空间流信息内涵的聚合方法，同时聚合结果可以进一步支持 GIS 的多种空间分析方法以进行规律探索和知识挖掘。

图3-1　相关研究中空间流聚合示意

3.2.3　高速公路空间流的研究

高速公路引起的车辆移动是一种常见且重要的空间流类型。然而，对于高速公路系统内车辆空间移动的研究中，多数文献主要基于高速公路道路的拓扑结构，着重讨论高速公路交通流。交通流主要关注某一截面上的车辆数量，忽略了车辆移动造成的空间位置变化。对高速公路空间流的研究主要包含 3 个方面，分别是高速公路交通流量的模拟与预测研究、高速公路交通流的特征解析研究和基于高速公路空间流的区域关联研究。

① 高速公路交通流量的模拟与预测研究，一方面是指对高速公路系统内单个位置上的交通流量的预测，例如有研究利用高速公路联网收费数据的实时动态更新的特点，建立了基于联网收费系统数据的实时高速公路交通流量预测平台，相应的结果表明，该平台能提高交通流量预测结果的精度，并保持预测结果的动态更新。另一方面是指对特定点对之间的交通流量，即 OD 流量的预测，例如，有研究基于高速公路联网收费数据构建空间流的OD 矩阵，提出了基于 BP 神经网络的区间组合预测方法，并进一步构建交通发生量与吸引量区间组合预测模型，相应的研究结果表明，所提出的高速公路区间 OD 预测方法能够充分考虑交通出行中的不确定性，预测得到的 OD 矩阵能为高速公路规划和运营管理提供一定的指导和借鉴。

② 高速公路交通流的特征解析研究，包括探索性交通特征挖掘和特定交通状况特征挖掘。探索性交通特征挖掘主要指利用各种方法，对高速公路空间流中的多种特征进行探测、描述和分析，用以说明高速公路交通流的区域差异。例如，有研究利用非负张量分解对高速公路空间流的时空特征进行提取和分析；也有研究基于高速公路空间流数据，构建、计算和分析了多种交通状态参数，对高速公路运行特征、服务水平、路网结构特征、路网演变等方面进行了分析。特定交通状况特征挖掘主要根据某一特定的交通状况，从空间流数据中提取对应的特征用以推测该交通状况的各种属性并进行分析。例如有研究利用了高速公路空间流数据，对高速公路交通拥堵状况进行了识别和分析。

③ 基于高速公路空间流的区域关联研究，主要利用两两区域之间的交通流量及多个区域之间的流量网络，研究不同区域之间的联系强弱以及关联结构。例如，有研究基于全国地级行政单元间的公路客运流，讨论了中国城市网络功能结构和区域效应，并对其空间组织模式进行特征提取和规律挖掘；也有研究基于高速公路空间流数据，分析了高速公路交

通流网络的时空特征，并基于此分析了城市之间的关联结构。

整体而言，当前关于高速公路空间流的已有研究主要基于高速公路车辆空间流动的历史记录数据，进行各种交通状况分析或人文地理方面的分析，较少有研究讨论高速公路空间流的表达方式以及各种空间分析方法。

3.2.4　研究现状述评

相关研究现状述评如下。

已有研究较少出现高速公路空间流这种概念名称，也未建立相关的理论体系和分析方法体系，主要基于高速公路车辆运行的记录数据计算高速公路交通流量，进行各种交通状况或者人文地理方面的分析，对高速公路空间流的概念梳理和分析应用的研究不足。

当前空间流的表达方式主要基于"起点-终点"的点对组合，这种表达方式能够直观地表达空间流所具有的空间关联，但对空间流的其他重要信息表达不足，例如空间流的持续时间、空间流的方向等。少量研究探讨了空间流的其他表达方式，这里主要指空间流的极坐标表达模型，为空间流的表达和分析提供了新的思路，但这种新的表达方式只关注空间流的形状特征，忽略了空间流的其他信息，例如时间信息；此外，这种极坐标表达模型并没有构建所对应的分析方法以及应用案例。

当前对空间流的分析研究着重关注空间流起点与终点之间的连线，基于空间流的节点连线构建相应的聚类方法和空间统计方法，实现对高速公路空间流的数据分析、知识探索和规律挖掘。然而，已有研究对空间流的节点（单个起点或者终点）关注不够，空间流的起点和终点往往具有精确的空间坐标，讨论空间流在不同节点上的综合状况，可以得到空间流各种特征的精确空间分布，有助于进一步揭示空间流的地理分布格局。

已有研究中空间流的聚合主要考虑了起点与终点连线的形状分布特征，通俗来讲是将多个个体空间流汇总成整体空间流，主要用于进行空间可视化等研究。较少有研究讨论空间流多种内涵信息的聚合方法和应用方式，例如空间流的位置信息和空间流的时间信息等。

本书将以高速公路空间流为研究对象，对其概念内涵和基本特点进行梳理，在此基础上提出高速公路空间流多维信息表达模型；基于新的高速公路空间流表达方式，设计对应的高速公路空间流聚合分析的基本模式和框架，着重讨论基于位置和时间的高速公路空间流聚合分析的方法；同时设计多种研究案例，证明高速公路空间流的聚合分析可以实现多种目标的时空分析。

3.3　研究目标、内容与技术路线

3.3.1　研究目标

本书着眼于高速公路空间流移动大数据的规律挖掘和知识发现，针对空间流"起点-终点"的表达方式难以适用已有的 GIS 分析方法，以及空间流数据信息离散等基本现状，重点研究高速公路空间流的表达模型和以此为基础的时空聚合分析方法。通过梳理高速公路空间流的信息内核，抽象出高速公路空间流的基本表达维度，构建出高速公路空间流的多维信息表达模型，使其既能够表达高速公路空间流的多种重要信息，又能够适应于已有的以位置为基础的空间数据分析方法。针对高速公路空间流信息离散和体量庞大等特点所造成的分析困难，本书以新提出的空间流表达模型为基础，探讨高速公路空间流的聚合分析方法，构建高速公路空间流的时空聚合框架和模式，以期能够提取庞大离散的高速公路空间流数据中的隐含模式，用于不同目标的地理学分析。本书或可为研究空间流这一重要地理学研究对象提供新的理论依据和分析方法，同时也将扩充 GIS 中空间数据分析方法的理论和方法体系。

3.3.2　研究内容

本书着眼于高速公路空间流的多维信息表达模型及聚合分析方法，主要研究内容包括以下 4 个方面。

（1）高速公路空间流多维信息表达模型

梳理高速公路空间流的普遍性质和主要信息内核，抽象出高速公路空间流的基本信息种类，并基于此构造描述高速公路空间流的多个基本维度。利用已有空间流的记录信息，研究高速公路不同维度信息的计算方式与生成算法，建立高速公路空间流的多维信息表达空间。基于构造出的多个基本维度，研究高速公路空间流不同信息的维度组合表达方式，实现利用维度组合表达高速公路空间流多种信息的关键算法。基于构造出的高速公路空间流的多个基本维度的信息，研究出高速公路空间流的多维信息的逻辑模型。

（2）高速公路空间流聚合分析模式

针对高速公路空间流信息离散且体量庞大的特点，基于高速公路空间流的多维信息表达模型，研究高速公路空间流聚合方法。探索适应于地理学分析的高速公路空间流信息聚合分析的主题，即"凝聚核"，建立不同地理学分析目标与高速公路空间流聚合主题之间的关联匹配机制，以使高速公路空间流的聚合适应于多目标地理学分析。探讨不同聚合主题下高速公路空间流聚合分析的基本流程和关键步骤，研究特定主题下高速公路空间流聚合分析的基本模式。总结高速公路空间流聚合分析的不同主题及其对应的整体流程，建立高速公路空间流聚合分析的综合框架。建立"研究目标—聚合主题—聚合模式—结果分析"的高速公路空间流聚合分析的研究范式。

（3）基于地理位置的高速公路空间流聚合分析方法

研究以地理位置为聚合主题的高速公路空间流聚合分析方法。探索高速公路空间流向现实地理空间中不同类型空间位置的映射方式与匹配机制，确定可映射地理位置的类型，并基于此建立高速公路空间流位置聚合的分类体系。根据不同的映射位置，研究高速公路空间流以该位置为核心进行聚合的主要步骤，梳理高速公路空间流位置聚合的关键技术，并突破相关实现算法。探讨高速公路空间流位置聚合适用的地理学分析目标，思考不同类型高速公路空间流位置聚合结果的表达方式与含义。基于不同类型的高速公路空间流位置聚合方式，讨论高速公路空间流位置聚合方法在揭示其自身的空间格局、探索其与其他地理要素之间关联等方面的应用方式。

（4）基于时间变化的高速公路空间流聚合分析方法

研究以时间变化为聚合主题的高速公路空间流聚合分析方法。引入数学张量，并根据数学张量的基本运算规则和张量分解方法，研究高速公路空间流时间变化特征的提取分析步骤，讨论高速公路空间流张量分解结果的丰富内涵。利用时间序列相关的分析方法，分析和预测高速公路空间流的时间变化特征，讨论不同类型高速公路空间流的时间规律。综合利用高速公路空间流的张量组织、张量分解、时间序列建模以及张量重构等方法，讨论基于时间变化的高速公路空间流聚合方法在预测高速公路空间流数量、探索高速公路空间流对其他地理要素影响的时间动态变化等方面的应用方式。

3.3.3 技术路线

本书以区域高速公路系统内车辆的空间流动为研究对象，主要研究高速公路空间流的多维信息表达模型及其对应的时空聚合分析方法，以期实现多种目标的地理学分析。本书的整体研究遵循"基础理论—关键方法—主要应用"的研究主线，采取理论探索、方法构建、案例示范相结合的研究思路，进行高速公路空间流多维信息表达模型与时空聚合分析方法的研究。其中，研究路线中基础理论、关键方法和主要应用等不同层级的研究重点如图 3-2 所示。

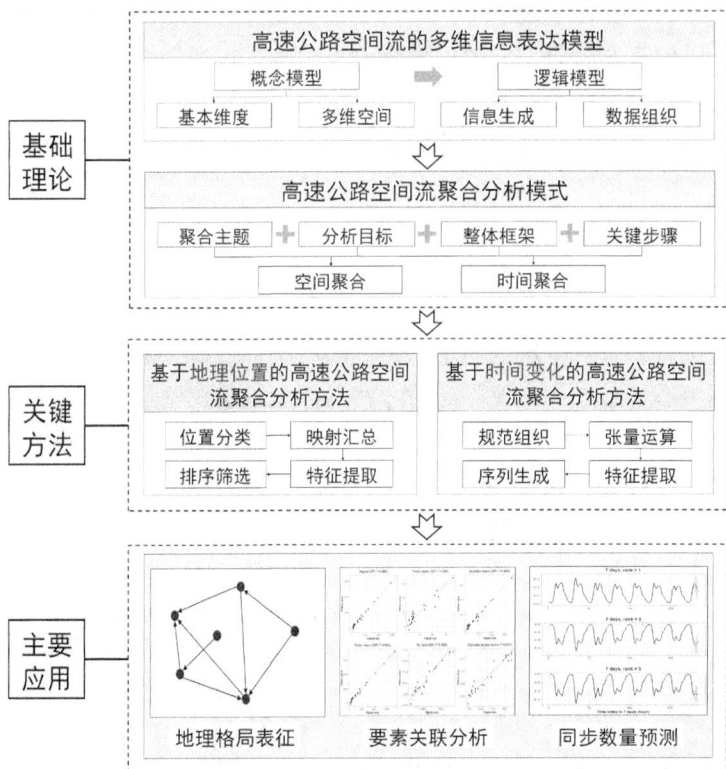

图3-2　本书的研究层级和技术脉络

　　基础理论包括高速公路空间流的多维信息表达模型研究和高速公路空间流聚合分析模式研究等。其中，多维信息表达模型是整个研究的基础，在表达模型的基础上可进一步构建出高速公路空间流聚合分析模式。多维信息表达模型研究首先梳理高速公路空间流的多种基本信息内核，构造出其主要描述维度，生成高速公路空间流的多维信息表达空间对其进行描述。研究利用不同表达维度或者维度组合的方式，实现对高速公路空间流多种信息的表达。基于所构建的高速公路空间流多维信息表达模型，本书主要讨论其所对应的聚合分析方法，以论证高速公路空间流多维信息表达模型的应用。高速公路空间流聚合分析模式研究主要讨论高速公路空间流聚合分析中适用的主题要素，即"凝聚核"，以及聚合分析所适用的地理学分析目标；之后思考聚合分析的主要步骤和流程，最后形成基于多维信息表达模型的高速公路空间流聚合分析的基本框架。此外，在高速公路空间流聚合分析的基本框架下，本书进一步指出了聚合分析关键步骤，作为构建其分析方法的主要着力点，为提出高速公路空间流聚合分析方法奠定理论基础。

　　关键方法包括两种高速公路空间流聚合分析方法，即基于地理位置的高速公路空间流聚合分析方法和基于时间变化的高速公路空间流聚合分析方法，它们分别是以位置和时间为聚合主题进行的高速公路空间流的聚合分析方法。研究基于地理位置的高速公路空间流聚合分析方法，首先梳理高速公路空间流向现实世界中不同类型空间位置的映射方式，及其对应的映射位置类型，例如点类型、线类型或者面类型，并基于此构建相应的高速公路空间流位置聚合分析的类型。之后，研究并提出空间聚合特征生成的方法，提取每个地理位置上对应的多种聚合特征以反映单一位置上发生过的多个高速公路空间流的综合状况，说明该空间位置的特异性。接下来，构建方法从所生成的多种高速公路空间流空间聚合特征中筛选出少数重要的聚合特征，分析不同聚合特征的空间分布，用以讨论高速公路空间流中所隐含的各种空间格局。研究基于时间变化的高速公路空间流聚合分析方法，首先对具有时空多维属性的高速公路空间流进行规范化组织。本书利用多维数学张量对高速公路空间流进行组织，并进一步利用张量分解方法，提取高速公路空间流的时间聚合特征序列。在此基础上，利用时间序列分析方法，重点分析高速公路空间流时间维度特征中所隐藏的时间变化规律性。根据张量基本运算中利用维度特征的外积进行张量重构的思路，通过预测高速公路空间流的时间聚合特征，构建出高速公路空间流的时空同步预测方法。

主要应用针对 3 种研究目标讨论高速公路空间流的多维信息表达模型及其聚合分析方法在地理学分析中的应用，分别是表征高速公路空间流的地理格局、预测高速公路空间流的数量以及探测高速公路空间流与其他地理要素之间的关系。设置这 3 种研究目标的主要原因是，"格局""过程"和"关系"是地理学研究内容的重点。其中，地理格局表征主要利用基于地理位置的高速公路空间流聚合分析方法，流量时空预测主要利用基于时间变化的高速公路空间流聚合分析方法。对于高速公路空间流与其他地理要素关联关系的探测，既可以利用基于地理位置的聚合分析方法，也可以利用基于时间变化的聚合分析方法。

第 **4** 章
高速公路空间流概述

4.1 高速公路系统简介

4.1.1 高速公路简介

高速公路是一类允许车辆以较高速度行驶的公路系统，是一种专门提供车辆分向、分车道行驶，并严格控制车辆出入的多车道公路系统。因而，高速公路是指具有专门的技术标准和建设规定，具有多车道、中央分隔带（分向行驶）和立体交叉结构，控制和管理车辆的出入，要求车辆以较高速度行驶，并配备多种安全监控设施和服务设施的汽车专用公路。

高速公路是一种重要的基础设施，在区域发展和经济建设中发挥着极其重要的作用。高速公路具有道路网络空间覆盖面广、运输中间环节少和运输成本较低等优点，因而，高速公路运输是中短距离交通运输活动的主要选择。工业生产的顺利进行以及社会经济的快速发展很大程度上取决于生产原料和最终产品的便利运输，高速公路可以实现城市与城市之间的快速运输，能够极大地方便工业生产活动和居民出行，因而，不论是国家层面还是各省区市等都特别重视高速公路的修建。高速公路系统与国家经济建设密切相关，也是国家实力的一种体现。

近些年，我国高速公路里程保持逐年增长的趋势。根据国家统计局的数据，中国高速公路的里程从 2007 年的 5.39 万公里，增长为 2019 年的 14.96 万公里，年际增长变化如图 4-1（数据来源于国家统计局《中国统计年鉴 2020》）所示。逐年增长的高速公路里程显示出政府对高速公路建设的重视。高速公路空间流的研究工作对于揭示高速公路系统现状、促进国民经济发展具有极其重要的作用。

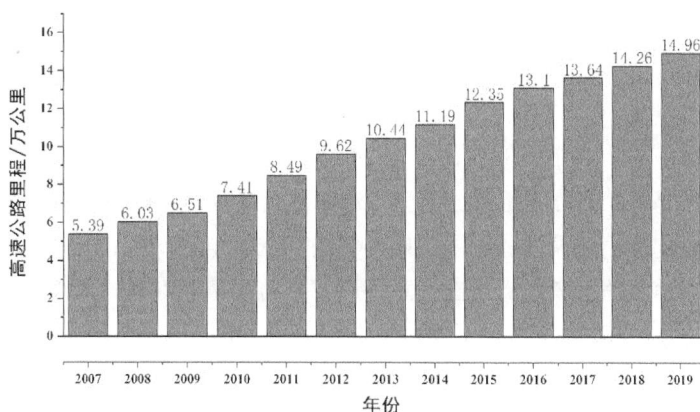

图4-1 中国高速公路里程年际增长变化

4.1.2 高速公路系统组成

高速公路系统具有严格的标准规范，具体由以下 6 个主要部分组成。

（1）主干道（车道）

主干道是高速公路系统内车辆行驶的主体道路，具体是指由中央分隔带分开的两种方向的车辆行驶道路，即上行车道和下行车道，均为主干道。此外，相关交通法规进一步规定，对于双向 6 车道的高速公路，以沿行驶方向左侧为基准开始算起，第一条车道为超车道，只能在车辆超车时使用，第二、第三条车道为行车道。

（2）中央分隔带

中央分隔带是在高速公路的中间设置的一条隔离带，用来分隔不同行驶方向的车道。中央分隔带一般采用植被进行填充，或者采用专门的隔离带设施，如栅栏。中央分隔带可保证不同行驶方向（双向行驶）的车辆不会互相干扰，从而保证车辆高速行驶时的安全性。

（3）路肩和紧急停车带

高速公路的路肩是与行车道衔接的一部分，包括行驶方向右侧的路缘带、硬路肩和土路肩 3 个部分。路肩的主要作用是为车辆提供额外宽度，保证行车的安全性。紧急停车带位于主干道右侧的路肩上，专供车辆紧急停车用。

（4）加速、减速车道和匝道

加速车道分布在高速公路系统的入口附近，以便车辆将行驶速度提升至较高水平，继而并入主车道。减速车道分布在高速公路的出口附近，便于车辆驶离高速公路主车道后，将速度降下来。匝道是连接高速公路主干道与其他类型道路之间的公路，可以引导车辆进入高速公路的出口或入口。

（5）出口和入口

高速公路系统是一个封闭的系统，除了特定的出入口外，车辆不能随意进出高速公路，因而出口和入口也是高速公路系统的重要组成部分。在我国，高速公路的出入口一般设有收费站，可以记录车辆在高速公路系统内的进出信息，这部分内容将在本书的后续章节中着重介绍。

（6）加油站和服务区

由于高速公路系统具有空间区域跨度大的特点，车辆一般会进行远距离行驶；同时，高速公路内车辆的行驶路程往往较远，因而消耗车辆中存储的燃料（如汽油）也较多。为了保证车辆远距离运行，高速公路系统中一般设有加油站，以补充车辆行驶所需要的燃料。在车辆远距离行驶的过程中，驾驶员如果长时间驾驶会疲劳、饥饿等，继而影响行车安全，因而高速公路系统内设置了服务区，以供驾驶员餐饮和休息，从而保证车辆能够安全地行驶到目的地。

除了上述主要组成部分外，高速公路还具有一些其他组成要素，例如路牌标志、标线和测速装置等，以规范车辆的正常行驶、提高行车效率和保证行车安全。

4.2 高速公路空间流的概念剖析

4.2.1 高速公路空间流的定义

高速公路空间流是指在高速公路系统内行驶、发生位置变化的车辆的空间移动行为，可以直接理解为车辆通过高速公路系统发生的空间流动现象。特别需要指出的是，这种空间流动既包含进入高速公路的过程，也包含离开高速公路的过程，反映了车辆空间移动的整体过程。其中，高速公路空间流的起点是高速公路的入口，相应地，终点是高速公路的出口，因而高速公路空间流发生在高速公路系统的内部。

在本书中，需要区分的一组概念是高速公路空间流与高速公路交通流。本质上二者之间并没有不同，都是指车辆在高速公路系统内进行流动，但它们在概念的侧重点上存在微小的差别。高速公路交通流主要强调车辆运行过程中的交通特性，对车辆运行所含的位置信息，以及不同车辆的位置关系和变化关注力度不够，即不关注车辆在高速公路系统内空间移动的精确位置。本书将高速公路交通流所蕴含的空间信息进一步扩展，提出高速公路空间流的概念，凸显了高速公路系统内车辆运行的精确位置信息及位置变化信息，对高速公路交通流的内涵做了进一步的拓展。同时，高速公路空间流主要关注车辆运行的空间分析，进而有助于分析其时空变异特征，并将其应用于地理学的各种分析中，进行地理学研究所关注的 3 类事物的研究，即地理格局研究、时间过程研究和要素关系研究。

高速公路空间流，是从地理学视角研究高速公路系统内车辆流动的重要变化，其既可以反映区域关联，又可以反映空间分异。因此，高速公路空间流比高速公路交通流更适合也更值得用于进行地理学中的时空分析，以发现人类出行行为和社会经济活动的宏观格局与隐含规律。

4.2.2　高速公路空间流的基本要素

高速公路空间流主要发生在高速公路系统内，其在空间分布上可以抽象出不同的组成要素，本书称为高速公路空间流的基本要素。根据高速公路系统的基本组成，本书关注高速公路空间流 3 种类型的基本要素，分别是高速公路空间流起止节点、高速公路空间流节点连线和高速公路空间流行驶路径。

（1）高速公路空间流起止节点

高速公路空间流起止节点主要指的是高速公路空间流的起点和终点，是具有精确坐标记录的点状要素。对于高速公路系统而言，起点和终点都是高速公路的收费站，其中起点是车辆进入高速公路系统的收费站，终点是车辆离开高速公路的收费站。高速公路空间流的起止节点是其重要组成要素，在传统的空间流表达方式中，主要通过记录空间流的起点和终点，形成空间流的 OD 记录，用以进行高速公路空间流的表达和分析。需要特别说明的是，本书后续章节中的节点均是指高速公路空间流的起止节点。

由于高速公路空间流起止节点具有准确的位置记录信息，因此本书将以起止节点的空间分布为基础，探讨高速公路空间流的地理分异格局，揭示出高速公路系统反映的区域经济活动和人口出行等状况的空间分异规律。此外，本书还将特别关注高速公路空间流的起点，探讨同一起点上高速公路空间流的数量（在此过程中不关注空间流的终点），分析不同的收费站上进站的车流量，进而可以帮助高速公路系统有效引导车辆进入高速公路系统，提升高速公路系统的运行效率。

（2）高速公路空间流节点连线

在已有研究中，空间流起止节点之间的连线也被形象地称为"边"，本书称为高速公路空间流节点连线。高速公路空间流起点与终点之间的连线反映了车辆运行的整体方向和最终实际距离，可以说明由车辆在高速公路系统中移动所建立的区域之间的连接，因而在已有研究中，对空间流的节点连线进行聚类，得出具有空间自相关的空间流节点连线"簇"，可以表明不同区域之间的联系，继而为区域协同发展规划提供指导和依据。

但需要说明的是，高速公路空间流节点连线并不代表车辆实际的运行轨迹，只代表车辆空间流动的有效位移。在已有研究中，高速公路空间流节点连线主要通过起点与终点的坐标来记录，即以点对的形式进行记录。也有研究提出空间流的极坐标模型，通过"原点+角度+长度"的形式表达空间流节点连线。基于起点与终点的点对的空间流节点连线表达方式不能应用于已有研究中以点、线、面为基础的 GIS 空间分析方法，而利用极坐标模型进行空间流节点连线表达的研究并没有提出相应的分析方法，本书将参照已有研究中空间流的极坐标模型，进行高速公路空间流节点连线的表达，并构建相应的分析方法，实现高速公路空间流节点连线的分析。

（3）高速公路空间流行驶路径

高速公路空间流主要发生在高速公路系统内，其实际轨迹形成了高速公路空间流在路网中的行驶路径。行驶路径是高速公路空间流真实经过的一系列道路，行驶路径上的道路特征和交通状况是高速公路空间流的重要影响因素，主要包括行驶路径上的车道数、互通节点、测速带、加油站和服务区等。其中车道数会影响高速公路空间流的行驶速度，如果多个高速公路空间流行驶在相同路径的话，车道数多有利于它们各自保持较高的速度行驶，减少交通拥堵，从而改变高速公路空间流的持续时间。互通节点有利于高速公路空间流选择最优的路径进行行驶，同样也会缩短车辆在高速公路系统中的行驶时间。测速带会保证高速公路空间流在合理的行驶速度内行进，保证了其在高速公路系统中的安全性。另外，加油站和服务区分别用于为车辆和驾驶员提供补给，保证了其能安全、准时地到达目的地。需要特别说明的是，这些影响因素对利用高速公路空间流分析交通状况，例如交通拥堵等，会产生一定的影响；而当其进行其他类型的地理学分析时，例如分析高速公路空间流的地理分异格局时，这些影响均会隐藏在实际记录数据中，表现出对实际结果的影响。

在本书中，行驶路径是由一系列路段单元构成的，这些路段单元是高速公路网络的最小空间单位。对于路段单元的划分，以高速公路网络的出入口和高速公路网络中道路的分叉点（互通节点）为断点，将高速公路网络打断，形成一系列的单独路段。本书的后续章节中，将根据不同路段上高速公路空间流动的移动特征，进行相应的交通状况分析。

4.2.3　高速公路空间流的主要特点

区别于其他类型的空间流，如城市内部人（手机）的空间流、共享单车的空间流及出租车的空间流，本书关注的高速公路空间流具有以下几个重要特点。

（1）以汽车为主体

高速公路系统是专门为汽车（如轿车、客车、货车及集装箱货车）的高速行驶而修建的公路系统。其他类型的机动车（如拖拉机、电动车、摩托车等车辆）不允许进入高速公路系统。此外，非机动车和行人也不得进入高速公路系统。因而，高速公路空间流的对象主要是汽车，也就是说高速公路空间流中的主体就是汽车。

（2）行驶速度快

高速公路系统属于较高等级的公路系统，道路平整宽阔，安全性较高，适合车辆以较高速度行驶。此外，高速公路设有中央隔离带，用来分隔不同行驶方向，对向行驶车辆互不干扰，可以保证车辆以较高速度行驶。最后，高速公路具有限速规定，禁止车辆以较低速度或超速行驶。根据《中华人民共和国道路交通安全法实施条例》的规定，高速公路上最高车速不得超过每小时120公里，最低车速不得低于每小时60公里。因而，行驶速度快是高速公路空间流的一个重要特点。

（3）起点与终点固定

高速公路空间流的起点与终点是固定的。其他种类的空间流，例如常见的出租车空间流和共享单车空间流，它们的起点和终点是非固定的，因为人们的出行具有随意性，不同的人可能会从任意地点出发，到达任意地点，形成具有任意起点和终点的空间流。在高速公路系统内，车辆只能从入口进入高速公路，从出口驶离高速公路，因而高速公路空间流的起点和终点就是高速公路的入口和出口，而不是高速公路上的任意位置。

（4）受路网约束强

高速公路空间流的起点和终点都是高速公路系统固定的出入口，由于高速公路系统是一个封闭的系统，在起点和终点之间，高速公路空间流中的车辆个体只能沿着高速公路网络行驶，不能随意驶离高速公路，而且高速公路空间流与高速公路网络的耦合性较高，高速公路网络对高速公路空间流中车辆个体的行驶约束较强，因而，可以将高速公路空间流数据与高速公路的道路网络数据进行耦合分析。

（5）具备多个方面的信息内涵

高速公路空间流具备多维信息描述体系，可通过多维信息对其进行表达。其中，多维信息区别于多特征信息，多维信息是指高速公路空间流携带不同类型的信息，例如时间、空间、方向和距离等，这些信息的含义互不重叠、两两正交，但它们均是描述高速公路空间流的必不可少的基本要素。因而对这些基本信息类型进行抽象形成基本维度，可构建出高速公路空间流的多维信息描述体系。对于多特征信息而言，某一特征可以描述某一类型（维度）的信息，缺少种类完备性的考虑和量化。本书主要通过梳理高速公路空间流的多维信息，研究高速公路空间流的表达模型和分析方法。

4.3　高速公路空间流的监测与数据采集

4.3.1　高速公路收费站系统

高速公路交付使用后，高速公路系统会根据车辆的类型、大小和在高速公路中行驶的距离，收取相应的通行费用。高速公路系统所收取的费用主要用以偿还其在修建过程中的各种贷款，同时也可维持高速公路道路和各种设施的日常养护，对高速公路系统的可持续发展至关重要。

因而，高速公路系统的出入口主要是高速公路收费站。高速公路收费站是高速公路系统的重要组成部分，高速公路收费站可以对车辆的各种信息进行记录。高速公路收费站也是重要的信息采集系统，是高速公路车辆出行状况最直接和原始的记录系统。

由于高速公路收费标准之一就是车辆行驶的距离，因而高速公路收费站会记录车辆进入和驶离高速公路的位置和时间，进站与出站之间的空间距离是车辆收费的依据。因而，对高速公路系统内的所有收费站联网，所形成的高速公路联网收费数据会记录车辆通过高速公路的空间流动行为，形成高速公路空间流的数据记录。

4.3.2　高速公路联网收费数据

高速公路系统内所有收费站通过网络互联，可以记录每一辆进入和驶离高速公路的车从哪个收费站、在什么时间进入和驶离，另外也会记录车辆的其他属性信息。高速公路联网收费数据包含的部分字段信息如表 4-1 所示。

表 4-1　我国高速公路联网收费数据字段信息（部分）

序号	数据字段	含义
1	RecordNo	流水号
2	CardID	卡编号
3	EntryStation	入口站编号
4	EntryLane	入口车道编号
5	EntryTime	入口日期及时间

续表

序号	数据字段	含义
6	EntryDate	入口统计日期
7	EntryVehicleClass	入口车型
8	EntryVehicleKind	入口车种
9	EntryVehiclelicense	入口车辆牌照
10	ExitStation	出口站编号
11	ExitLane	出口车道编号
12	ExitTime	出口日期及时间
13	ExitDate	出口统计日期
14	ComputeStation	实际收费计算入口站
15	VehicleClass	车辆类型
…	…	…

由表 4-1 可以看出高速公路联网收费数据包含丰富的车辆属性信息,以及车辆进出高速公路系统的时空信息。其中,入口站编号(EntryStation)、入口日期及时间(EntryTime)、出口站编号(ExitStation)以及出口日期及时间(ExitTime)分别记录了高速公路空间流的起点位置、开始时间、终点位置及结束时间,因而高速公路联网收费数据可以提供充足的高速公路空间流的信息记录,用以进行高速公路空间流的研究。

除了空间流的基本信息之外,本书还将关注高速公路空间流的车辆类型(有时也称车型),因为车辆的类型是车辆所有属性的综合体现,进而可以说明不同高速公路空间流的类型和特色。车辆类型同样也包含在高速公路联网收费数据中,即 VehicleClass。其中,高速公路收费站对车辆类型的划分具有严格的规定和行业标准,交通运输部颁布的《收费公路车辆通行费车型分类》(JT/T 489—2003)(本书研究数据取自 2015 年和 2016 年高速公路联网收费数据,因此车辆类型划分标准采用当时施行的版本,而非 2019 年颁布的版本;后同)规定了不同类型的车辆划分,具体车辆分类如表 4-2 所示。

表 4-2 中国高速公路车辆类型划分标准

车辆类型	车辆类型规格	
	客车	货车
第一类	≤7座	≤2t
第二类	8~19座	2~5t(含5t)
第三类	20~39座	5~10t(含10t)

车辆类型	车辆类型规格	
	客车	货车
第四类	≥40座	10～15t（含15t）； 20英尺（1英尺=0.3048m）集装箱车
第五类		＞15t；40英尺集装箱车

4.4　本章小结

　　本章主要对高速公路空间流进行了介绍。首先，对高速公路系统进行了简述。其次，引出了高速公路空间流的基本概念，详细介绍了高速公路空间流的定义和主要特点，对高速公路空间流进行了理论上的说明和界定，构建出了高速公路空间流的概念体系。再次，说明了现实世界中对高速公路空间流进行监测和数据采集的系统，即主要通过高速公路上的收费站构成联网收费系统采集高速公路联网收费数据，这种数据作为高速公路空间流的原始数据记录，包含车辆个体尺度上车辆的起点、终点、时间和类型等信息。最后，指出基于此类高速公路联网收费数据可进行高速公路空间流的多维信息表达研究和聚合分析研究。

第 **5** 章
高速公路空间流多维信息表达模型

5.1　高速公路空间流多维信息表达概念模型

5.1.1　多维信息表达空间

　　已有研究中，空间流的表达多侧重于空间流开始位置与结束位置之间的连接，这种表达是从车辆个体尺度对空间流进行直接记录和描述。本书重新描述高速公路空间流，将其视为一类普遍的地理现象，梳理、总结和抽象高速公路空间流的基本信息内核，从多个主要维度构建特征以对高速公路空间流进行完备的描述和表达。

　　为了描述高速公路空间流这一现象，本书首先会说明其发生的空间位置和时间节点，时间和空间是描述所有观测到的地理现象时必不可少的要素，因而也成为描述高速公路空间流的两个基本表达维度。除此之外，本书同样关注高速公路空间流的方向，因为高速公路空间流意味着车辆个体发生了空间位置的变化，而方向是描述位置变化的关键特征之一，具体包括从哪个方向来和向着哪个方向离开。所以方向是描述高速公路空间流的主要特征之一，成为高速公路空间流的基本表达维度。其后，本书会进一步描述车辆个体在某一方向上移动的距离及持续的时长。根据数学中极坐标的相关思路，根据方向和移动距离组合可以推测出空间流在观测位置以外开始或停止的空间位置；根据时间节点和持续时长组合可以推测出空间流在观测时间以外开始或停止的时间节点；根据持续时长和移动距离组合有助于推测出空间流移动过程中的中间状态，因而距离和时长是描述高速公路空间流的另外两个重要维度。此外，本书还会关注高速公路空间流中车辆个体的类型，类型表明了空间流移动个体的多种综合特征，可以支持空间流的精细分析。最后，本书关注高速公路空间流中移动个体数量，因为当度量的时间间隔较大时，该段时间内满足上述特征的空间流中可能包含多个移动个体，本书计算空间流中移动个体的数量以减少重复描述，所以个体数量也是高速公路空间流描述的基本维度。

综上所述，从描述地理现象的基本思路出发，本书确定了描述高速公路空间流的 7 个基本表达维度，分别是位置、时间、方向、距离、时长、类型和数量，如图 5-1 所示。基于此可实现高速公路空间流多种信息的综合描述，并支持建立高速公路空间流的表达模型。在这 7 个维度的描述框架中，在位置的基础上，高速公路空间流的其他信息也可被充分描述和表达。因而，将其他维度的信息投射到位置维度进行聚合，将会生成以位置为基础的高速公路空间流信息表达的地理图层，进而有望支持 GIS 中已有空间分析方法对高速公路空间流的处理与分析。

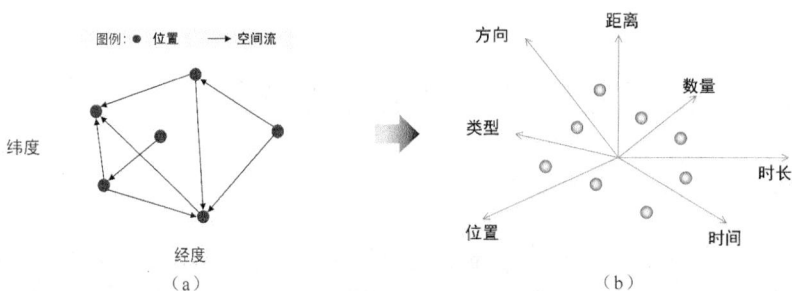

图5-1　高速公路空间流多维信息表达空间构造

如图 5-1 所示，对于高速公路空间流而言，已有研究中关注实际坐标的表达与在多维信息表达空间中的表达是基于完全不同的思路进行的空间流的表达。图 5-1（a）表示了传统研究中空间流的表达方式，先说明空间流起点和终点的位置（圆点），继而说明隐含的空间流（实线箭头），能够直观地表达空间流形成的地理上的交流与联系，但无法完备地表达高速公路空间流的多种信息。图 5-1（b）所示是本书提出的高速公路空间流多维信息表达空间，单一个体的空间流在该多维信息表达空间中抽象成一个单元，该单元在不同维度的投影表示了其在对应维度的具体信息，因而可以表达高速公路空间流不同类型的信息。以此多维信息表达空间基础构建高速公路空间流的多维信息表达模型，继而实现高速公路空间流多种信息的完备表达，可以构建涉及多种信息的高速公路空间流分析方法，为不同学科的研究人员提供研究高速公路空间流的新方法。

5.1.2　基本表达维度

为了描述高速公路空间流，本书确定了 7 个基本表达维度，这些基本表达维度的定义如下。

定义 1：位置。指观测到高速公路空间流发生的地理位置，具体分为起点位置和终点位置，通过经度与纬度进行度量。

　　定义 2：时间。指观测到高速公路空间流发生的时间节点，具体分为开始时间（对应起点位置）与结束时间（对应终点位置）。

　　定义 3：方向。指高速公路空间流起点与终点连线所指的绝对方向，通过连线与正北方向之间的夹角（顺时针）进行度量。同时，以观测位置为基准，流入方向定义为"+"，流出方向定义为"−"。高速公路空间流方向维度定义的示意如图 5-2 所示。

　　定义 4：距离。指高速公路空间流起点位置与终点位置之间的欧氏距离。

　　定义 5：时长。指高速公路空间流移动过程的持续时间，即结束时间与开始时间的时间差。

　　定义 6：类型。指高速公路空间流中个体的车辆类型。可根据《收费公路车辆通行费车型分类》或其他依据进行分类，该分类结果可与外在属性表进行关联，从而扩展多维信息表达的内涵。

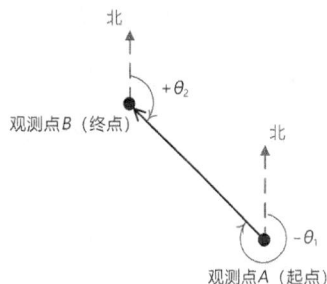

图5-2　高速公路空间流方向
维度定义示意

　　定义 7：数量。指在所处时段内其他维度相同的高速公路空间流中车辆个体的数量。

　　需要说明的是，以上基本表达维度都不是独立的，它们需要结合在一起实现对高速公路空间流丰富信息内涵的充分表达和分析。从另一方面来讲，这些基本维度用于描述和表达高速公路空间流这一地理对象的不同方面，但本书认为这些方面是构造高速公路空间流描述的基本维度，基于所构造出的多维信息表达空间，可以直观地理解和操作高速公路空间流的聚合分析。此外，传统 GIS 研究中对高速公路空间流的理解是一条带有箭头的直线，但在本书所构建的多维信息表达空间中，高速公路空间流就是一个实例对象，是多维空间中的一个点，因而有助于凸显其所具备的丰富信息内涵这一特征。综上，本书将描述高速公路空间流对象的不同方面称为维度，并在后续研究中利用不同的维度组合（非单一维度），借鉴维度投影等概念形象地说明和探讨高速公路空间流聚合分析的基本模式和应用方法。

　　除此之外，高速公路系统的道路状况也是高速公路空间流的密切影响因素，可以影响高速公路空间流的一些主要性质，有记录的必要。但从流的角度来讲，高速公路的路况信息，如道路等级、车道数等，并不是高速公路空间流所固有的特征属性，因而本书所提出的高速公路空间流多维信息表达模型并没有抽象道路维度对空间流信息进行描述。但在后续的分析过程中，可以将高速公路空间流信息与路况信息结合在一起，进行动态耦合分析，以探索各类地理学知识。

5.2　高速公路空间流多维信息表达逻辑模型

本书提出高速公路空间流多维信息表达空间包含 7 个基本表达维度，分别是位置、时间、方向、距离、时长、类型和数量，进而构建出高速公路空间流的多维信息表达模型。高速公路空间流的多维信息表达模型定义如下：

$$\text{Flow} = \{f_i \mid 0 \leqslant i \leqslant N\} = \{\text{Location}_i, \text{Time}_i, \text{Direction}_i, \text{Distance}_i, \text{Duration}_i, \text{Type}_i, \text{Quantity}_i\}。$$

其中，Flow 表示高速公路空间流，N 表示高速公路空间流的总数，f_i 表示高速公路空间流 i，Location_i 表示高速公路空间流 i 的位置信息，Time_i 表示高速公路空间流 i 的时间信息，Direction_i 表示高速公路空间流 i 的方向信息，Distance_i 表示高速公路空间流 i 的距离信息，Duration_i 表示高速公路空间流 i 的时长信息，Type_i 表示高速公路空间流 i 的类型信息，Quantity_i 表示高速公路空间流 i 的数量信息。

基于多维信息表达模型中的基本表达维度，通过维度组合的方式可以对高速公路空间流的多种信息进行描述和表达，主要包括空间信息、时间信息和属性信息。高速公路空间流的不同类型信息的维度表达方式介绍如下。

5.2.1　维度信息计算及其逻辑组织

常见的对空间流的记录信息包括起点和终点的坐标，以及开始和结束的时间节点，本小节主要介绍如何利用已有高速公路空间流的记录信息（高速公路收费数据），生成高速公路空间流多维信息表达方式。

（1）位置维度

高速公路空间流表达维度中的位置既可以是起点位置，也可以是终点位置，表示以起点位置（或终点位置）为基准，去描述空间流，因而位置维度的坐标也是相应的起点坐标或终点坐标。位置维度信息计算过程如下：

$$\text{Location}_i = \begin{cases} (\text{longitude}_{oi}, \text{latitude}_{oi})，\text{如果观测位置为起点位置} \\ (\text{longitude}_{di}, \text{latitude}_{di})，\text{如果观测位置为终点位置} \end{cases}$$

（2）时间维度

对于高速公路空间流多维信息表达模型中的时间维度，如果以起点为基准位置观测空间流，那么观测时间就是高速公路空间流的开始时间，如果以终点为基准位置观测空间流，那么观测时间就是高速公路空间流的结束时间。时间维度信息计算过程如下：

$$\text{Time}_i = \begin{cases} \text{Time}_{oi}, & \text{如果观测位置为起点位置} \\ \text{Time}_{di}, & \text{如果观测位置为终点位置} \end{cases}$$

（3）方向维度

对于高速公路空间流多维信息表达模型中的方向维度，首先将流入方向定义为"+"，将流出方向定义为"−"；此外，方向的范围是 $0°\sim360°$，其中 $0°$ 与 $360°$ 指的是正北方向，$90°$ 指的是正东方向，$180°$ 指的是正南方向，$270°$ 指的是正西方向。高速公路空间流与正北方向之间的顺时针夹角大小可根据空间流起点与终点之间的坐标计算得出。对于流入的高速公路空间流，其方向夹角通过本书定义的函数 thetaInCalculation 计算得出；对于流出的高速公路空间流，其方向夹角通过本书定义的函数 thetaOutCalculation 计算得出。基于此，高速公路空间流多维信息表达模型中方向维度信息计算过程如下：

$$\text{Direction}_i = \begin{cases} -\text{thetaOutCalculation}(\text{longitude}_{oi}, \text{latitude}_{oi}, \text{longitude}_{di}, \text{latitude}_{di}), & \text{起点位置观测} \\ +\text{thetaInCalculation}(\text{longitude}_{oi}, \text{latitude}_{oi}, \text{longitude}_{di}, \text{latitude}_{di}), & \text{终点位置观测} \end{cases}$$

其中，thetaOutCalculation 算法在表 5-1 中进行了详细的介绍，thetaInCalculation 算法在表 5-2 中进行了详细的介绍。

表 5-1　起点观测下空间流方向计算

输入参数： x_o 为起点的投影经度坐标；y_o 为起点的投影纬度坐标；x_d 为终点的投影经度坐标；y_d 为终点的投影纬度坐标

输出结果： θ 为高速公路空间流与正北方向之间的夹角

步骤：

① 判断如果 $x_o = x_d$，并且 $y_o > y_d$，则 $\theta = 180°$；

② 判断如果 $x_o = x_d$，并且 $y_o < y_d$，则 $\theta = 0°$；

③ 判断如果 $y_o = y_d$，并且 $x_o > x_d$，则 $\theta = 270°$；

④ 判断如果 $y_o = y_d$，并且 $x_o < x_d$，则 $\theta = 90°$；

⑤ 判断如果 $x_o = x_d$，并且 $y_o = y_d$，则 $\theta = 0°$；

⑥ 判断如果 $x_o < x_d$，并且 $y_o < y_d$，则 $\theta = \arctan\left(\dfrac{|x_o - x_d|}{|y_o - y_d|}\right) + 0°$；

⑦ 判断如果 $x_o < x_d$，并且 $y_o > y_d$，则 $\theta = \arctan\left(\dfrac{|y_o - y_d|}{|x_o - x_d|}\right) + 90°$；

⑧ 判断如果 $x_o > x_d$，并且 $y_o > y_d$，则 $\theta = \arctan\left(\dfrac{|x_o - x_d|}{|y_o - y_d|}\right) + 180°$；

续表

⑨ 判断如果 $x_o > x_d$，并且 $y_o < y_d$，则 $\theta = \arctan\left(\dfrac{|y_o - y_d|}{|x_o - x_d|}\right) + 270°$

表 5-2　终点观测下空间流方向计算

输入参数： x_o 为起点的投影经度坐标；y_o 为起点的投影纬度坐标；x_d 为终点的投影经度坐标；y_d 为终点的投影纬度坐标

输出结果： θ 为高速公路空间流与正北方向之间的夹角

步骤：

① 判断如果 $x_o = x_d$，并且 $y_o > y_d$，则 $\theta=180°$；

② 判断如果 $x_o = x_d$，并且 $y_o < y_d$，则 $\theta=0°$；

③ 判断如果 $y_o = y_d$，并且 $x_o > x_d$，则 $\theta=270°$；

④ 判断如果 $y_o = y_d$，并且 $x_o < x_d$，则 $\theta=90°$；

⑤ 判断如果 $x_o = x_d$，并且 $y_o = y_d$，则 $\theta=0°$；

⑥ 判断如果 $x_o > x_d$，并且 $y_o > y_d$，则 $\theta = \arctan\left(\dfrac{|x_o - x_d|}{|y_o - y_d|}\right) + 0°$；

⑦ 判断如果 $x_o > x_d$，并且 $y_o < y_d$，则 $\theta = \arctan\left(\dfrac{|y_o - y_d|}{|x_o - x_d|}\right) + 90°$；

⑧ 判断如果 $x_o < x_d$，并且 $y_o < y_d$，则 $\theta = \arctan\left(\dfrac{|x_o - x_d|}{|y_o - y_d|}\right) + 180°$；

⑨ 判断如果 $x_o < x_d$，并且 $y_o > y_d$，则 $\theta = \arctan\left(\dfrac{|y_o - y_d|}{|x_o - x_d|}\right) + 270°$

（4）距离维度

高速公路空间流多维信息表达模型中的距离维度主要指的是个体空间位置变化的直线距离，并不代表实际的行驶距离。基于起点的投影坐标和终点的投影坐标，利用数学中的勾股定理便可计算高速公路空间流移动的直线距离，这种距离是高速公路空间流的固有属性，不随观测地点的改变而改变。基于此，高速公路空间流多维信息表达模型中距离维度信息的计算过程如下：

$$\text{Distance}_i = \sqrt{(x_{oi} - x_{di})^2 + (y_{oi} - y_{di})^2}$$

（5）时长维度

高速公路空间流多维信息表达模型中的时长维度可以通过空间流的结束时间与开始时间计算得出。时长也是高速公路空间流的固有属性，不随观测地点的改变而改变。高速公路空间流多维信息表达模型中时长维度信息的计算过程如下：

$$\text{Duration}_i = \text{Time}_{di} - \text{Time}_{oi}$$

（6）类型维度

高速公路空间流多维信息表达模型中的类型维度，主要指车辆的类型，分别基于客车的载客量和货车的载货量等划分。另一方面，类型维度也可表示为车辆其他属性的分类体系，或者编号 ID，用以连接车辆的其他属性，或者该车辆在高速公路网络中通过的路径。类型维度主要衡量了高速公路空间流中车辆个体的性质，有助于对空间流进行进一步的分析。高速公路空间流多维信息表达模型中类型维度信息的计算过程如下：

$$\text{Type}_i = \{\text{Variable}_i^1; \text{Variable}_i^2; \cdots\}$$

（7）数量维度

对于高速公路空间流多维信息表达模型中的数量维度，主要通过对空间流中车辆个体数量求和得出，数量维度的信息也不随观测位置的改变而改变。高速公路空间流多维信息表达模型中数量维度信息的计算过程如下：

$$\text{Quantity}_i = \sum_{j=1} \text{count}(\text{individual}_j^i)$$

以上 7 个维度表达了高速公路空间流不同方面的主要信息。本书将进一步讨论这些信息的规则化组织方式，形成高速公路空间流多维信息表达的数据组织体系。其中，高速公路空间流的传统 OD 表达方式向多维信息表达方式转变对应的数据逻辑组织如图 5-3 所示。

(a) 高速公路空间流原始数据记录

编号	起点	开始时间	终点	结束时间	类型
1	A	St_1	B	Et_1	01
2	A	St_2	C	Et_2	13
3	C	St_3	A	Et_3	02

(b) 高速公路空间流多维信息表达数据组织

编号	位置	时间	方向	距离/km	时长/h	数量	类型
1	A	St_1	$-\theta_1$	d_1	$\triangle t_1$	1	01
2	B	Et_2	$+\theta_1$	d_1	$\triangle t_1$	1	01
3	A	St_3	$-\theta_2$	d_2	$\triangle t_2$	1	13
4	C	Et_1	$+\theta_2$	d_2	$\triangle t_2$	1	13
5	C	St_2	$-\theta_3$	d_3	$\triangle t_3$	1	02
6	A	Et_3	$+\theta_3$	d_3	$\triangle t_3$	1	02

图5-3 高速公路空间流多维信息表达的数据组织方式转变

图 5-3（a）展示了原始 OD 表达模型中的数据组织方式，包含起点和终点的坐标和对应的开始时间和结束时间。在多维信息表达模型中，高速公路空间流采用了多种不同的信息进行描述和表达，因而形成了高速公路空间流多维信息数据组织，如图 5-3（b）所示。通过对计算出的 7 个维度的信息进行规则化组织，实现了多个空间流记录的有序排列，这种组织方式中每一行代表了一组高速公路空间流信息，每一列（编号列除外）代表了高速公路空间流的一个基本维度，因而可进行高速公路空间流的快速检索和信息合并，方便后续研究中的聚合分析。

5.2.2　高速公路空间流信息表达

（1）空间信息的表达

有学者将空间流抽象为包含起点位置坐标、流长度和流方向的表达模型，称之为地理流极坐标模型，用以表达流的空间信息。借鉴此种思路，在本书的高速公路空间流多维信息表达模型中，同样可以利用位置、方向和距离 3 个维度，表达高速公路空间流的空间形状信息，如图 5-4 所示。

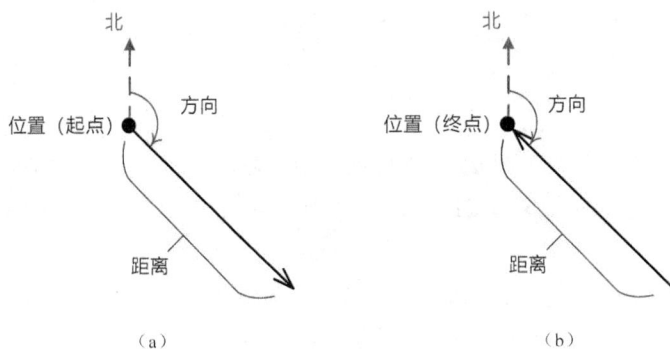

图5-4　基于位置、方向和距离3个维度的高速公路空间流信息表达

此外，还可根据高速公路空间流多维信息表达模型中的位置、方向和距离，计算高速公路空间流观测位置之外的另一位置的空间坐标，即根据起点位置的空间坐标、方向和距离，计算终点位置的空间坐标，以及根据终点位置的空间坐标、方向和距离，计算起点位置的空间坐标。本书构建了相应的算法，用来实现基于高速公路空间流信息表达模型中的位置、方向和距离维度，观测位置之外的空间流端点的空间坐标。表 5-3 展示了基于起点空间坐标，根据距离和方向计算终点空间坐标的算法。

表 5-3　多维信息表达模型中终点坐标计算

输入参数： x_o 为观测位置（起点）的投影经度坐标；y_o 为观测位置（起点）的投影纬度坐标；θ 为空间流的方向维度数值；Dis 为空间流的距离维度数值
输出结果： (x_d, y_d) 为高速公路空间流终点位置的空间坐标

步骤：

① 判断如果 $0° \leqslant \theta \leqslant 90°$，则 $\begin{cases} x_d = x_o + \text{Dis} \times \sin(\theta) \\ y_d = x_d + \text{Dis} \times \cos(\theta) \end{cases}$；

② 判断如果 $90° < \theta \leqslant 180°$，则 $\begin{cases} x_d = x_o + \text{Dis} \times \cos(\theta - 90°) \\ y_d = x_d - \text{Dis} \times \sin(\theta - 90°) \end{cases}$；

③ 判断如果 $180° < \theta \leqslant 270°$，则 $\begin{cases} x_d = x_o - \text{Dis} \times \sin(\theta - 180°) \\ y_d = x_d - \text{Dis} \times \cos(\theta - 180°) \end{cases}$；

④ 判断如果 $270° < \theta < 360°$，则 $\begin{cases} x_d = x_o - \text{Dis} \times \cos(\theta - 270°) \\ y_d = x_d + \text{Dis} \times \sin(\theta - 270°) \end{cases}$

（2）时间信息的表达

高速公路空间流的时间信息主要利用时间维度和时长维度进行表达，并且可通过这两个维度计算得出其他的时间信息。

多维信息表达模型中的时间维度信息可以说明高速公路空间流的开始时间或者结束时间。如果观测位置是高速公路空间流的起点位置，那么时间维度信息可以表示高速公路空间流的开始时间；在此基础上，对应的高速公路空间流的结束时间可以结合时长维度信息计算得出，计算过程如下：

$$\text{Time}_i^{\text{end}} = \text{Time}_i + \text{Duration}_i$$

如果观测位置是高速公路空间流的终点位置，那么时间维度信息可以表示高速公路空间流的结束时间；在此基础上，对应的高速公路空间流的开始时间也可以结合时长维度信息计算得出，计算过程如下：

$$\text{Time}_i^{\text{start}} = \text{Time}_i - \text{Duration}_i$$

除此之外，高速公路空间流多维信息表达模型中的时长维度信息，可以表示车辆在高速公路系统内的行驶时间，有助于推测高速公路空间流的中间状态，如行驶速度等。

因而，基于高速公路空间流多维信息表达模型中的时间维度、时长维度，可以表达高速公路空间流的多种时间信息。

（3）属性信息的表达

高速公路空间流的属性信息的表达主要依赖于多维信息表达模型中的类型维度，同一类型的空间流往往具有相近的属性信息，如运输性质、载客量、载货量等。车辆类型可以根据《收费公路车辆通行费车型分类》（JT/T 489—2003）进行分类，具体分类如表 5-4所示。

表 5-4　高速公路空间流车型分类

车辆类型	编号	分类标准
客车	01	7座及以下客车
	02	8～19座客车
	03	20～39座客车
	04	40座及以上客车
货车	11	2t及以下货车
	12	2～5t（含5t）货车
	13	5～10t（含10t）货车
	14	10～15t（含15t）货车，或20英尺集装箱车
	15	15t以上货车，或40英尺集装箱车

因此，高速公路空间流多维信息表达模型中的类型维度，可表达不同的空间流类型，例如车辆类型或者根据其他分类标准确定的空间流类型。也可存储抽象的空间流类型，然后建立"类型-属性"查找表，对高速公路空间流的多种属性进行存储和表达。

5.3　高速公路空间流多维信息表达的优势

（1）以位置为基础的多维信息同步表达

传统的空间流表达方式主要侧重于"起点-终点"之间的连接关系，因而主要记录和描述空间流的起点和终点，及其各自对应的时间节点。然而，这种表达方式的一个潜在问题是空间流的多种重要特征被隐藏，例如空间流的方向、持续时间等。整体来看，空间流的"起点-终点"表达方式是对空间流的直接记录，并没有考虑其后续分析是否便利，所以缺乏对空间流信息的进一步提炼与规范化表达。

高速公路空间流多维信息表达模型，是对传统空间流"起点-终点"表达方式的进一步提炼和抽象，以实现空间流多种信息的全面表达和后续便利的分析。首先，高速公路空间流多维信息表达模型中具有位置维度，其他维度的描述是以位置维度为基础的。其次，高速公路空间流多维信息表达模型中的所有维度均是空间流的重要特征，且互不重复，因而多维信息表达模型可以从多个方面、多个角度对高速公路空间流进行描述，进而实现高速公路空间流重要信息的全面表达。所以，高速公路空间流多维信息表达模型具有以位置为基础和重要信息全面表达的特性。

（2）适用于已有 GIS 分析方法

传统"起点-终点"的空间流表达方式不适用于 GIS 的空间数据分析方法，以及一些数据挖掘的方法，主要原因是空间流的传统表达方式中起点与终点之间的连线是一种虚拟的连线，并不代表实际路线或轨迹，因而难以应用于 GIS 经典的空间分析方法。已有研究中对于空间流数据的研究，例如流模式挖掘、流聚类，大多需要开发新的方法以适用于空间流"起点-终点"的表达方式。

高速公路空间流多维信息表达模型通过将空间流视作一种地理现象，构建出 7 个基本表达维度，其中位置维度是一个基本表达维度，其他表达维度都代表了空间流的重要特征，因而多维信息表达模型也可转化为传统 GIS 分析方法所需要的"位置+属性"的表达方式。所以，高速公路空间流的多维信息表达模型适用于已有的空间数据分析方法。

（3）粒度可控的空间流表达

基于"起点-终点"的空间流表达方式关注每一个移动个体的空间流动，分别记录和存储每一个移动个体的起点位置、终点位置和对应的时间节点。然而，这种精确到个体尺度的记录和存储方式会造成存储体量庞大，同样不利于分析空间流的宏观规律性。

高速公路空间流的多维信息表达模型中存在数量维度，可以将维度相同的个体空间流进行合并，之后通过数量维度说明合并的个体空间流的数量，进而可以减小个体空间流信息存储的冗余性，实现高速公路空间流粒度可控的存储与表达。

5.4　本章小结

本章主要探讨了高速公路空间流多维信息表达模型的理论体系，主要包含高速公路空间流多维信息表达概念模型和逻辑模型。对于多维信息表达概念模型，主要通过对高速公路空间流的基本信息内核进行抽象与梳理，提取出高速公路空间流的 7 个基本表达维度，分别是位置、时间、方向、距离、时长、类型和数量，进而构建出高速公路空间流的多维信息表达空间。对于多维信息表达逻辑模型，主要提出了基于原始数据记录计算高速公路空间流基本表达维度信息的不同方法，说明了高速公路空间流多维信息数据组织方式，并进一步探讨了利用所提出的多维信息表达模型对高速公路空间流多种信息（时间、空间、属性）进行表达的方法与有效性。此外，本章还分析了利用所提出的多维信息表达模型对高速公路空间流进行表达的特点和优势。

第**6**章

高速公路空间流聚合分析模式

6.1 高速公路空间流聚合的内涵与分析框架

（1）聚合的内涵

高速公路空间流多维信息表达模型中包含 7 个基本表达维度，同时，单一维度上又包含若干组成单元，作为该维度的"刻度"。高速公路空间流的聚合是指以高速公路空间流多维信息表达模型中的某一个维度为基准，将其他维度的信息投影到基准维度上去，提取综合特征信息并进行分析的过程。在此过程中，存在基准维度中的同一个刻度上对应有多个空间流对象的情况，因而需要对多个高速公路空间流对象的其他维度信息进行聚合，提取出其综合特征。所以，高速公路空间流的聚合包含两个基本概念，分别是维度投影和信息聚合。

维度投影是指在高速公路空间流的多维信息表达模型中，选取某一维度作为基准维度，将其他所有维度的信息投影到基准维度。这种维度投影是一种形象的说法，具体是归纳和总结基准维度上不同刻度单元对应的其他维度信息的综合特征，例如对高速公路空间流以位置维度为基准进行投影，说明该空间流在具体位置上的出现时间特征（白天、夜间）、方向特征（离开、到达）、数量特征等其他维度的信息。从另一个角度讲，维度投影是对高速公路空间流多维信息表达模型的一次信息归纳和提取过程，以支持后续的规则化分析。高速公路空间流多维信息表达模型的某一维度上可能存在特殊格式的数据，例如时间格式、非空多离散值格式等，这些都需要在维度投影过程中进行归纳和处理，并进行信息提取以便于之后的信息聚合。

信息聚合是指对基准维度的单一刻度单元上对应的多个高速公路空间流对象进行识别和筛选后，提取并分析这些筛选出来的综合数据特征的过程。这些综合数据特征既包括一系列数据总体的统计特征（总和、均值、方差），又包括根据数据类型和数据特色重新构建指标计算出来的综合特征，还包括根据一些数据分析方法，例如聚类分析、张量分解，所提取出来的数据特征。高速公路空间流的信息聚合往往会生成多种聚合特征，这些聚合特征是对其整体信息在不同方面的充分反映，对这些聚合特征进行分析可以揭示高速公路空间流整体所隐藏的规律。因而，对高速公路空间流进行信息聚合后的分析，可以在一定程度上缓解空间流研究过程中信息离散和体量庞大所造成的困难和挑战。

（2）聚合分析的基本框架

根据高速公路空间流聚合的内涵，本书归纳了高速公路空间流聚合分析的基本框架和主要流程，如图 6-1 所示。

高速公路空间流的聚合分析基本框架中，第一步是基准维度选取，如时间维度、空间维度或者其他维度。基准维度决定了聚合分析的主题要素，也决定了高速公路空间流聚合可以适用的地理学分析的内容。例如，以空间为聚合的主题要素，可以对高速公路空间流的地理分布格局、空间分异等内容进行分析；以时间为聚合的主题要素，可以分析高速公路空间流的时间变化规律和时间预测等内容。筛选出基准维度

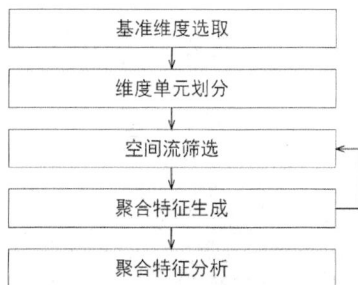

图6-1　高速公路空间流聚合分析基本框架和主要流程

后，需要进一步划分出基准维度的基本单元，即生成基准维度的"刻度"，所划分出的基本单元决定了高速公路空间流聚合结果的分析和展示粒度。之后，需要进行空间流的筛选，即筛选出基准维度上相同基本单元对应的多个高速公路空间流，这一步需要针对不同的基本单元和研究目标进行操作。接下来，根据筛选出的高速公路空间流，设计各种方法提取其综合特征，为对应的基本单元生成空间流的聚合特征。需要指出的是，空间流的筛选和聚合特征的生成是对基准维度上的每一个基本单元进行的，因而需要迭代。最后，根据基准维度上不同空间单元的聚合特征，分析高速公路空间流的宏观规律性。

高速公路空间流多维信息表达模型中的时间维度和空间维度是地理学研究中最为关注的两个维度。因而，本书主要研究以时间维度和空间维度为基准维度的高速公路空间流的聚合分析方法，具体探讨基于位置的高速公路空间流聚合分析模式和基于时间的高速公路空间流聚合分析模式。

6.2 基于位置的高速公路空间流聚合分析模式

6.2.1 高速公路空间流的位置聚合

（1）位置聚合的内涵

空间位置是从地理学视角描述和分析任何现象、事件或事物时的要素，主要指观测到的地理现象所对应的空间位置。然而，同一地理位置上（在不同时间）可能会观测到多个地理现象，即空间位置和地理现象之间是一种"一对多"的映射关系。为了综合表征某一空间位置上所发生的地理现象，需要将该位置所对应的多个地理现象进行甄别、遴选和汇总，本书称之为位置聚合分析。位置聚合可以为每一个空间位置生成多种特征指标，用以说明该位置上对应的多个地理现象的综合状况。同一聚合特征在不同空间位置上的地理分布，可以说明地理现象某一方面的空间分异格局，也可以进一步利用不同方法挖掘其所隐藏的空间分异规律，或利用这种空间分异格局探测地理现象对应的关联要素。

对于高速公路空间流而言，同一个位置上也会有多个高速公路空间流，例如多个高速公路空间流从相同的位置出发，或者多个高速公路空间流到达相同的位置，或者多个高速公路空间流经过相同的位置。因而，可以利用多种类型的空间位置对高速公路空间流进行描述，具体可包括开始位置（开始节点）、结束位置（结束节点）、所经过的位置（车辆行驶的路径）、抽象的整体位置（节点之间的连线），这些不同类型的位置上都会在不同时间发生不同的空间流。为了分析不同位置上所对应的高速公路空间流的综合情况，需要对高速公路空间流进行位置聚合，得到不同的聚合特征，进而使用位置聚合特征对其空间分异规律和要素关联关系进行探测和分析。

本书在对高速公路空间流进行表达的基础上，对相同位置上的高速公路空间流多维信息进行聚合，以生成一种或多种能够反映高速公路空间流的综合状况的聚合特征。但是传统的空间流表达方式（如 OD 数据方式）不能直接表达出高速公路空间流的多种信息，因而本书在聚合分析之前提出了高速公路空间流的多维信息表达模型，用以实现高速公路空间流多种重要信息的提取和组织，继而有助于实现高速公路空间流的聚合分析。

（2）利用多维信息表达模型对高速公路空间流进行位置聚合分析

利用多维信息表达模型对高速公路空间流进行位置聚合分析，是指以多维信息表达模型中的位置维度为基准，对基准维度中相同刻度（即相同的地理位置）上的多个高速公路空间流进行聚合，即提取这些具有位置关联的高速公路空间流的综合特征。基于这些聚合特征在不同位置上的空间分布，分析高速公路空间流的各种空间格局。高速公路空间流位置聚合如图 6-2 所示。

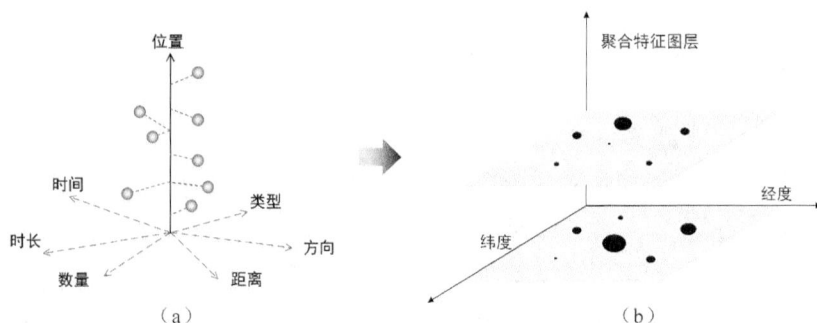

图6-2　高速公路空间流位置聚合

利用第 5 章提出的多维信息表达模型对高速公路空间流进行信息表达和数据组织后，高速公路空间流所对应的多种信息被直观地展示和规则化地表达。这种规则化表达有助于高速公路空间流的快速检索，筛选出包含相同空间位置的多个高速公路空间流。同时由于筛选出的高速公路空间流具有多维信息规则化表达的特点，有助于构建统一的计算模式，实现多种信息的聚合，从而提取出单一位置上对应的所有高速公路空间流不同方面的特征，即不同类型的聚合特征。对位置聚合后得到的聚合特征进行空间分析，可实现高速公路空间流空间分异格局和隐含规律的探索和分析。

6.2.2　利用多维信息表达模型进行位置聚合分析的基本模式

以上述高速公路空间流聚合分析的主要流程为指导，基于地理位置的高速公路空间流聚合分析将以位置维度为基准，对上述流程进行具体化，主要包含 4 个基本步骤，分别是位置单元确定（维度单元划分）、空间流筛选、位置聚合特征提取和位置聚合特征分析。

（1）位置单元确定

高速公路空间流多维信息表达模型中的位置维度主要是点位置，即空间流的起点或终点，因而，可以直接以空间点为基准位置，将同一节点上的多个高速公路空间流进行聚合，基于聚合特征在不同节点之间的空间分布进行分析。此外，可以进一步同时考虑对空间流的起点位置和终点位置进行聚合分析。同时考虑高速公路空间流起点与终点的位置聚合，主要包括两个方面，即起点与终点之间的直接连线和起点与终点之间在高速公路网络中的路径。对空间流起点与终点之间的直接连线进行聚类分析，例如空间流的聚类分析，是大量已有研究比较关注的内容。通过对空间流进行聚类分析可以挖掘出区域之间的空间连接关系以及空间流的基本模式。因而，基于高速公路空间流多维信息表达模型，研究空间流"起点-终点"连线的聚类分析，可为其他类似研究提供一定的思路借鉴。由于高速公路空间流的特殊性，即只能在高速公路网络中移动，移动路径是相对固定的，因而可以推测出大部分高速公路空间流的移动路径，对具有相同移动路径的高速公路空间流进行聚合分析。然后，可以根据聚合特征在高速公路网络不同路段的空间分布，进行高速公路空间流的地理格局分析。因而，可以基于 3 种类型的位置对高速公路空间流进行聚合分析，分别是空间流的节点、空间流连线和空间流在高速公路网络中的移动路径。

（2）空间流筛选

空间流筛选是指将同一位置上对应的多个高速公路空间流筛选出来，进行聚合分析。对于节点聚合和路径聚合，可以根据同一节点或者同一路径，直接筛选出包含这些节点或者路径的高速公路空间流。对于连线聚合，由于这种空间流起点与终点之间的连线是虚拟的，不代表实际的空间分布，因此本书采用聚类的方式，筛选出连线具有相似空间形状的高速公路空间流，进而分析其综合特征。对于同一位置上的空间流筛选，节点聚合和路径聚合采用直接筛选的方式，而连线聚合采用聚类的方式，基于同类的多个高速公路空间流的起点与终点之间的连线进行分析。

（3）位置聚合特征提取

空间流筛选完成后，每一个位置（节点、连线和路径）包含多个高速公路空间流，针对相同位置的所有高速公路空间流，提取其多种特征以描述这些高速公路空间流所具有信息的综合状况。一方面，可以直接使用统计特征（例如均值、方差或标准差）来说明高速公路空间流的综合状况；另一方面，可以根据研究目标构建专门的指标，来表征其综合状况。因而，基于不同的聚合特征，可以对每一个位置上高速公路空间流的整体状况进行描述和度量。对这些聚合特征进行分析，可挖掘庞大高速公路空间流所隐藏的规律性知识。

（4）位置聚合特征分析

聚合特征是对某一位置上发生的多个高速公路空间流的综合度量，不同位置上的聚合特征能够表明高速公路空间流的地理分布规律。因而，基于高速公路空间流聚合特征的空间分布，采用 GIS 中的空间分析方法，可以挖掘出高速公路空间流的地理分异规律，有助于理解高速公路空间流的地理格局及其演变趋势。另外，高速公路空间流与其他地理因素密切相关，如人口数量、社会经济等。基于高速公路空间流的聚合特征，利用统计模型或者数据挖掘模型，可以进一步挖掘高速公路空间流与其他地理要素之间的关系。例如，可以建立高速公路空间流聚合特征与人口特征或社会经济特征之间的回归模型，分析高速公路空间流对其他地理要素的影响及影响程度。

基于地理位置的高速公路空间流聚合模式如图 6-3 所示，所生产的聚合特征可支持分析高速公路空间流的空间格局和空间分异规律，也可支持分析高速公路空间流与其他地理要素之间的关联关系。

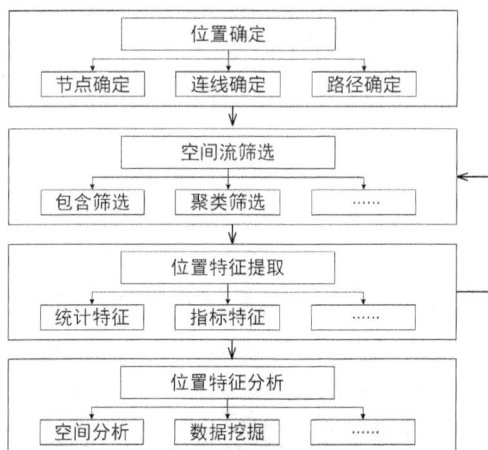

图6-3　高速公路空间流位置聚合模式

6.3　基于时间的高速公路空间流聚合分析模式

6.3.1　高速公路空间流的时间聚合

（1）时间聚合的内涵

时间也是描述地理事物、现象、事件的要素，即观测到地理现象时所对应的时间节点。在一定的空间范围内，同一时间（时段）包含多个地理现象，为了说明单一时段内所关注地理现象的综合状况，需要按照时段对地理现象进行筛选，然后进一步对筛选出地理现象不同方面的特征信息进行汇总，并设计和计算不同种类的特征指标实现地理现象综合状况的表征，本书称这种分析过程为时间聚合分析。

对于高速公路空间流而言，在某一时段内同样会包含多个高速公路空间流数据，因而也可对高速公路空间流进行时间聚合分析。与位置聚合不同的是，时段具有连续性特征，因而对高速公路空间流进行时间聚合得到的结果一般为时间序列数据，本书将时间聚合的结果称为高速公路空间流时间聚合特征序列。基于高速公路空间流时间聚合特征序列，结合时间序列的建模方法，可以分析一定区域内高速公路空间流的时间变化规律，也可将其应用于流量预测这一交通领域最为关注的问题。由于时间聚合是针对区域而言的，区域内包含多个空间位置产生的高速公路空间流，因而时间聚合特征序列提取可分为两种类型，分别是不考虑区域内位置差异的时间聚合特征序列提取和考虑区域内位置差异的时间聚合特征序列提取。不考虑区域内位置差异提取出的时间聚合特征序列只是针对区域整体而言的，可反映区域内高速公路空间流的时间变化规律；考虑区域内位置差异的时间聚合特征序列提取主要依靠能够支持多维运算的数学方法进行构建，其时间聚合特征序列可以反映区域内高速公路空间流整体的时间变化规律，更主要的是能够反映不同位置上高速公路空间流的时间变化规律。二者之间具有相似性，可以通过一定的规则进行转化。

（2）利用多维信息表达模型进行高速公路空间流的时间聚合

利用多维信息表达模型进行高速公路空间流的时间聚合，主要是以多维信息表达模型中的时间维度为基准维度，将基准维度上同一刻度（即在相同的时段内）对应的多个高速公路空间流进行聚合分析，为一系列相邻时段分别提取出多个聚合特征，形成时间聚合特征序列。利用时间聚合特征序列，可以分析高速公路空间流的时间变化规律，进而辅助于实现高速公路空间流的时空预测。高速公路空间流时间聚合如图6-4所示。

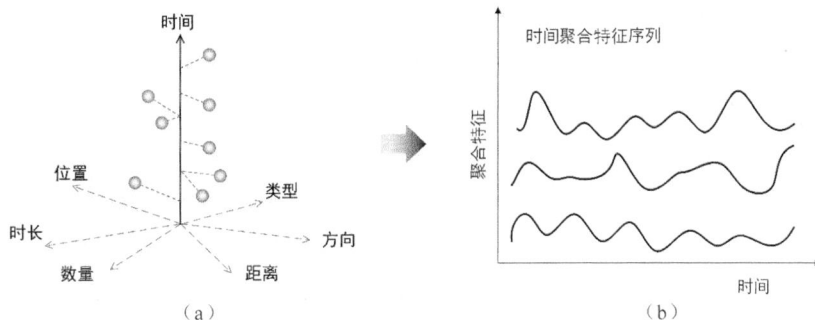

图6-4 高速公路空间流时间聚合

本书所提出的高速公路空间流时间聚合分析方法，同样以高速公路空间流多维信息表达模型为基础进行构建，主要原因是多维信息表达模型能够对高速公路空间流多种重要信息进行表达和提取，同时进行规则化组织。这种信息完备的规则化组织有利于应用统一的计算规则，进而提取出高速公路空间流时间聚合特征序列。此外，可以对连续时段的高速公路空间流的位置聚合特征进行综合，生成时间聚合特征序列。

6.3.2 利用多维信息表达模型进行时间聚合分析的基本模式

以上述高速公路空间流聚合分析的主要流程为指导，基于时间变化的高速公路空间流聚合分析将以时间维度为基准，包括 4 个基本步骤，分别是时间单元确定、空间流筛选、时间变化特征提取和时间变化特征分析。

（1）时间单元确定

时间单元确定主要是指根据不同的研究目标指定相应的时段，例如天、时、分可以作为高速公路空间流聚合分析的基本时间单位，进而分析不同时段内的高速公路空间流。此外，不同大小的时段可以揭示不同层级或不同粒度的高速公路空间流的时间变化特征，以分或秒为基本时间单位的高速公路空间流聚合可以说明个体层级的时间变化特征。通常，以时（h）为基本时间单位的高速公路空间流聚合可以说明群体层级的时间变化特征，而以天或月为基本时间单位的高速公路空间流聚合可以说明高速公路空间流时间变化的宏观规律性。

（2）空间流筛选

空间流筛选主要是筛选出同一时间单元内对应的大量高速公路空间流记录，例如同一天内的所有高速公路空间流、同一小时内的所有高速公路空间流。基于高速公路空间流多维信息表达模型，可以直接根据时间维度信息，构建结构化查询语句，提取出包含特定时间单元的高速公路空间流子集。重复相同操作，为每个时间单元筛选出对应的高速公路空间流子集。利用筛选出的数据子集，探索聚合分析方法，讨论不同时间单元下的高速公路空间流特征。

（3）时间变化特征提取

基于连续的时间单元内各自筛选出的高速公路空间流，提取其综合特征，可以得到高速公路空间流聚合特征的时间序列，即时间聚合特征序列。不同位置上高速公路空间流的时间变化规律可能不尽相同，但它们具有相似性，因而需要提取每个位置上的时间聚合特征序列和所有位置上共有的时间聚合特征序列。一方面，可以直接对同一时间单元、同一位置上的高速公路空间流计算统计特征，得到不同位置上的时间聚合特征序列；另一方面，本书引入了多维数学张量对高速公路空间流进行时空多维组织，利用张量分解提取高速公路空间流的时间变化特征，这种时间变化特征是所有位置上共有的时间聚合特征序列。基于张量分解提取出的高速公路空间流的时间变化特征，同时考虑了不同空间位置上空间流的差异性与相邻时段高速公路空间流变化的连续性，有助于分析高速公路空间流的时间规律性与空间差异性。

（4）时间变化特征分析

基于张量分解提取出的高速公路空间流的时间变化特征能够保持原始数据的连续性与

规律性，因而可以利用时间序列的分析方法，对张量分解所提取的高速公路空间流的时间聚合特征序列进行分析，如周期性分析和趋势性分析。此外，还可以利用时间序列分析模型对时间聚合特征序列进行拟合和预测，得出高速公路空间流的时间变化趋势和未来高速公路空间流的时间特征，基于高速公路空间流变化特征时间序列的预测值，分析和预测高速公路空间流的时间变化趋势。最后，利用多变量时间序列的分析方法，也可实现高速公路空间流的时间变化与其他地理变量的时间变化之间的相互影响与动态关联分析。

基于时间变化的高速公路空间流聚合模式如图 6-5 所示，所生成的时间聚合特征序列可支持高速公路空间流的时间变化规律分析和高速公路空间流的预测分析，同时也可支持分析高速公路空间流的时间变化与其他地理要素的时间变化之间的动态关联关系。

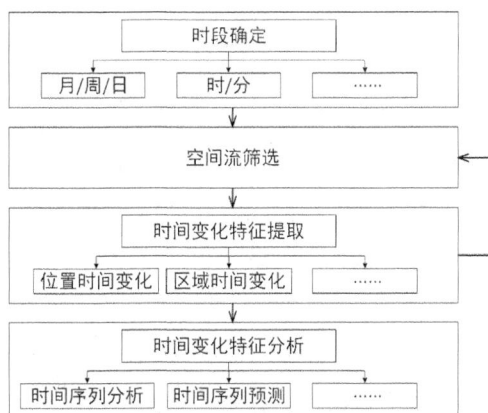

图6-5　高速公路空间流时间聚合模式

6.4　本章小结

本章主要对高速公路空间流聚合分析的框架与模式进行了介绍。首先说明了高速公路空间流聚合的基本内涵，主要包括维度投影和信息聚合两个部分。然后，提出了高速公路空间流聚合分析的基本框架，主要包括基准维度选取、维度单元划分、空间流筛选、聚合特征提取和聚合特征分析等步骤。最后，分别以位置和时间为聚合分析的主题，提出了基于位置的高速公路空间流聚合分析模式和基于时间的高速公路空间流聚合分析模式。基于所提出的这两种聚合分析模式，可进一步设计出具体的高速公路空间流时空聚合分析方法，以支持不同目标下对高速公路空间流的地理学分析。

第7章

基于位置聚合的高速公路空间流地理格局探测

7.1 高速公路空间流位置聚合类型

根据高速公路空间流在实际地理空间中位置类型的不同，高速公路空间流的位置聚合分析主要分为 3 种类型，分别是基于起止节点的高速公路空间流聚合分析、基于行驶路径的高速公路空间流聚合分析和基于节点连线的高速公路空间流聚合分析。

7.1.1 基于起止节点的高速公路空间流聚合简介

高速公路空间流多维信息表达模型中位置维度记录的是高速公路空间流的节点位置，具体是高速公路空间流的起点位置或者终点位置。因而，高速公路空间流位置聚合分析的第一种类型就是以多维信息表达模型中的起止节点为基本聚合单元的分析方法。高速公路空间流的起点和终点都是高速公路系统的出入口，所以基于起止节点的高速公路空间流聚合分析，就是将同一点位置（出入口）上的所有高速公路空间流进行筛选后，进行综合特征提取，基于聚合特征在不同节点位置上的空间分布，分析高速公路空间流的地理格局。

基于起止节点的高速公路空间流聚合分析，是最直接的高速公路空间流位置聚合分析方法。因为每一个高速公路空间流都包含起止节点的精确坐标信息，主要是起点的地理坐标和终点的地理坐标。基于起止节点的高速公路空间流聚合分析，可以得到高速公路空间流各种综合特征的精确的空间分布信息。此外，这种以空间点为基本单元的聚合特征空间分布，可以支持 GIS 中的空间点数据的分析方法，如空间自相关分析、热点分析等。因而，以起止节点为聚合单元的高速公路空间流位置聚合分析方法可以与 GIS 空间数据分析方法进行组合，以对海量高速公路空间流的宏观规律性进行充分分析。

综上所述，利用以起止节点为基本单元的高速公路空间流位置聚合方法，可以得到精确的高速公路空间流聚合特征的地理分布，并支持利用 GIS 中空间点数据分析方法识别高速公路空间流的地理格局。

7.1.2　基于行驶路径的高速公路空间流聚合简介

除了利用单一的节点（起始节点或终止节点）对高速公路空间流进行聚合分析外，还可以同时利用高速公路空间流的起点和终点，即以高速公路空间流起点和终点的点对组合为聚合单元，对高速公路空间流进行聚合分析。在高速公路网络中，一组起点与终点的点对可以确定一条路径。因而，以点对组合为聚合单元的高速公路空间流位置聚合的第一种思路就是基于车辆行驶路径的高速公路空间流的位置聚合。

对于高速公路系统，车辆不能随意进入或者驶离，在起点与终点之间，车辆只能沿着高速公路网络行驶。所以，高速公路空间流受道路网络的约束程度高。因而，结合高速公路道路数据，基于高速公路空间流的起点和终点，可以推测出高速公路空间流可能的行驶路径。基于相同的行驶路径，筛选出包含该行驶路径的大量高速公路空间流。根据同一行驶路径上大量的高速公路空间流，提取其综合特征，可进行交通特征或者路况的分析。

不同点对的高速公路空间流对应的行驶路径交错分布在高速公路网络中，因而提取出的路径聚合特征在高速公路网络中也有相应的分布。这种基于路径的高速公路空间流聚合特征的空间分布，可以揭示高速公路空间流在运行过程中中间状态的分布状况，有助于分析高速公路空间流中间状态特征的空间分布格局。此外，这种基于行驶路径的高速公路空间流聚合特征的空间分布还可以反映道路上的交通状态，例如交通拥堵等。因而，基于行驶路径的高速公路空间流的位置聚合，对于揭示高速公路系统内部的运行状态和交通路况等信息具有重要的作用，例如可用于探测高速公路网络中具有较高拥堵频率的路段，进而为制定高速公路道路发展规划服务。

7.1.3　基于节点连线的高速公路空间流聚合简介

同时利用高速公路空间流的起点和终点，即起止节点点对，对高速公路空间流聚合的另一种位置聚合方式就是节点连线聚合。节点连线聚合就是将高速公路空间流起点与终点直接连接为线要素进行表达，并基于所生成的线要素对高速公路空间流进行聚合分析。这种节点之间的直接连线，并不代表高速公路空间流的实际行驶轨迹，但可以直观地反映高速公路空间流所形成的空间联系，因而节点连线聚合对于揭示区域关联具有重要的意义。

已有研究中的空间流的聚类分析主要是基于空间流起点与终点之间的连线进行的，通过度量不同空间流起点与起点之间、终点与终点之间的相似性与距离，进而将不同的空间流划分为相应的类型，其中同类型的空间流具有相似的空间分布形状，而不同类型的空间流分布形状差异较大。然而，这些基于节点连线的空间流聚类研究主要通过开发新的聚类方法来实现，没有用到已有的、成熟的数据聚类方法。

本书中基于节点连线的高速公路空间流聚合分析，也是通过对节点连线进行聚类实现的。本书采用了高速公路空间流多维信息表达模型，将重点突破基于新的表达模型、利用已有的聚类分析方法对高速公路空间流的节点连线进行聚类分析。得到具有相同类型的高速公路空间流节点连线后，对其综合特征进行提取和分析，可以得出通过高速公路系统建立起来的不同地理区域之间的联系。

7.2　基于起止节点的高速公路空间流聚合分析

7.2.1　节点聚合特征生成

根据高速公路多维信息表达模型中位置维度的信息，筛选具有相同位置维度信息的高速公路空间流，即在高速公路网络中相同节点位置上的所有高速公路空间流，对其进行综合特征的提取，生成能够描述该节点位置上所有高速公路空间流综合状况的节点聚合特征。

在本书中，节点聚合特征的生成主要从 3 个方面入手，分别是总量特征、均值特征和变异特征，因而可以直接采用 3 种描述性统计指标，来计算高速公路空间流的节点聚合特征。总量特征、均值特征和变异特征这 3 个方面对应的描述性统计指标分别是总体和、总体均值和总体标准差。基于这 3 种描述性统计指标，高速公路空间流的 3 类节点聚合特征计算如公式（7.1）～公式（7.3）所示。

总量特征：
$$\mathrm{Agg}_1(I) = \sum_{i=1}^{N}(I_i) \tag{7.1}$$

均值特征：
$$\mathrm{Agg}_2(I) = \frac{1}{N}\sum_{i=1}^{N}(I_i) \tag{7.2}$$

变异特征：
$$\mathrm{Agg}_3(I) = \sqrt{\frac{\sum_{i=1}^{N}\left(I_i - \frac{1}{N}\sum_{i=1}^{N}I_i\right)}{N}} \tag{7.3}$$

其中 I 为高速公路空间流多维信息表达模型中的某一维度（非位置维度），N 表示当前节点位置上高速公路空间流的个数。需要说明的是，这 3 种节点聚合特征的计算方式针对的是数值型变量，主要是高速公路空间流多维信息表达模型中的数量维度和时长维度。但高速公路空间流多维信息表达模型中还存在其他非数值型变量维度，例如时间维度、方向维度和类型维度等。因而，本书也为这些非数值型变量维度设计了相应的聚合特征生成方法，以表征非数值型变量的综合状况。

对于非数值型变量维度，在位置聚合的维度投影步骤前，本书对这些维度的变量进行了分类预处理，以减少这些维度中非数字唯一值的个数。例如，针对时间维度，本书对所有的时间进行分类，基于精确到的小时可以将时间分为白天和夜间两类，基于精确到的日可以将时间分为工作日和非工作日两类。此外，还可以将方向分为进入方向和离开方向两类，将类型分为客车和货车两类。通过对非数值型变量维度进行分类预处理，一方面使得其易于操作和处理，另一方面也可以提取出一定的主要信息，从而使后续的分析更有针对性。换句话说，对高速公路空间流多维信息表达模型中非数值型变量维度信息进行分类预处理操作，用较少的类型保留了最主要和关键的信息，有助于生成凸显综合状况的高速公路空间流节点聚合特征。

对于分类后非数值型变量维度聚合特征的计算，一种方式是将其应用到数值型变量维度聚合特征的计算过程中。具体是将分类后非数值型变量维度作为限定条件，对其他维度进行分组，然后计算其他维度的总量特征、均值特征和变异特征。例如，可以计算白天进入方向客车的总数量、夜间离开方向客车的平均行驶时间。因而，这类数值型变量维度的聚合特征的计算，应用到了非数值型变量维度。

除此之外，针对非数值型变量维度，本书还设计一种特殊的分异特征的计算方法。首先，本书计算了相同维度每一类所占的比例，其计算如公式（7.4）所示。

$$P_c^I = \frac{\sum_{i=1}^{N}(\text{count}(I_i = c))}{N} \tag{7.4}$$

其中，I 表示某一维度，N 表示当前节点位置上高速公路空间流的个数，c 表示某一个具体类型，count 表示判断当前高速公路空间流是否属于类型 c，如果属于则返回 1，如果不属于则返回 0。

如果非数值型变量维度分为两类，例如时间维度的白天和夜间、方向维度的进入和离开、类型维度的客车和货车，本书直接计算同一维度下两类空间流的比例差异，作为该维度的一种聚合特征，此类聚合特征的计算如式（7.5）所示。非数值型变量维度分为多类，则可以计算每一类空间流所占比例的标准差，说明不同类空间流数量的变异状况，此类聚合特征的计算如公式（7.6）所示。

二分类聚合：
$$\text{Agg}_4(I) = P_{c1}^I - P_{c2}^I \tag{7.5}$$

多分类聚合：
$$\text{Agg}_5(I) = \sqrt{\dfrac{\displaystyle\sum_{i=1}^{C}\left(P_{ci}^I - \dfrac{1}{C}\sum_{i=1}^{C}(P_{ci}^I)\right)}{N}} \tag{7.6}$$

通过以上多种空间流综合特征的提取与计算方法,可以为每一个节点位置生成多种高速公路空间流的聚合特征。这些聚合特征是根据同一位置上所有高速公路空间流的多个维度信息计算得出的,反映了这个位置上所有高速公路空间流的综合特性。由于每一个位置都具有空间坐标,不同位置上高速公路空间流聚合特征的空间分布将支持以位置为基础的 GIS 空间分析方法。

7.2.2　节点聚合特征的排序筛选

采用上述方法对同一位置上的高速公路空间流进行处理,可以生成多个节点聚合特征,基于不同节点聚合特征的空间分布可以说明高速公路空间流的地理分布格局。然而,有的聚合特征在不同位置之间的分布规律较为相似,而另一些聚合特征在不同位置之间的分异较大。特征选取方法也是一类重要的研究,在不同位置之间分异较大的聚合特征对于揭示高速公路空间流的地理分布格局更为重要。因而本书提出了一种高速公路空间流节点聚合特征的排序筛选算法,用以筛选出在不同位置之间分异较大、对于分析高速公路空间流地理格局重要性较高的特征。

在本书中,对高速公路空间流的节点聚合特征进行筛选没有任何可用的先验知识,唯一准则就是筛选出在不同位置之间相对分异较大的特征,因而本书基于非监督聚类算法,提出了一种高速公路空间流节点聚合特征空间分异重要性排序方法。该方法的基本思路是不同位置(样本)之间分异较大的特征对非监督聚类结果的影响程度比较大,所以对于一个包含多种节点聚合特征的数据集来说,使用所有特征进行非监督聚类得到的结果和剔除某一特征进行非监督聚类得到的结果之间差异越大,说明被剔除的特征对于数据集的非监督聚类影响越大,则其所反映的高速公路空间流地理分异规律更重要。基于该基本思路,本书设计了高速公路空间流节点聚合特征排序筛选算法的基本步骤。

步骤 1:利用均值和标准差,对高速公路空间流节点聚合特征数据集进行标准化,以消除不同特征单位对聚类结果的影响。

步骤 2:设定某一类别数,利用层次聚类算法,对包含所有节点聚合特征的数据集进行聚类,得到基准聚类结果。

步骤 3:选定某一特征,从原始数据集中删除该特征,采用相同的类别数,利用层次聚类算法对新的数据集进行聚类,得到新的聚类结果。

步骤 4：比较新的聚类结果和基准聚类结果之间的差异。两种聚类结果之间的差异较大，则说明所剔除的节点特征对聚类结果的影响程度较大，意味着对于整个数据集中的所有特征来说，所剔除的节点特征在不同位置（样本）之间的差异较大。因而，该节点特征对于分析高速公路空间流的地理分布格局是较为重要的。

对包含所有节点特征的数据集进行聚类得出基准聚类结果后，依次单独删除一个节点聚合特征后再次聚类生成新的聚类结果，这样就会使得每一个聚合特征对应有缺失该特征时聚类结果与基准聚类结果之间出现差异，基于这种差异可以计算不同节点聚合特征的重要性指数。因而，在所提出的高速公路空间流节点聚合特征排序筛选算法中，核心步骤有两个，分别是计算新的聚类结果与基准聚类结果之间的差异，以及根据差异计算单个节点聚合特征对应的重要性指数。为了度量聚类结果之间的差异，本书提出了类别层面聚类结果差异度量和样本层面聚类结果差异度量，并根据两种差异度量结果计算特征的重要性指数。

本书所提出的高速公路空间流节点聚合特征排序筛选算法流程如图 7-1 所示。

本书所提出的节点特征重要性排序筛选算法中所使用的非监督聚类算法是层次聚类算法，主要是因为层次聚类算法是一种常用的非监督聚类算法，流程简单且多次重复能得到稳定的聚类结果。在层次聚类中，采用欧氏距离度量相似性，采用完全凝聚方法进行样本合并。对于基准聚类结果与新的聚类结果之间的差异度量，本书提出了类别层面影响（Class-Level Influence，CLI）指数和样本层面影响（Sample-Level Influence，SLI）指数。该排序算法计算了不同类别数（从 2 到样本数量的平方根取整）对应的聚类结果差异。由于大的类别数容易引起大的聚类结果变化，所以类别数最大被设置为样本数量的平方根，不同类别数所得出的 CLI 与 SLI 指数乘权重 $1/k$ 以减小类别数的影响。对不同类别数对应的加权 CLI 和 SLI 指数求均值，得到每个节点特征对应的最终的 CLI 和 SLI 指数。根据每一个节点特征对应的加权平均后的 CLI 和 SLI 指数，计算该特征的最终综合重要性（Final Comprehensive Importance，FCI）指数。本算法中，CLI、SLI 以及 FCI 指数的计算介绍如下。

（1）CLI 指数

CLI 指数主要根据聚类结果在类别尺度的变化度量聚类结果之间的差异。在一个聚类结果中，每个类的样本量是不同的，因此利用每个聚类结果中不同类的样本量的标准差来度量类别的聚类结果。如果一个聚类结果中的类与另一个具有相同聚类数的聚类结果不同，则它们的类样本大小的标准差可能不同。因此，利用两个聚类结果不同类的样本数量的标准差之间差的绝对值，与原始聚类结果不同类样本数量的标准差的比例，来衡量聚类结果在类别层面的差异。CLI 指数可以用公式（7.7）表示。

$$CLI = \frac{\left| \sqrt{\frac{1}{k}\sum_{i=1}^{k}\left(n_i - \overline{n_i}\right)^2} - \sqrt{\frac{1}{k}\sum_{j=1}^{k}\left(m_j - \overline{m_j}\right)^2} \right|}{\sqrt{\frac{1}{k}\sum_{i=1}^{k}\left(n_i - \overline{n_i}\right)^2}} \tag{7.7}$$

其中，k 是两个聚类结果所具有的相同的类别数，n 是原始聚类结果中每个类的样本量，m 是新聚类结果中每个类的样本量。由于两个聚类结果中所含的类样本数量可能相同，但相同大小的类中所包含的样本数量并不相同，也存在聚类结果的差异，因此 CLI 指数不足以描述两个聚类结果之间的差异，仍然需要从样本层面评价聚类结果之间的差异。

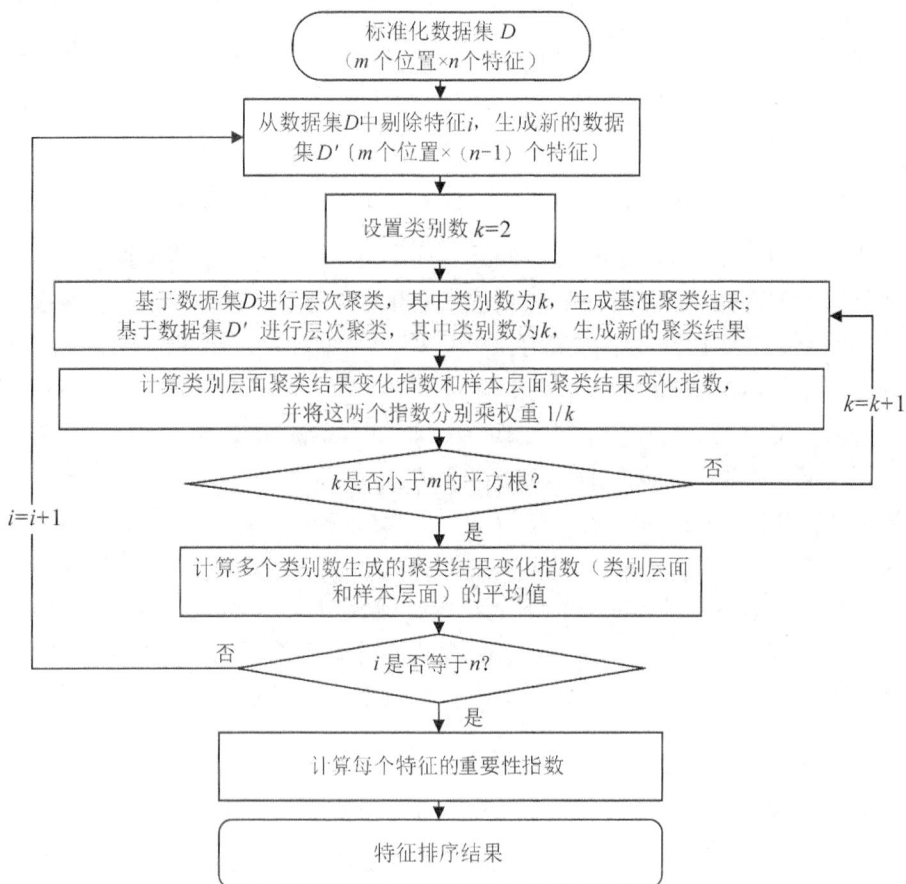

图7-1　高速公路空间流节点聚合特征排序筛选算法流程

（2）SLI 指数

SLI 指数主要度量聚类结果在样本尺度之间的差异。假设聚类结果之间的差异可以通过一些特定样本对的数目来反映，这些样本对在原始聚类结果中具有相同的类，但在新的聚类结果中具有不同的类。因此，可用类别变化样本对的数目与所有样本对数之间的比例来衡量聚类结果在样本尺度的变化。SLI 指数可用公式（7.8）表示。

$$\text{SLI} = \frac{\sum_{i=1}^{N}\sum_{j=1}^{N}\text{SameClassInOrigin}(i,j) \times \text{DifferClassInNew}(i,j)}{N \times N} \tag{7.8}$$

在公式（7.8）中，有两个定义：

$$\text{SameClassInOrigin}(i,j) = \begin{cases} 1, & \text{如果样本}i\text{ 和样本}j\text{ 在基准聚类结果中有相同的类别} \\ 0, & \text{如果样本}i\text{ 和样本}j\text{ 在基准聚类结果中有不同的类别} \end{cases}$$

$$\text{DifferClassInNew}(i,j) = \begin{cases} 1, & \text{如果样本}i\text{ 和样本}j\text{ 在新的聚类结果中有不同的类别} \\ 0, & \text{如果样本}i\text{ 和样本}j\text{ 在新的聚类结果中有相同的类别} \end{cases}$$

（3）FCI 指数

CLI 和 SLI 指数表征了新的聚类结果与基准聚类结果之间在类别尺度和样本尺度上的变化。CLI 和 SLI 指数越大，表示缺少单一聚合特征对聚类结果的变化影响越大，因而将加权平均后的 CLI 和 SLI 指数进行综合，用来计算 FLI 指数，并将每个聚合特征计算得出的聚合特征线性缩放到 0～100%。FLI 指数的计算见公式（7.9）。

$$\text{FCI} = \frac{\sqrt{\text{CLI}^2 + \text{SLI}^2}}{\sum_{t=1}^{N}\sqrt{\text{CLI}_t^2 + \text{SLI}_t^2}} \tag{7.9}$$

在公式（7.9）中，N 是节点聚合特征的数量。主要根据聚合特征的 FCI 指数对所有的聚合特征进行排序，筛选出 FCI 指数最大的聚合特征分析高速公路空间流的地理分布格局。

综上所述，本书构建出了基于起止节点的高速公路空间流位置聚合方法，主要包含节点聚合特征的生成方法及其对应的排序筛选算法。利用不同位置上筛选出的聚合特征，可以分析高速公路空间流的地理分布格局。

7.3 基于行驶路径的高速公路空间流聚合分析

7.3.1 高速公路空间流行驶路径的恢复

由于高速公路空间流的特殊性，即高速公路系统是一个封闭的系统、车辆在行驶过程中不能随意进出高速公路且只能沿着高速公路网络行驶,因而结合高速公路道路分布数据,可以对高速公路空间流可能的行驶路径进行推测和恢复,并基于所推测出的行驶路径对高速公路空间流进行聚合。

为了提高运输效率,大多数司机会选择从出发地到目的地的最短路线,因为这样可以降低驾驶成本(时间成本和经济成本)。因此,在所有驾驶行为中一种主流的做法是驾驶者选择在起点和终点之间的最短路径进行行驶。据此,可以将高速公路空间流在道路网络中起点和终点之间的最短路径作为其最可能的行驶路径,并进行后续的判别和分析,结合高速公路道路分布数据,通过最优路径搜索算法(如 Dijkstra 算法)来确定高速公路空间流对应的行驶路线。

需要特别指出的是,所恢复的最短路径对所有的高速公路空间流数据来说并不是完全正确的。因为,有一些车辆在其行驶的起点与终点之间并没有沿着最短路线行驶。例如,有些驾驶者可能因为走错了路而绕道。因此,在基于所推测出的最短行驶路径对高速公路空间流进行聚合分析时,必须要考虑存在的噪声和误差,即部分高速公路空间流并没有按照最短路径行驶这一现象。

7.3.2　路径聚合特征生成及应用

(1)高速公路空间流平均速度计算

为每一个高速公路空间流筛选出对应的行驶路径后,可以得到行驶路径的长度等信息。高速公路空间流多维信息表达模型中包含高速公路空间流持续时长的属性,因而采用公式(7.10)可以计算出高速公路空间流的平均速度。

$$S_f = \frac{L_f}{D_f} \qquad (7.10)$$

其中,L_f 表示高速公路空间流行驶路径的长度;D_f 表示空间流的持续时间,即开始时间与结束时间的差;S_f 表示高速公路空间流的平均速度。

(2)速度异常高速公路空间流标注

基于高速公路空间流的平均速度,对高速公路空间流进行初步的判别和分类,标注出平均速度低于正常状况下车辆行驶速度的高速公路空间流记录,本书将这样的高速公路空间流称为异常高速公路空间流。速度异常的高速公路空间流的产生表明其在运行过程中受到了某些非正常状况的干扰和阻滞,从而使其整个行驶过程所用的时间增加,进而导致整体过程的平均速度降低。

关于判定异常高速公路空间流的速度阈值，即车辆在高速公路中正常行驶状况下的最低速度阈值，本书主要基于高速公路的交通管理规定进行设置。高速公路系统一般都有关于车辆行驶速度的详细规定，即限制车辆行驶速度在某一区间里，包括最低行驶速度和最高行驶速度。规定的最低行驶速度表示车辆不得以低于该速度在高速公路上行驶。因而，基于高速公路管理规定中的最低行驶速度，设定一个低于该最低限速的值作为速度阈值，用以筛选出行驶速度异常的高速公路空间流。

根据高速公路空间流的平均速度确定异常高速公路空间流的算法流程如表 7-1 所示。

表 7-1 异常高速公路空间流筛选算法

输入： $F = \{f_i \mid 1 \leq i \leq m\}$ 表示高速公路空间流数据集；$N = \{V, E\}$ 表示高速公路网络数据集，其中 $V = \{V_p\}$ 表示划分高速公路网络的断点（道路交叉口和出入口），$E = \{E_q\}$ 表示断点之间的高速公路；s_0 表示异常高速公路空间流筛选的速度阈值

输出： $AF = \{af_j \mid 1 \leq j \leq n\}$ 表示异常高速公路空间流记录数据集

步骤：

① 从高速公路空间流数据集 F 中筛选出一条空间流数据 f_i；

② 根据高速公路空间流的多维信息表达模型，提取出 f_i 的时长维度信息，即 Duration_i。

③ 利用Dijkstra算法，确定 f_i 在高速公路网络中的行驶路径，并计算出该行驶路径的长度 Length_i。

④ 利用公式（7.10），计算高速公路空间流 f_i 的平均速度 Speed_i。

⑤ 比较平均速度 Speed_i 和速度阈值 s_0。

a. 如果 $\text{Speed}_i \geqslant s_0$，继续。

b. 如果 $\text{Speed}_i < s_0$，将高速公路空间流 f_i 添加进异常高速公路空间流数据集中，即 $af_j = f_i$。此外，$j = j + 1$。

⑥ 判断是否 $i = m$。

a. 是，$i = i + 1$，返回步骤①。

b. 否，结束程序，返回数据集 AF

（3）基于速度异常高速公路空间流计算路径聚合特征

本书通过行驶路径恢复和平均速度计算，为每一条行驶路径筛选出了所有的高速公路空间流及其中包含的异常高速公路空间流。本书将综合运用每条路径中对应的所有高速公路空间流，提取路径聚合特征，来判定路径上交通拥堵的状况。由于通过最短路径恢复的高速公路空间流的行驶路径包含噪声信息，因此无法判定每一条高速公路空间流是否遭遇过交通拥堵。本书将根据同一条路径上所有高速公路空间流的聚合特征，判定该路径是否发生了交通拥堵，并进一步确定发生交通拥堵的路段。

为了设计能够检测交通拥堵的高速公路空间流聚合特征，本书将从交通拥堵的实际状况入手。高速公路交通拥堵是高速公路系统中的一种异常现象，会在较短时间内影响所有通过的车辆，使其在通过时的行驶速度降低，继而使其全程行驶过程中的行驶时间增加、平均速度降低。交通拥堵会在较短时间内产生大量的异常高速公路空间流。所以，首先设置一个较短的时间间隔，例如 1h，然后根据异常高速公路空间流在所有高速公路空间流中所占的比例来判定该路径上是否出现了交通拥堵。

由于交通拥堵会影响所有通过的车辆，当交通拥堵发生时，短时间内会产生大量的异常高速公路空间流记录。其他原因（如绕行）导致的异常高速公路空间流记录在同一行驶路径的所有高速公路空间流记录中所占比例往往较小，因此，可根据同一条行驶路径上异常高速公路空间流在所有高速公路空间流中所占的比例来判断一条线路是否发生交通拥堵，该比例由公式（7.11）计算。

$$P_{AF}^r = \frac{\sum\limits_{j=1} AF_j^r}{\sum\limits_{i=1} F_i^r} \times 100\% \qquad (7.11)$$

其中，AF_j^r 表示路径 r 上的第 j 条异常高速公路空间流，F_i^r 表示路径 r 上的第 i 条高速公路空间流，P_{AF}^r 表示在特定时段内路径 r 上异常高速公路空间流在所有高速公路空间流中所占的比例。

本书将异常高速公路空间流所占的比例作为一种路径聚合特征，对同一路径上的高速公路空间流进行聚合，用以分析高速公路系统内的交通拥堵状况。具体来讲，将异常高速公路空间流所占比例较大的路径作为交通拥堵的路径，即判定该条路径上出现了交通拥堵。例如，可以设置 80% 作为阈值，筛选出异常高速公路空间流所占比例超过 80% 的路径，这些路径上 80% 的高速公路空间流，所用的整体通行时间超过了正常情况所需的通行时间，所以该路径中可能发生了交通拥堵。

将异常高速公路空间流所占比例较大的行驶路径认定为拥堵路径，可以消除其他噪声对交通拥堵检测的影响，例如因为绕行而没有走最短路径、在高速公路服务区停留等，因为在较短时段内同一路径上不太可能大多数车辆同时出现这些情况。然而，交通拥堵会在较短时段内影响同一路径上的大多数车辆，使其整体行驶时间增加、全程平均速度降低。

通过异常高速公路空间流所占比例这一聚合特征可以判断一条路径上是否发生了交通拥堵，但高速公路网络中的不同路径长短不一，有的路径可能具有较长的长度，不利于分析交通拥堵的空间分布规律,因而需要进一步确定拥堵路径上的哪些路段出现了交通拥堵,即识别出拥堵的高速公路路段。本书主要通过剔除拥堵路径中没有发生拥堵的路段来进一步确定发生了交通拥堵的路段。同样地,本书也将利用异常高速公路空间流所占比例这一聚合特征,来判断没有发生交通拥堵的路段。具体来讲,当高速公路上车辆正常运行、没有发生交通拥堵时,大部分车辆均能正常通行,没有增加额外的行驶时间,继而整体行驶过程的平均速度较高,其所在的高速公路空间流并不会被标注为异常高速公路空间流。因而,当路段上没有交通拥堵产生时,异常高速公路空间流所占的比例较小。可以筛选出拥堵路径每一个路段上所有的高速公路空间流及其中标注的异常高速公路空间流,计算异常高速公路空间流所占的比例,将该比例较小的路段从拥堵路径中剔除,保留下的路段即发生了交通拥堵的路段。

将不同路径确定出的拥堵路段进行空间叠加,可判定最终的高速公路网络中交通拥堵的空间分布。可能存在的一种情况是不同路径确定出的拥堵路段互相重叠。这种情况意味着当前路段的交通拥堵已经影响了多条路线,反映了这种交通拥堵的严重程度。高速公路网络中,没有拥堵路段叠加的地方,表明没有受到交通拥堵的影响,该路段的交通状况为正常。如果存在一层拥堵路段的图层叠加,就意味着这些地方受到交通拥堵的影响。拥堵路段的空间叠加层数越多,交通拥堵越严重。因此,根据拥堵路段的空间叠加层数,对高速公路网络中各路段的交通状况进行如表 7-2 所示的分类。

表 7-2　高速公路网络中路段交通状况分类

拥堵路段层数	0	1	2～3	>3
交通状况	正常	轻度拥堵	中等拥堵	重度拥堵

此外,还可以根据拥堵路段的空间分布对拥堵的方向进行确定。本书主要分 4 种拥堵,分别是东向拥堵、西向拥堵、南向拥堵和北向拥堵。其中,拥堵方向的判断主要根据路段的走向和行驶方向来共同确定。假设一个路段具有两个端点,分别是 $L_1(x_1, y_1)$ 和 $L_2(x_2, y_2)$,如果 $|x_1 - x_2| > |y_1 - y_2|$,则表明该路段的分布走向是从东向西,那么对应的拥堵是东向拥堵或西向拥堵两种。具体来讲,当车辆从 L_1 行驶到 L_2,如果 $x_2 > x_1$ 则表明发生的交通拥堵属于东向拥堵,如果 $x_2 < x_1$ 则表明发生的交通拥堵属于西向拥堵。此外,如果 $|x_1 - x_2| < |y_1 - y_2|$,则表明路段的走向是从南向北,那么对应的拥堵是南向拥堵或者北向拥堵。具体来讲,当车辆从 L_1 行驶到 L_2,如果 $y_2 < y_1$,则表示发生的交通拥堵属于南向拥堵,如果 $y_2 > y_1$,则表明发生的交通拥堵属于北向拥堵。

本书对交通拥堵方向的判定如下:当车辆从 $L_1(x_1, y_1)$ 到 $L_2(x_2, y_2)$ 经过了一个拥堵的路段,那么所发生的拥堵方向的判定依据如表 7-3 所示。

表 7-3　高速公路空间流路径聚合中拥堵方向分类

拥堵路段走向	行驶方向	拥堵方向
$\lvert x_1 - x_2 \rvert \geqslant \lvert y_1 - y_2 \rvert$	从 L_1 到 L_2	东向拥堵
	从 L_2 到 L_1	西向拥堵
$\lvert x_1 - x_2 \rvert < \lvert y_1 - y_2 \rvert$	从 L_1 到 L_2	南向拥堵
	从 L_2 到 L_1	北向拥堵

因而，本书提出了一种基于行驶路径的高速公路空间流聚合分析方法，该分析方法可用来讨论高速公路网络内交通拥堵的时空分布格局。

7.4　基于节点连线的高速公路空间流聚合分析

7.4.1　高速公路空间流的节点连线相似性度量

基于本书所提出的高速公路空间流多维信息表达模型，高速公路空间流在起点与终点之间的连线可以用 3 个维度进行表征，即位置维度、方向维度和距离维度。从本质上来讲，用这 3 个维度进行高速公路空间流节点连线的表达类似于空间位置的极坐标表达，唯一的区别在于本书对空间流的表达中基准点是每一个可变的观测位置，而不是全局框架下唯一的原点。本书主要根据位置、方向和距离 3 个维度的信息进行高速公路空间流节点连线的表达，然后调用数据挖掘中已有的聚类算法，进行基于节点连线的高速公路空间流聚合分析。

利用数据挖掘模型中已有的聚类方法对样本进行聚类的一个基本假设就是相近的属性数值代表了样本的相似性，属性数值差异较大表示样本之间的差异较大。但直接利用高速公路空间流多维信息表达模型中位置、方向和距离 3 个维度对高速公路空间流节点连线的相似性进行度量时并不满足这一假设。具体来讲，位置维度采用经纬度坐标表示，坐标越相近表示位置越接近，距离维度采用欧氏距离表示，距离数值越相近表示样本越相似。然而，方向维度的取值并不满足这一假设。

　　本书高速公路空间流的多维信息表达模型中的方向维度，是以高速公路空间流起点与终点之间的连线与正北方向之间的夹角（逆时针）进行度量的，因而不满足数值越接近样本越相似这一基本假设。如图 7-2 所示，高速公路空间流的方向为 0°（正北）和 180°（正南）表示了两个完全不同的方向，90°（正东）和 270°（正西）也表示了两个完全不同的方向，所以当样本差异达到最大的时候，方向的数值的差异并不是最大。此外，当两组高速公路空间流的方向分别为 0°～90°和 270°～360°时，它们的方向具有一定的相似性，即均指向北（东北方向和西北方向），但方向数值的差异达到最大。因而，高速公路多维信息表达模型中方向维度的数值不能直接度量高速公路空间流的连线的相似性。所以，本书主要对高速公路空间流多维信息表达模型中的方向维度进行变换处理，以度量高速公路空间流节点连线的相似性，用于基于节点连线的高速公路空间流的聚类分析。

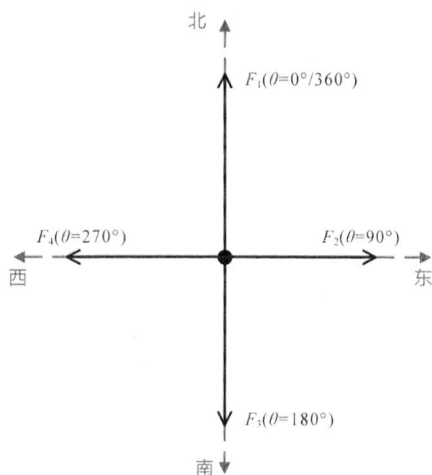

图7-2　高速公路空间流方向变异性示意

　　为了充分度量高速公路空间流节点连线之间的相似性，本书对高速公路空间流多维信息表达模型中方向维度的数值进行了正弦变换和余弦变换，即将方向的正弦和余弦值作为新的属性来度量高速公路空间流的节点连线之间的相似性。由于正弦函数和余弦函数的周期性，对方向维度数值的变换使得高速公路空间流方向数值大小与高速公路空间流节点连线之间有更好的对应性。例如，方向中 0°和 180°表示了正北和正南两个差异最大的方向，进行余弦变换后，$\cos(0°)=-\cos(180°)$，就可以对方向的实际差异进行表征。此外，90°和 270°表示了正东和正西两个差异最大的方向，进行正弦变换后，$\sin(90°)=-\sin(270°)$，同样可以对方向的实际差异进行表征。两个高速公路空间流方向正弦值和余弦值同时越相似，表明高速公路空间流的方向越接近。

　　综上所述，本书主要利用正弦函数和余弦函数对方向维度信息进行变换处理，同时利用位置维度信息和距离维度信息对高速公路空间流的节点连线进行相似性度量。

7.4.2　高速公路空间流的节点连线聚合分析

　　本书利用高速公路空间流多维信息表达模型中的位置维度、距离维度以及经过正弦变换和余弦变换后的方向维度,实现对高速公路空间流节点连线之间的特征表示。然后,利用数据挖掘模型中已有的聚类算法,对高速公路空间流节点连线进行聚类分析。聚类分析是将包含无标签样本的数据集分成若干样本子集的过程,是一种无监督的分类方法。一般认为,聚类分析的目标是"类内的样本尽可能相似,类与类之间尽可能相差较大"。本书中高速公路空间流的节点连线聚合分析主要包括两个步骤,分别是聚类算法选取和利用聚类算法实现节点连线聚类。

(1)聚类算法选取

传统聚类算法一般分为划分聚类和层次聚类两大类。针对一个包含 n 个样本的数据集,划分聚类算法首先创建一个初始的类别划分,然后基于一个聚类准则,采用迭代的方式,通过样本在不同类别间的移动来改进聚类结果,最后当聚类准则满足一定要求后算法停止。层次聚类一般具有包含层次的树形结构,一般而言自底向上的层次聚类最为常见,该方法首先将每一个样本视为一类,然后计算它们之间的相似性,对相似性较高的类进行合并,直到最后只有一个类为止。

本书选择划分聚类中的 k-means 算法对高速公路空间流的节点连线进行聚合,k-means 算法流程简单,较为高效,是一种应用广泛的算法。该算法的基本流程如图 7-3 所示。

该算法中,样本对象与聚类中心的欧氏距离计算公式为:

$$d(x, C_i) = \sqrt{\sum_{j=1}^{m}(x_j - C_{ij})} \tag{7.12}$$

其中,x 表示样本对象,C_i 表示第 i 个聚类中心,m 为数据集的特征数目,x_j 为 x 的第 j 个属性值,C_{ij} 为 C_i 的第 j 个属性值。

聚类结果的误差平方和(Sum of Squared Error, SSE)的计算公式为:

$$SSE = \sum_{i=1}^{k}\sum_{x \in C_i}\left|d(x, C_i)\right|^2 \tag{7.13}$$

其中,SSE 越大表示聚类结果越差,SSE 越小表示聚类结果越好。

(2)高速公路空间流节点连线聚类

利用高速公路空间流多维信息表达模型中的位置维度、方向维度和距离维度,基于 k-means 聚类算法,实现高速公路空间流节点连线聚合算法的具体步骤如表 7-4 所示。

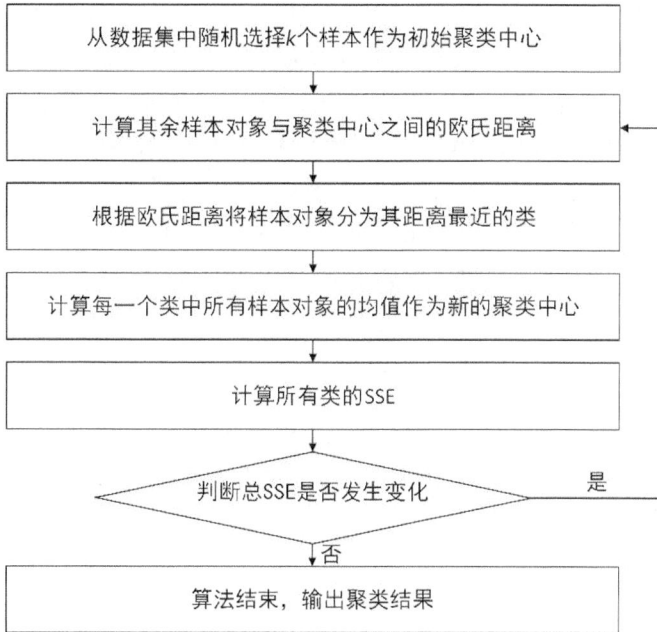

图7-3 节点连线聚合中聚类算法基本流程

表 7-4 高速公路空间流节点连线聚合算法

输入:

$\{x_i, y_i, \theta_i, \mathrm{dis}_i \mid 0 < i \leqslant m\}$,高速公路空间流的经度、纬度、方向和距离,其中$m$表示高速公路空间流的数量

输出:

$\{C_j \mid 1 \leqslant j \leqslant k\}$,高速公路空间流节点连线的聚类,其中$k$表示类别数

步骤:

① 对第i个高速公路空间流,计算$\sin(\theta_i)$和$\cos(\theta_i)$。

② 判断是否$i = m$:

a. 否,$i = i + 1$,返回步骤①;

b. 是,执行下一步。

③ 对数据集$\{x_i, y_i, \cos(\theta_i), \sin(\theta_i), \mathrm{dis}_i\}$,进行z-score标准化。

④ 设置类别数k,利用k-means算法对标准化后的新数据集进行聚类。

⑤ 返回聚类结果

其中,每一个类别数对应一个聚类结果,因而需要根据聚类结果确定最合适的类别数的取值，即最优 k 的取值。本书主要利用轮廓指数（Silhouette Index，SI）和戴维森堡丁指数（Davies-Bouldin Index，DBI）进行最优类别数的确定。SI 和 DBI 分别是一种内部的聚类验证指数，主要依据数据分类结果内部的基本信息，不借助于已有知识进行聚类结果的评价。对一组聚类结果而言，类内样本越相近，类与类之间差异越大，说明聚类的效果越好，因而 SI 和 DBI 主要通过类内样本距离和类间距离进行聚类效果的评价，并结合聚类结果的凝聚度（cohesion）和分离度（separation）评估聚类的效果。SI 的取值为−1～1，值越大表示聚类效果越好。SI 具体计算公式如下。

$$SI = \frac{1}{m}\sum_{i=1}^{m}\frac{(b(i)-a(i))}{\max\{a(i),b(i)\}} \tag{7.14}$$

其中，$a(i)$ 表示样本 i 和其所在同一个类别内所有其他样本距离的均值，表示了类别里面的凝聚度；$b(i)$ 表示样本 i 和除 i 所在类别中样本外所有样本的平均距离，表示了类之间的分离度。

DBI 的计算公式如下：

$$DBI = \frac{1}{k}\sum_{i=1}^{k}\max_{i\neq j}\{\frac{d(X_i)+d(X_j)}{d(c_i,c_j)}\} \tag{7.15}$$

其中，k 表示类别，i 和 j 是两个不同的类别，$d(X_i)$ 和 $d(X_j)$ 是类别 i 和类别 j 里面所有样本到各类聚类中心的平均距离，$d(c_i,c_j)$ 是类别 i 和类别 j 与聚类中心的距离。

7.5　实验案例分析

7.5.1　研究区与实验数据

本实验案例所选研究区为江苏省南部区域及部分中部区域，主要包含 32 个市或县，分别是镇江、张家港、宜兴、仪征、扬州、扬中、吴江、无锡、泰州、泰兴、太仓、苏州、如皋、如东、启东、南通、南京、溧阳、溧水、昆山、句容、靖江、金坛、姜堰、江阴、江都、海门、海安、高淳、丹阳、常州和常熟。本案例使用 2015 年高速公路空间流的记录数据（即高速公路联网收费数据），因而一些市县的级别和名称和 2015 年的实际情况对应。此外，研究区内高速公路的长度大概有 3000 公里，高速公路路网的密度接近 700 米/公里²，选取研究区内高速公路系统内的 224 个收费站进行高速公路空间流数据的记录。案例研究区高速公路分布如图 7-4 所示。

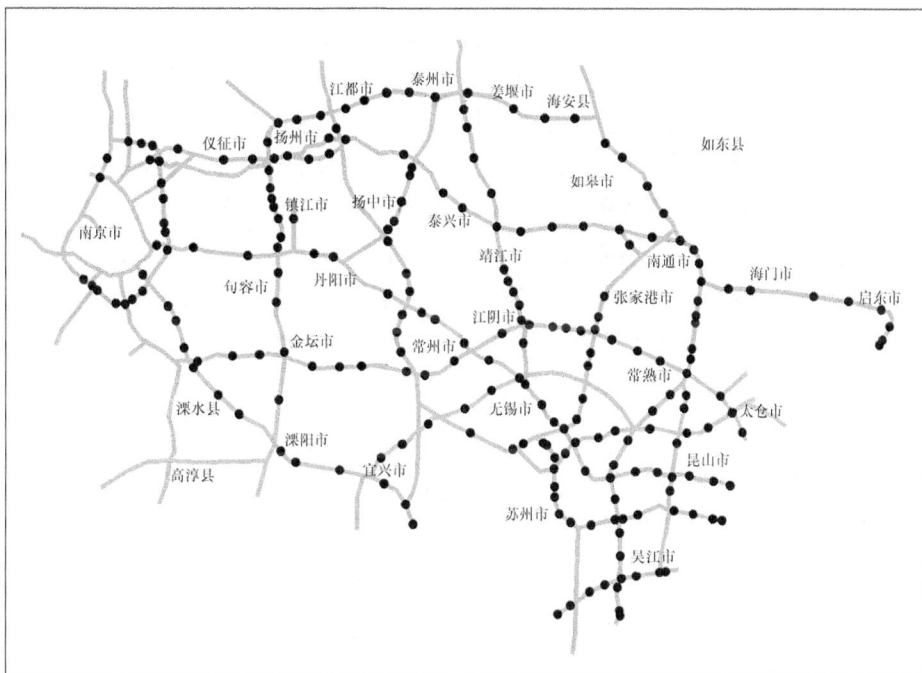

图7-4 案例研究区高速公路分布

本书选取江苏省2015年全年的高速公路联网收费数据，筛选出包含研究区内高速公路收费站的数据记录，用来分析高速公路空间流。本书从高速公路联网收费数据中提取车辆的通行记录主要关注5种基本信息，分别是车辆进入高速公路系统的时间、进入高速公路系统的地点（收费站编号）、离开高速公路系统的时间、离开高速公路系统的地点（收费站编号）以及车辆类型，这些信息是高速公路空间流的"起点-终点"记录，即OD数据。此处车辆类型是根据我国《收费公路车辆通行费车型分类》（JT/T 489—2003）标准进行划分的。本书所用的高速公路空间流数据记录示例如表7-5所示。

表7-5 高速公路空间流数据记录示例

进入时间	进入站点	离开时间	离开站点	车辆类型
2015/1/1 16:37:34	500011	2015/1/1 21:46:33	2060005	01
2015/1/1 11:25:05	2060002	2015/1/1 11:40:59	2060005	02
2015/1/1 10:54:43	600012	2015/1/1 11:38:05	2060005	13
2015/1/1 11:08:36	200005	2015/1/1 11:36:20	2060005	11
2015/1/1 11:10:17	600012	2015/1/1 11:47:52	2060005	12
…	…	…	…	…

本书提出的高速公路空间流的多维信息表达模型，包括多维信息表达概念模型和多维信息表达逻辑模型，因而可以基于高速公路空间流的 OD 数据记录，利用多维信息表达逻辑模型对高速公路空间流进行重新表达。利用高速公路空间流多维信息表达逻辑模型对研究区 2015 年的高速公路空间流进行表达，示例如表 7-6 所示。其中，在多维信息表达逻辑模型中，位置维度是高速公路空间流的起点，其他维度信息是以起点为关系位置进行计算的，因而高速公路空间流多维信息表达逻辑模型中的时间是指车辆进入高速公路系统的时间，方向为负值表示离开方向。由于表 7-6 是对表 7-5 中单辆车在高速公路中的空间流动的重新表达，并没有进行时间上的合并处理，因而数量维度均为 1。类型是指车辆的类型，直接根据高速公路收费数据中的车辆类型进行赋值。

表 7-6　高速公路空间流多维信息表达数据组织

位置	时间	方向/°	距离/m	时长/min	数量	类型
500011	2015/1/1 16:37:34	−309.479	211249.5	308.98	1	01
2060002	2015/1/1 11:25:05	−174.7399	17377.03	15.9	1	02
600012	2015/1/1 10:54:43	−353.0699	31206.38	43.37	1	03
200005	2015/1/1 11:08:36	−30.405	29235.54	27.73	1	11
600012	2015/1/1 11:10:17	−353.0699	31206.38	37.58	1	12
…	…	…	…	…	…	…

表 7-6 证明了基于高速公路空间流多维信息表达逻辑模型，可以实现对高速公路空间流的存储和表达。相较于常见的空间流的 OD 逻辑模型，高速公路空间流多维信息表达逻辑模型对空间流的多种基本属性进行更为全面的表达，此外，高速公路空间流多维信息表达逻辑模型包含单个空间位置和单个时间节点，可支持高速公路空间流多种信息的时空分析。

7.5.2　基于起止节点聚合的高速公路空间流地理分异表征

基于起止节点聚合的高速公路空间流地理分异表征，首先利用本书提出的节点聚合方法生成多个高速公路空间流节点聚合特征，然后对多个节点聚合特征进行排序筛选，最后根据筛选出的重要节点特征的空间分布，利用 GIS 中的空间分析方法，探讨高速公路空间流的地理分异规律。

（1）节点聚合特征的计算与排序筛选

本书中的高速公路空间流多维信息表达模型中包含 7 个维度，分别是位置、时间、方向、距离、时长、类型和数量。一般情况下，当高速公路系统中未发生大规模交通拥堵时，时长维度和距离维度往往具有较高的正相关性，即时长维度数值大的高速公路空间流对应的距离维度数值高，本实验案例关注高速公路空间流正常状况下的宏观规律，作为异常状况的交通拥堵会在下一个实验案例进行探讨，所以本案例研究将只关注时长维度，不再讨论距离维度。此外，位置维度是节点聚合的基准维度，因而本书主要将数量、时长、时间、类型和方向 5 个维度的信息聚合到位置维度的不同单元上，即不同的高速公路空间流的节点上。本书中，高速公路空间流的起止节点都是高速公路收费站，因而节点聚合特征是以收费站为基本空间单元的。根据上述节点特征的生成方法，本书为不同维度挑选适合的聚合特征生成方法。对数量维度进行总量特征聚合，对时长维度进行均值特征聚合。对于时间、类型和方向，进行了二分类，将时间分为白天（Daytime，简化为 D）和夜间（Nighttime，简化为 N），将类型分为客车（Passenger，简化为 P）和货车（Freight，简化为 F），将方向分为离开（Leaving，简化为 L）和到达（Arriving，简化为 A），并利用分异特征聚合的思路对这 3 个维度计算节点聚合特征，分别是白天空间流数量减去夜间空间流数量、客车空间流数量减去货车空间流数量以及到达空间流数量减去离开空间流数量。本书主要生成了28 个节点聚合特征，如表 7-7 所示。

表 7-7 高速公路空间流节点聚合特征

聚合维度	节点特征	特征缩写
数量	白天离开方向客车类型总数量	Quantity_LPD
	白天到达方向客车类型总数量	Quantity_APD
	白天离开方向货车类型总数量	Quantity_LFD
	白天到达方向货车类型总数量	Quantity_AFD
	夜间离开方向客车类型总数量	Quantity_LPN
	夜间到达方向客车类型总数量	Quantity_APN
	夜间离开方向货车类型总数量	Quantity_LFN
	夜间到达方向货车类型总数量	Quantity_AFN
时长	白天离开方向客车类型平均时长	Duration_LPD
	白天到达方向客车类型平均时长	Duration_APD
	白天离开方向货车类型平均时长	Duration_LFD
	白天到达方向货车类型平均时长	Duration_AFD
	夜间离开方向客车类型平均时长	Duration_LPN
	夜间到达方向客车类型平均时长	Duration_APN
	夜间离开方向货车类型平均时长	Duration_LFN
	夜间到达方向货车类型平均时长	Duration_AFN

续表

聚合维度	节点特征	特征缩写
时间	离开方向客车类型不同时段之间的变化	Time_LP
	离开方向货车类型不同时段之间的变化	Time_LF
	到达方向客车类型不同时段之间的变化	Time_AP
	到达方向货车类型不同时段之间的变化	Time_AF
类型	白天离开方向的不同车辆类型之间的变化	Type_LD
	夜间离开方向的不同车辆类型之间的变化	Type_LN
	白天到达方向的不同车辆类型之间的变化	Type_AD
	夜间到达方向的不同车辆类型之间的变化	Type_AN
方向	白天客车类型不同方向之间的变化	Direction_PD
	夜间客车类型不同方向之间的变化	Direction_PN
	白天货车类型不同方向之间的变化	Direction_FD
	夜间货车类型不同方向之间的变化	Direction_FN

　　为研究区内每一个收费站计算 28 个高速公路空间流节点聚合特征之后，进一步利用统计箱线图对不同站点之间的节点聚合特征进行可视化，如图 7-5 所示。根据节点聚合特征单位的不同，本书将这些节点特征分为 3 种类型，分别是总数量型、平均时长型和内部分异型，其中总数量型聚合特征是日平均总量，以下主要基于不同节点特征类型进行分析。

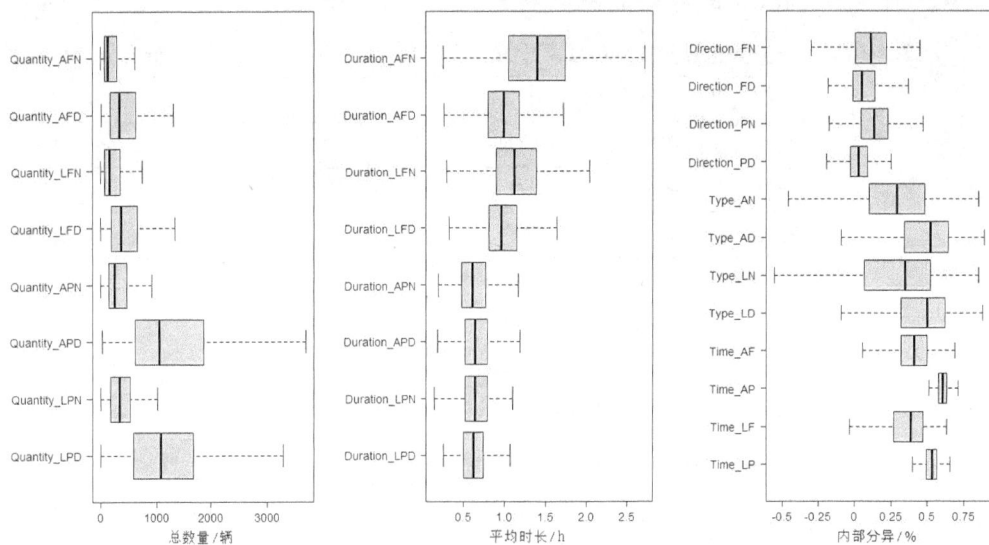

图7-5　高速公路空间流节点聚合特征箱线图

对于总数量型节点聚合特征，白天离开方向客车类型总数量（Quantity_LPD）和白天到达方向客车类型总数量（Quantity_APD）具有最高的中位数，表明对研究区内多数的收费站来说，白天行驶的客车是其高速公路空间流的主要组成部分。同时，这两类车分别具有较大的极差，说明高速公路空间流中白天客车的数量在不同的收费站之间差异较大，即有的收费站白天客车数量较多，而另外的收费站白天客车数量较少。此外，夜间离开方向货车类型总数量（Quantity_LFN）和夜间到达方向货车类型总数量（Quantity_AFN）具有最低的中位数和空间分异。

对于平均时长型节点聚合特征，本书研究区的一个比较明显的规律是货车的高速公路空间流的平均时长（Duration_LPD、Duration_LPN、Duration_APD、Duration_APN）要普遍高于客车的高速公路空间流的平均时长（Duration_LFD、Duration_LFN、Duration_AFD、Duration_AFN），表明了研究区货车普遍比客车行驶了更远的空间距离。其中，夜间到达方向货车的高速公路空间流的平均时长（Duration_AFN）具有最高的中位数，说明研究区内大多数的收费站夜间到达方向货车都来自于较远的其他位置。

对于内部分异型节点聚合特征，多数收费站不同车辆类型之间（客车与货车）的高速公路空间流变异最大，尤其是夜间到达方向的高速公路空间流的类型分异（用 Type_AN 表达）和夜间离开方向的高速公路空间流的类型分异（用 Type_LN 表达）。此外，不同时段之间（白天和夜间）的高速公路空间流分异也较大，具体包括到达方向货车的高速公路空间流的时间分异（用 Time_AF 表达）和离开方向货车的高速公路空间流的时间分异（用 Time_LF 表达）。从整体上看，不同方向（离开与到达）的高速公路空间流的内部分异较小。

为每一个高速公路收费站生成多个节点聚合特征后，需要进一步对节点聚合特征进行筛选。本书根据筛选出的重要的节点聚合特征在不同高速公路收费站之间的空间分布，利用空间分析的方法分析高速公路空间流的地理分布格局。本书提出的非监督节点聚合特征排序筛选方法，为每个特征计算了两个指数，用以表征其对整个数据集的重要性，分别是类别层面影响（CLI）指数和样本层面影响（SLI）指数，之后综合利用这两个指数，计算每一个节点聚合特征对整个数据集的最终综合重要性指数（FCI）。因而，本书首先为每个节点聚合特征计算了这两类指数，用以说明其对整个数据集宏观层面的影响和微观层面的影响，结果如图 7-6 所示。

对于不同节点聚合特征在类别层面对整个数据集的影响，夜间到达方向的不同车辆类型之间的变化（Type_AN）、夜间离开方向货车类型平均时长（Duration_LFN）、白天到达方向客车类型平均时长（Duration_APD）以及夜间离开方向客车类型平均时长（Duration_LPN）等几个特征的类别层面影响指数相对最高，超过了 0.022，表明这些特征对样本（收费站）在属性空间的宏观分布影响较大。对于不同节点聚合特征在样本层面对整个数据集的影响，离开方向客车类型不同时段之间的变化（Time_LP）、离开方向货车类型不同时段之间的变化（Time_LF）、夜间到达方向的不同车辆类型之间的变化（Type_AN）以及白天到达方向客车类型总数量（Quantity_APD）等几个特征的样本层面影响指数相对较高，超过了 0.021，表明这些特征对样本（收费站）在属性空间的微观分布影响较大。

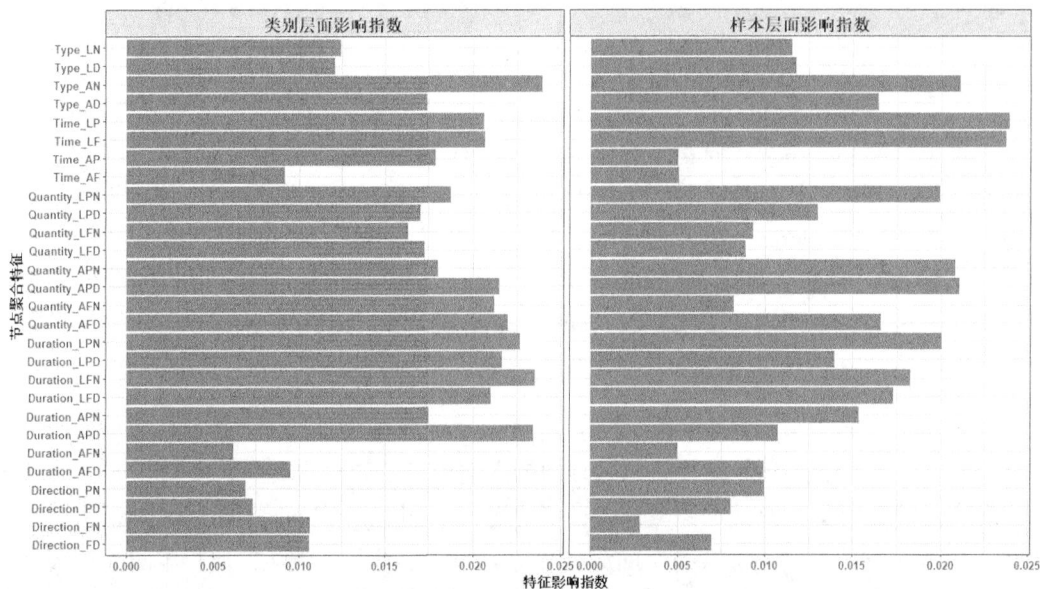

图7-6　高速公路空间流节点聚合特征排序影响指数

得到不同聚合特征的类别层面影响指数和样本层面影响指数后，本书进一步利用这两类指数，为每个特征计算了综合重要性指数。当某一特征的两类影响指数同时较高时，其所对应的综合重要性指数也较高，最终得出的不同特征对应的综合重要性指数如图 7-7 所示。

利用类别层面影响指数和样本层面影响指数计算出的节点聚合特征综合重要性指数越高，表明节点特征对数据集的影响越大、越重要，因而，对节点特征按照重要性指数进行降序排列可以筛选出重要的特征进行分析。节点特征排序后，夜间到达方向不同车辆类型之间的变化（Type_AN）、离开方向客车类型不同时段之间的变化（Time_LP）以及离开方向货车类型不同时段之间的变化（Time_LF）这 3 个高速公路空间流节点特征的综合重要性指数相近且为较高，说明这些特征在不同样本（收费站位置）之间的分布对整个数据集的综合影响程度最大。此外，夜间离开方向客车类型平均时长（Duration_LPN）、白天到达方向客车类型总数量（Quantity_APD）以及夜间离开方向货车类型平均时长（Duration_LFN）等高速公路空间流节点特征的综合重要性指数也相近，数值大小仅次于此前的 3 个节点特征。以上 6 个特征是所生成的 28 个高速公路空间流节点聚合特征中，综合重要性指数最高的，表明这些特征对数据集在属性空间中对样本（收费站）的分布影响较大，因而这 6 个高速公路节点特征将被用来分析高速公路空间流的地理格局。

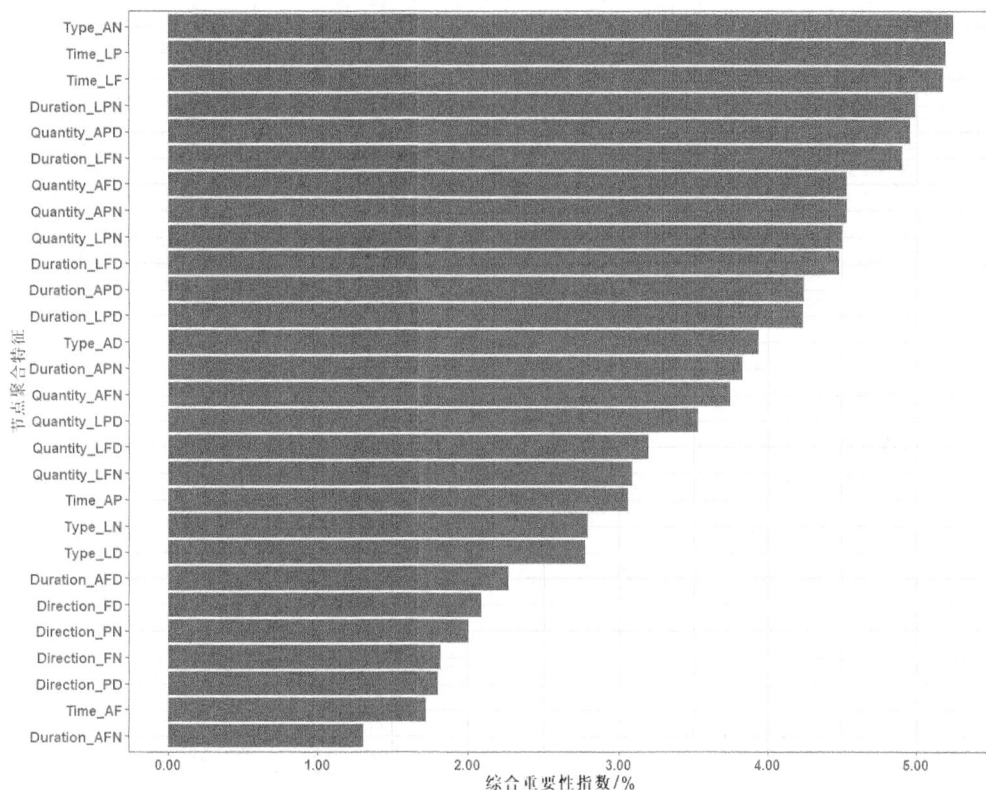

图7-7　高速公路空间流节点聚合特征综合重要性指数

需要说明的是，根据综合重要性指数筛选出来的重要高速公路空间流节点聚合特征是相对的，即相对于当前数据集来说是较为重要的。当数据集内的特征数目和种类发生变化时，需要重新计算不同特征的综合重要性指数进行筛选，主要原因是本书提出的非监督节点特征筛选方法以全特征数据集的非监督聚类结果为基准，是根据所引起的较基准的变化来度量不同节点特征的重要性的。当数据集发生变化时基准就会变化，因而需要重新计算每个特征的综合重要性指数，并再次筛选相对重要的节点聚合特征。

（2）节点聚合特征的空间分析

本书主要筛选了 6 个高速公路空间流节点聚合特征，进行高速公路空间流的地理格局分析。所选的 6 个节点聚合特征分别是夜间到达方向的不同车辆类型之间的类型变化（Type_AN）、离开方向客车类型不同时段之间的变化（Time_LP）、离开方向货车类型不同时段之间的变化（Time_LF）、夜间离开方向客车类型平均时长（Duration_LPN）、白天到达方向客车类

型总数量（Quantity_APD）以及夜间离开方向货车类型平均时长（Duration_LFN）。图 7-8
展示了所选的 6 个高速公路空间流节点特征在研究区内不同收费站之间的空间分布。

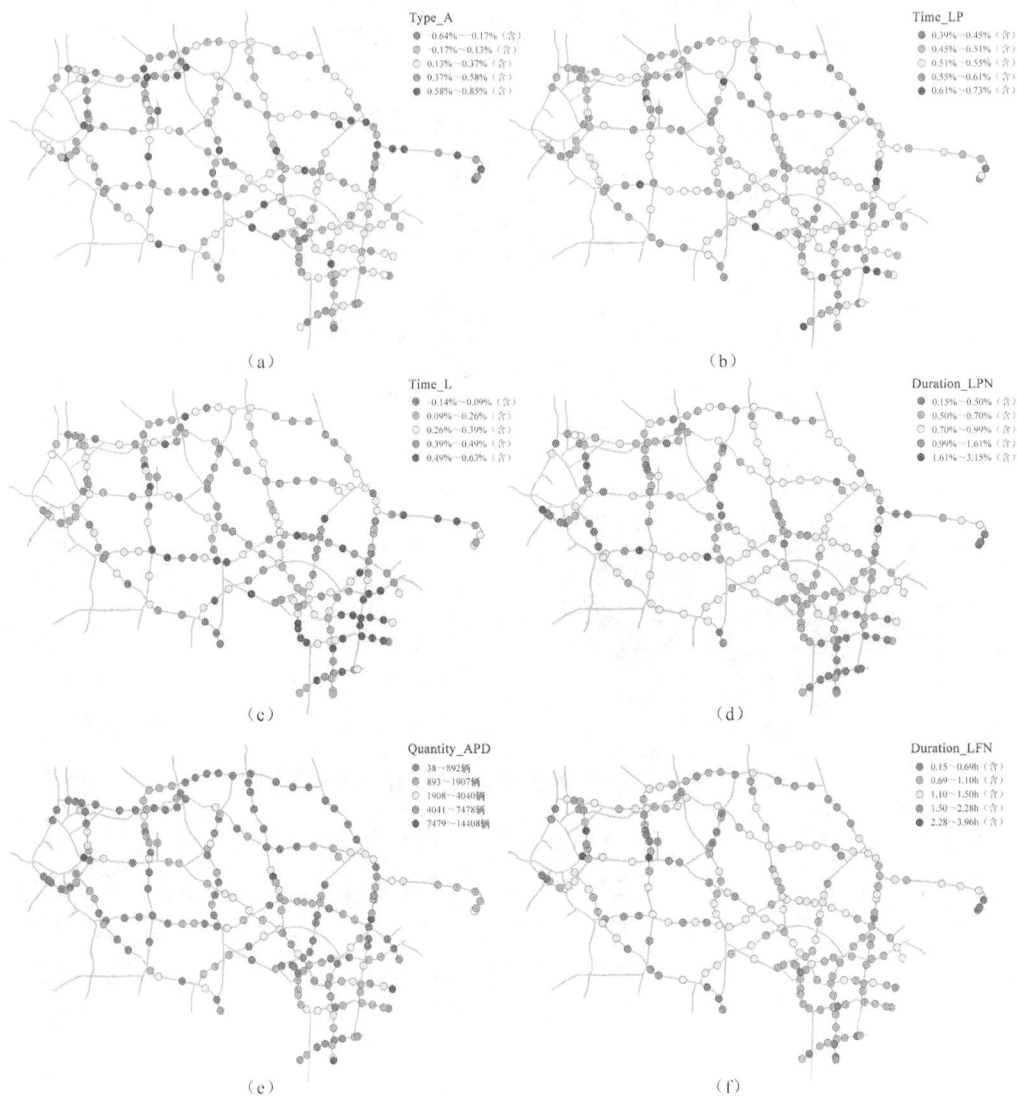

图7-8　高速公路空间流不同节点聚合特征空间分布

　　基于节点聚合特征的空间分布示意图，可以直观地看出高速公路空间流在不同位置之
间的差异。对于夜间到达方向的不同车辆类型之间的变化（Type_AN），扬州、南京南部、
南通、海门、启东等区域内的收费站具有较高的数值，说明这些区域夜间到达方向的高速
公路空间流客车和货车之间的数量差异较大。对于离开方向客车类型不同时段之间变化

（Time_LP），昆山、苏州、常熟、镇江等区域的高速公路收费站具有较高的数值，表明这些区域离开方向的高速公路空间流中客车数量在白天与夜间之间的变化较大。对于离开方向货车类型不同时段之间的变化（Time_LF），苏州、常熟、昆山、张家港、常州、金坛等区域的高速公路收费站具有较大的数值，反映出这些区域离开方向的高速公路空间流中货车数量在白天与夜间的变化较大。夜间离开方向客车类型平均时长（Duration_LPN），在南京、姜堰、海安、金坛、常州等区域的收费站具有较高的数值，反映出这些区域夜间离开方向客车的高速公路空间流一般会去比较远的区域，而吴江、苏州、无锡、昆山等城市夜间离开方向客车的高速公路空间流的平均时长较短，说明这些空间流一般都会停止于距离较近的区域。白天到达方向客车类型总数量（Quantity_APD）在昆山、苏州、无锡、江阴、南京等区域的收费站出现了较高的数值，说明了这些城市白天到达客车的高速公路空间流数量较大，反映出这些区域的人口流动频繁。对于夜间离开方向货车类型平均时长（Duration_LFN），南京、扬州、江都、姜堰、海安、如皋、丹阳等区域的高速公路收费站具有较高的数值，说明这些区域夜间出发的货车一般会去向较远的区域，而苏州、昆山、太仓、常熟、吴江等区域高速公路收费站的高速公路空间流平均时长一般较小，说明这些区域夜间出发的货车一般会去向较近的区域。

　　基于以收费站点为基础的不同高速公路空间流节点聚合特征的空间分布，可以进一步使用 GIS 空间分析方法，分析高速公路空间流的地理格局。本书中，采用 GIS 热点分析（Hot Spot Analysis）对高速公路空间流的节点聚合特征进行分析。热点分析是 GIS 中一种经典的空间统计方法，可以根据地理变量的空间分布探测其空间聚类，探测出的空间聚类称为"热点"（Hot Spot）和"冷点"（Cold Spot）。从统计学意义上来讲，热点是指高值对象的空间聚集，即一个地理对象具有一个较高的地理变量数值，同时其邻域对象也具有较高的数值。冷点是指低值对象的空间聚集，即一个地理对象具有较低的地理变量数值，同时其邻域对象也具有较低的数值。热点分析已经用于多种地理现象的分析，其主要通过计算 Getis-Ord G_i^* 统计量来判断热点或者冷点。本书应用 ArcGIS 10.3 计算进行点分析。其中 Getis-Ord G_i^* 统计量的计算公式如下。

$$G_i^* = \frac{\sum_{j=1}^{n} w_{i,j} x_j - \overline{X} \sum_{j=1}^{n} w_{i,j}}{S \sqrt{\frac{\left[n \sum_{j=1}^{n} w_{i,j}^2 - \left(\sum_{j=1}^{n} w_{i,j}\right)^2\right]}{n-1}}} \tag{7.16}$$

$$\overline{X} = \frac{\sum_{j=1}^{n} x_j}{n} \tag{7.17}$$

$$S = \sqrt{\frac{\sum\limits_{j=1}^{n} x_j^2}{n} - (\overline{X})^2} \qquad\qquad (7.18)$$

其中，x_j 表示地理变量在位置 j 处的数值，$w_{i,j}$ 是位置 i 和位置 j 之间的空间权重，n 表示空间位置的总数量。

对以上 6 个重要的节点聚合特征进行热点分析得到的结果如图 7-9 所示。

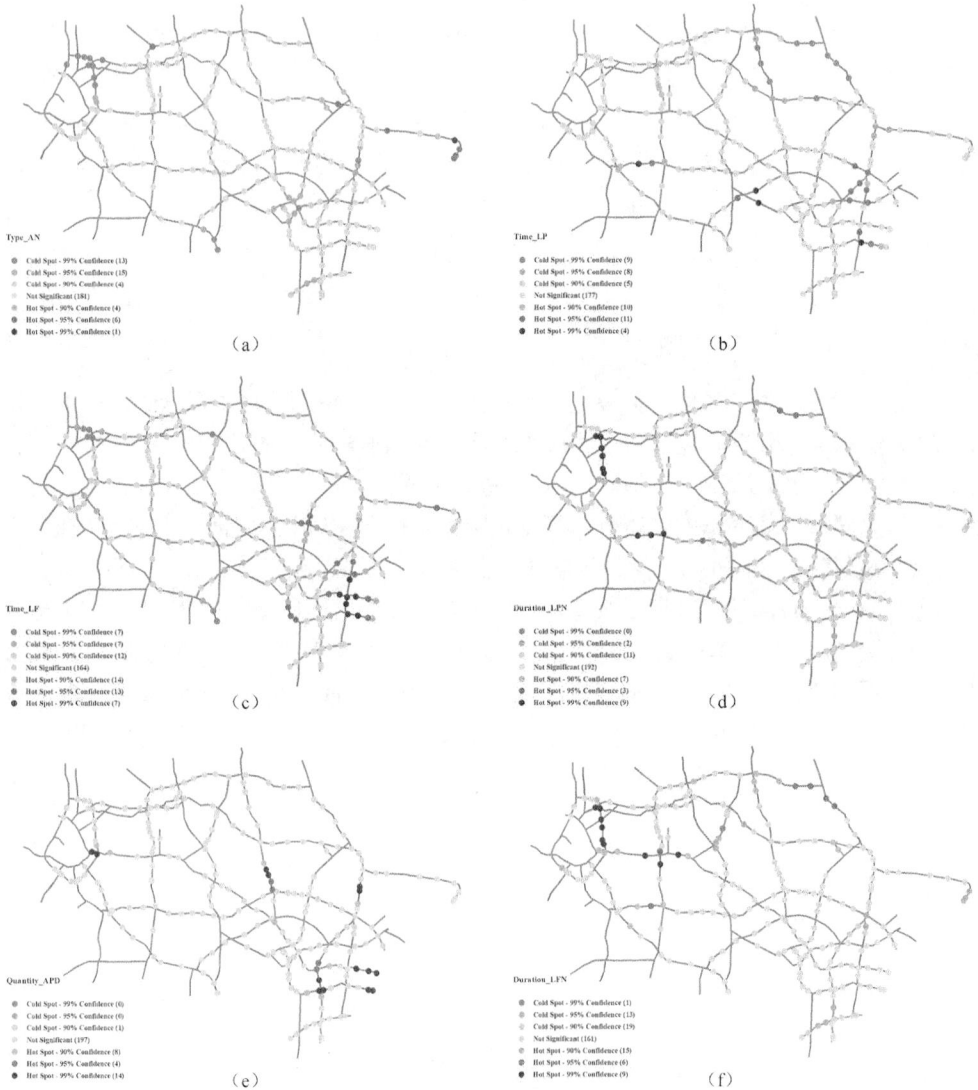

图7-9　高速公路空间流节点聚合特征热点分析结果

由图 7-9 可知，热点分析基于不同节点特征的空间分布，揭示了其具有统计学上显著意义的热点和冷点。对于夜间到达方向的不同车辆类型之间的变化（Type_AN），其显著的冷点主要分布在南京、无锡、常熟以及吴江等地，而显著的热点主要分布在扬州、南通、启东和海门。对于离开方向客车类型不同时段之间的变化（Time_LP），其显著的冷点分布在姜堰、海安、如东、如皋、泰兴、靖江、南通和江阴等，而其显著的热点主要分布在溧水、句容、无锡、常熟、昆山和苏州，并且出现了从东北到西南，空间分布从冷点变化到热点的空间格局。对于离开方向货车类型不同时段之间的变化（Time_LF），其显著的冷点主要分布在南京、泰兴和宜兴，而其显著的热点空间分布较为集中，主要分布在张家港、苏州和昆山等。对于夜间离开方向客车类型平均时长（Duration_LPN），其显著的冷点主要分布在昆山、苏州和吴江，而其显著的热点主要分布在南京、海安、句容和金坛等。对于白天到达方向客车类型总数量（Quantity_APD），其显著的冷点较少，而其热点分布广泛，显著的热点主要分布在南京、江阴、南通、苏州、昆山和吴江等区域。对于夜间离开方向货车类型平均时长（Duration_LFN），其显著热点主要分布在南京、句容、镇江、丹阳、海安和如皋，其显著的冷点主要分布在扬中、吴江、常熟和启东等。

综上所述，GIS 中以空间点单元为基础的数据分析方法可以应用于高速公路空间流节点聚合特征的空间分布分析，并揭示出高速公路空间流不同方面特征的地理分布格局。

（3）案例主要结论

本案例主要以江苏省中部及南部的 224 个高速公路收费站所记录的高速公路空间流为研究对象，利用本书提出的基于起止节点的高速公路空间流聚合分析方法，生成了 28 个高速公路空间流节点聚合特征，然后利用所提出的特征排序方法筛选出了重要性较高的 6 个节点聚合特征进行高速公路空间流地理格局的分析。研究表明，基于起止节点的高速公路空间流聚合方法所生成和筛选出的高速公路空间流节点特征，能够表征出高速公路空间流不同方面的综合状况及其空间分布，GIS 中关于空间点数据的分析方法可以对节点特征的空间分布进行充分的分析，并揭示出基于空间点的高速公路空间流的地理分布格局和变异规律。

7.5.3　基于行驶路径聚合的高速公路交通拥堵探测

（1）基于异常高速公路空间流的拥堵路段提取

利用车辆移动数据（Floating-car Data）对交通拥堵进行识别、探测和分析是提升道路运输效率、节省运输成本、减少资源浪费的重要途径，已有研究大量集中于利用车辆轨迹数据对城市道路的交通拥堵进行讨论和识别，较少有研究对区域高速公路网络中的交通拥堵进行分析。由于高速公路空间流数据是一类记录车辆移动的数据，且具有采集成本低等

87

特点，因此利用高速公路空间流对高速公路网络内交通拥堵的地理分布格局进行分析，可以为区域高速公路网络发展规划的制定提供指导和依据。

　　本书提出的基于行驶路径的高速公路空间流聚合分析方法，主要通过恢复高速公路空间流整体在高速公路网络中的行驶路径，利用高速公路空间流的平均速度，根据异常高速公路空间流（速度低于正常状况）所占的比例，来判定发生交通拥堵的路径和路段。根据《中华人民共和国道路交通安全法实施条例》，高速公路系统内车辆的最低速度不得低于每小时 60 公里，因而本书以每小时 50 公里作为阈值，筛选异常的高速公路空间流；以 80% 作为比例阈值，根据异常高速公路空间流所占的比例，判断其行驶路径上是否发生了交通拥堵，并进一步确定拥堵的路段。本书利用研究区内 2015 年全年的高速公路空间流数据，以 1h 为时间间隔，进行拥堵路段的提取，识别出每一小时的拥堵路段（节假日高速公路免费的时段除外），并进一步讨论路段的拥堵方向。图 7-10 显示了不同方向拥堵路段的时空分布，其时间范围为一年中的第一周（1 月 1 日—1 月 7 日），其中 1 月 1 日—1 月 3 日为元旦假期，1 月 4 日—1 月 7 日为工作日。

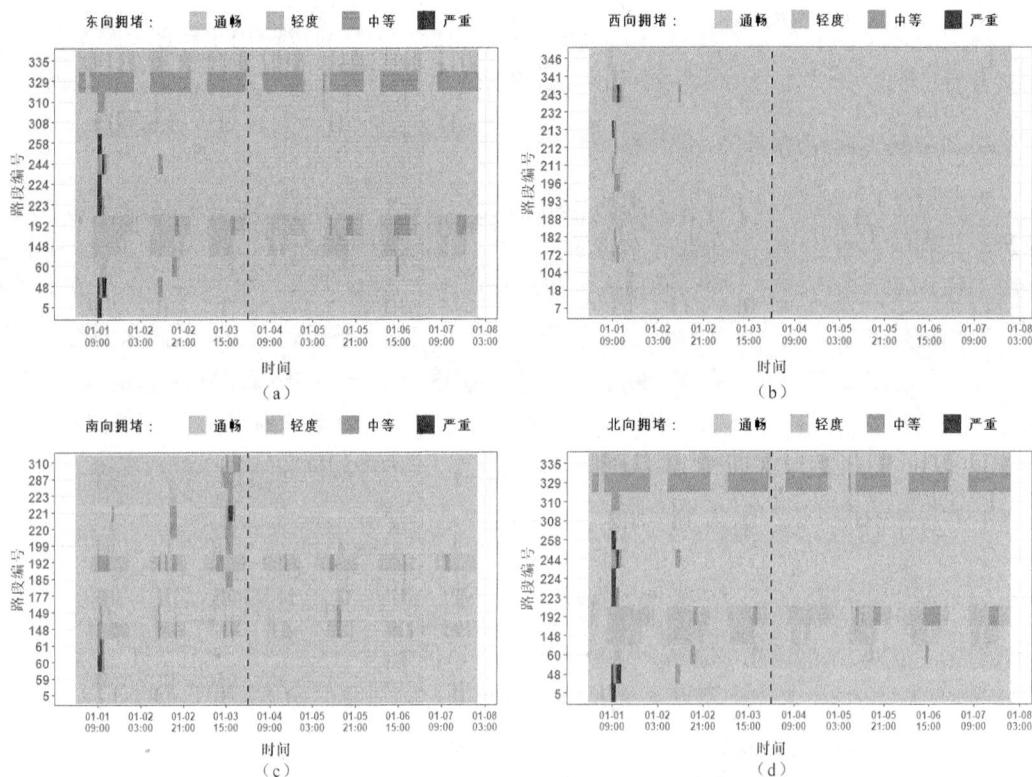

图7-10　基于路径聚合特征检测的拥堵路段时空分布

　　图 7-10 表示了不同路段、连续时间内、不同方向的交通状况，可以发现在选定的天数内，南向拥堵与北向拥堵的路段明显多于东向拥堵和西向拥堵的，这反映出研究区内南北方向运输的不便。此外，1 月 1 日 10 时，较多的路段发生交通拥堵，主要原因可能是这是假期的第一天，很多人在上午开车上高速公路外出旅游。相应地，1 月 3 日 17 时，高速公路网络内也有较多的路段发生交通拥堵，这可能是因为当天是假期的最后一天，很多人在结束假期后开车上高速公路返回他们原来的城市。特别值得注意的是，1 月 1 日西向拥堵和北向拥堵的路段较多，这可能是因为研究区的东南部是经济发达、人口众多的苏州、无锡、常熟和昆山（靠近上海）等城市，当假日来临时，这些城市将有大量车辆驶入高速公路前往其他城市度假，因此会造成许多西向和北向的交通拥堵。当 1 月 3 日假期快结束时，大量车辆将返回东南部城市，即许多人工作的地方，这可能会导致研究区内出现许多南向和东向的交通拥堵。这些现象反映了经济与高速公路空间流的密切关系，符合研究区的实际情况，也说明了研究结果的有效性和合理性。

　　（2）高速公路空间流揭示的交通拥堵的空间分布格局

　　提取出高速公路网络中每一小时的拥堵路段后，本书进一步为每一个路段计算了拥堵的频次，即一年中发生交通拥堵的次数。图 7-11 显示了不同方向交通拥堵频次较高的路段的空间分布。图 7-11 中拥堵频次的阈值为 12 和 365，主要依据如下：阈值为 12 可以反映出一年内平均每个月出现一次交通拥堵的路段，阈值为 365 可以反映出一年内平均每天出现一次交通拥堵的路段，因而此种阈值设置有助于结合日常生活体验理解拥堵发生的频次高低。

　　整体来看，出现东向拥堵与西向拥堵路段的数量较少。其中，东向拥堵频次较高的路段主要分布在南京、扬州、昆山、吴江等地，同时南京、昆山、吴江也有西向拥堵频次较高的路段。此外，南向拥堵和北向拥堵频次较高的路段比其他两个方向多。南向拥堵频次较高的路段主要分布在镇江、扬中、常熟、苏州、吴江等地。北向拥堵频次较高的路段分布广泛，包括南京、镇江、扬中、靖江、常熟、启东、吴江等。需要说明的是，南向拥堵和北向拥堵频次较高的可能原因主要有两点，一是在研究区内有长江作为自然障碍自东向西分布，阻碍了南北之间的交通，可能会造成更多的南向拥堵和北向拥堵。二是研究区南部区域城市制造业发达，如常熟、苏州、太仓等，这些城市生产的大量工业产品将通过高速公路运输到其他北方城市，这种运输需要大量车辆，也可能会导致北向拥堵。

　　本书通过基于行驶路径的高速公路空间流聚合分析方法揭示的高速公路交通拥堵的空间分布格局研究结果，对高速公路网络规划有一定的指导意义。例如，由于南京至句容之间、扬州与泰兴之间既有频次较高的东向拥堵,又有频次较高的北向拥堵,因此在这些区域内有必要规划建设东西向和南北向的高速公路。此外,无锡境内高速公路南向拥堵和北向拥堵均频次较高,也可在其境内修建一条南向北的高速公路以改善交通效率。最后,本书还发现研究区内多数跨江大桥的高速公路路段发生交通拥堵的频次较高,因此可考虑在适当的地点新建跨江大桥,或改造跨江大桥以提高南北向高速公路交通运输的效率,进而缓解南北向的交通拥堵。

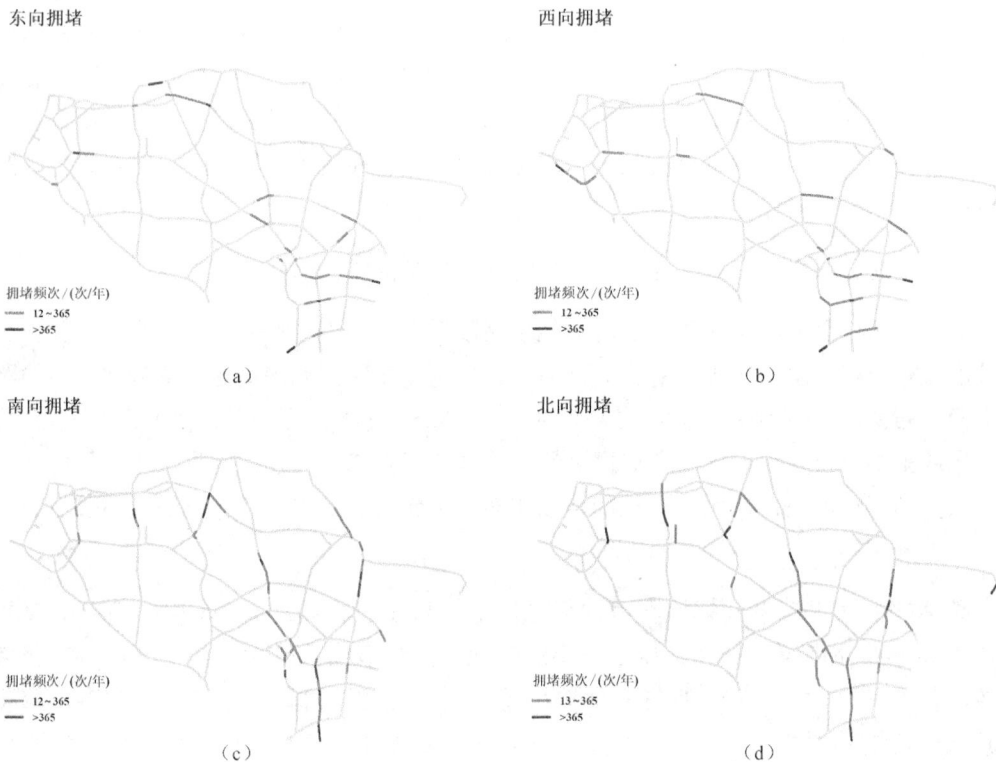

图7-11　路径聚合特征检测的交通拥堵频次较高路段的空间分布

（3）高速公路交通拥堵的验证

本书提出的基于行驶路径的高速公路空间流聚合分析方法,旨在从大量的高速公路空间流的记录数据中,挖掘出高速公路交通拥堵的地理分布格局信息,因而本书主要通过讨论所得出交通拥堵的合理性,来说明所提出方法的有效性。首先讨论高速公路网络中拥堵路段数量时间变化的合理性,研究区内高速公路拥堵路段总数目的时间序列变化曲线如图 7-12 所示。

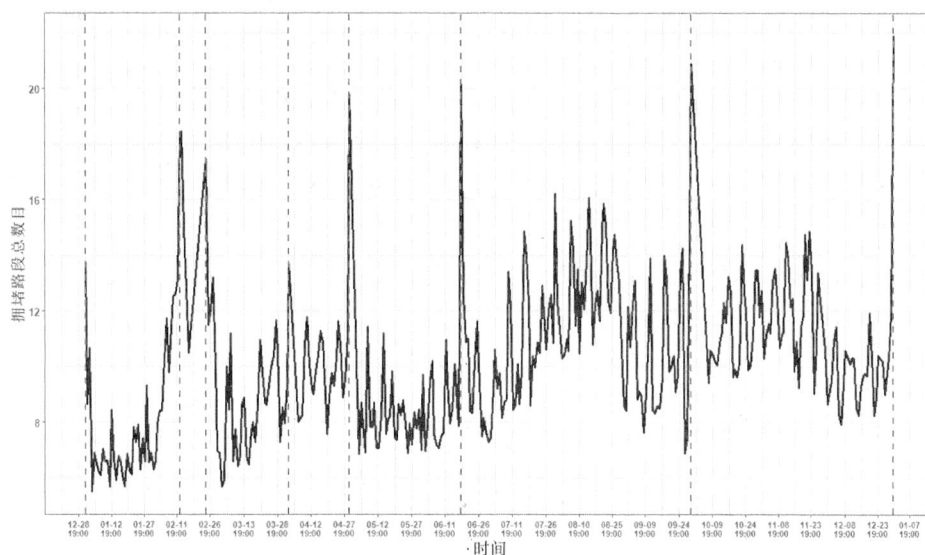

图7-12 路径聚合特征检测的拥堵路段总数目的时间序列变化曲线

从图 7-12 中可以看出在某几天内，拥堵路段总数目较其他时间会剧烈升高，出现局部的峰值。因而，本书提取出交通拥堵路段总数目峰值出现的日期，通过讨论这些日期出现拥堵路段总数目峰值的原因及其合理性，来说明本书基于高速公路空间流所检测出的交通拥堵的正确与否。研究区内拥堵路段总数目峰值出现的日期及日期描述如表 7-8 所示。

表7-8 路径聚合检测出的高速公路拥堵路段总数目峰值日期

峰值日期	描述
2015-01-01	元旦假期第一天
2015-02-13	春节假期前的最后一个工作日
2015-02-25	春节假期后的第一个工作日
2015-04-03	清明节假期前的最后一个工作日
2015-04-30	国际劳动节假期前的最后一个工作日
2015-06-19	端午节假期前的最后一个工作日
2015-09-30	国庆假期前的最后一个工作日
2015-12-31	元旦假期前的最后一个工作日

由表 7-8 可知，出现高速公路拥堵路段总数目峰值的日期都接近我国的法定节假日。众所周知，在我国，节假日出行旅游是一种普遍行为，因而大量的人在节假日会通过高速公路系统出行，这就会在高速公路系统内造成大范围的交通拥堵，使节假日高速公路拥堵

路段总数目相较于平常大幅提升，形成拥堵路段总数目的峰值。特别值得注意的是，本书所发现的高速公路交通拥堵路段总数目的峰值日期多数是假期正式开始的前一天，这也基本上符合人们总是在假期前一天下班后开始迎接即将到来的假期的事实。此外，本书还发现研究区内南向拥堵和北向拥堵更容易发生，这与研究区的经济因素和自然障碍（东西分布的长江）的影响相一致。最后，本书发现跨江大桥被检测为频繁拥堵的路段，这与跨江大桥作为过河运输的主要通道容易发生交通拥堵的事实相吻合。综上所述，本书提出的基于行驶路径的高速公路空间流聚合分析方法来提取的交通拥堵，其时间变化规律与实际情况相符，从而证明了该方法的有效性。

（4）案例主要结论

本案例以江苏省中部及南部的高速公路空间流的记录数据为基础，利用所提出的基于行驶路径的高速公路空间流聚合分析方法，重点计算了异常高速公路空间流所占比例这一路径聚合特征，利用路径上空间流的聚合特征对高速公路网络内交通拥堵的地理分布格局进行了分析。研究表明，基于行驶路径的高速公路空间流聚合分析方法所生成的异常高速公路空间流所占比例这一路径聚合特征，可以对高速公路网络发生交通拥堵的路线进行识别，并支持进一步提取出发生拥堵的路段。基于所提取的拥堵路段，可对高速公路网络内交通拥堵的地理分布格局进行探讨，研究结果可以为制定区域规划的相关部门在进行高速公路网络的规划时提供依据和借鉴，以减少高速公路拥堵的产生，进而提升区域内高速公路交通运输的效率。

7.5.4　基于节点连线聚合的区域空间联系揭示

本书所提出的基于节点连线的高速公路空间流聚合分析方法，主要基于高速公路空间流多维信息表达模型中的位置维度、方向维度和距离维度，结合 k-means 聚类算法，对高速公路空间流的节点连线进行聚类，其中方向维度的数值需要替换为正弦变换和余弦变换后生成的新数值，最后根据连线的聚类结果分析区域内不同空间位置之间的相互关联。其中，关键部分主要有两个，一是节点连线聚类时最优类别数的选取，二是基于生成的连线聚类分析高速公路空间流所反映出的区域空间联系。节点连线聚类需要基于每一条高速公路空间流的记录进行操作，本案例主要以 2015 年 1 月夜间行驶货车的高速公路空间流为研究对象，对这些高速公路空间流的节点连线进行聚类分析。

（1）节点连线聚类最优类别数判断

本书主要根据 SI 和 DBI 进行最优类别数的确定，其中 SI 越大表示聚类效果越好，DBI 越小表示聚类结果越好，因而将同时满足这两个条件的类别数确定为最优的类别数。本案例中高速公路空间流对象众多，且分布广泛，较小的类别数可能难以揭示丰富的空间连线的基本模式，因而拟采用较大的类别数对高速公路空间流的节点连线进行聚类分析，分别计算了类别数 10～40 共 31 个聚类结果的 SI 和 DBI，不同聚类结果的 SI 和 DBI 变化如图 7-13 所示。

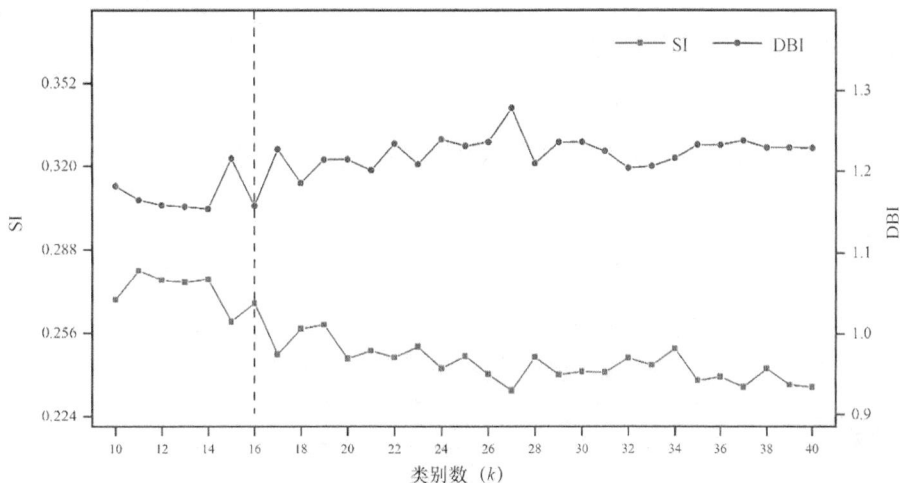

图7-13　高速公路空间流节点连线聚类最优类别数确定

根据不同类别数对应的 SI 和 DBI，发现当类别数为 16 时，SI 较高，同时 DBI 较低，所以将最优类别数确定为 16，即 $k=16$。利用 k-means 方法，对高速公路空间流的节点连线进行聚类分析。

（2）节点连线聚类揭示的区域关联

将高速公路空间流节点连线的聚类结果在高速公路网络上进行显示，可直接表达出其所反映的区域关联。图 7-14 展示了高速公路空间流节点连线聚类结果中的 4 种代表性类别。

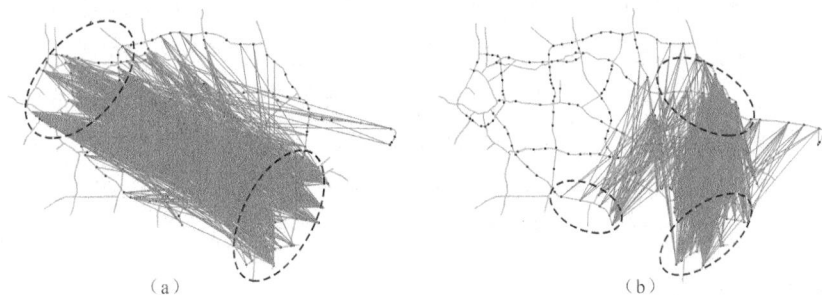

（a）　　　　　　　　　　　　　　（b）

图7-14　高速公路空间流节点连线聚类结果揭示的区域关联

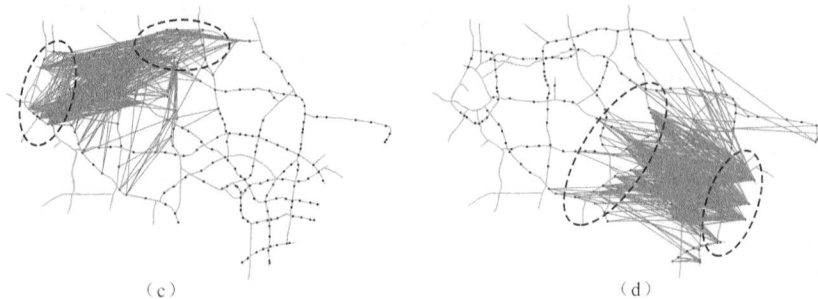

图7-14　高速公路空间流节点连线聚类结果揭示的区域关联（续）

图 7-14 中黑色虚线椭圆表示了由高速公路空间流所关联的互相联系的局部区域，同一张图中处于空间流节点连线两端的虚线椭圆所表示的区域之间具备较多的沟通和较紧密的联系。图 7-14 中所展示聚类结果的最终精度如表 7-9 所示。

表 7-9　节点连线聚类结果整体效果评价

最终类别数	SI	DBI
16	0.26747	1.15759

图 7-14（a）显示了高速公路空间流节点连线聚类结果中类别数为 4 时的空间分布，主要显示了南京及其周边城市与苏州、昆山等城市之间的联系，说明研究区内部"西北-东南"方向的主要区域关联。南京是江苏省的省会城市，苏州、昆山等是江苏省内经济发展水平较高的城市，因而该高速公路空间流节点连线聚类的类别反映了研究区内主要城市之间的空间关联，同时也是研究区内地理跨度最大的空间关联。图 7-14（b）所示是高速公路空间流节点连线聚类结果中类别数为 12 时的空间分布，主要显示了苏州、昆山、宜兴等城市与南通、如皋等城市之间的关联，表明了研究区内部"南-北"方向之间的主要区域关联。图 7-14（c）所示是高速公路空间流节点连线聚类结果中类别数为 15 时的空间分布，主要显示了南京及其周边和泰州、姜堰等城市之间的关联，表明了研究区内部"西北-东北"方向之间的主要区域关联。图 7-14（d）显示了高速公路空间流节点连线聚类结果中类别数为16 时的空间分布，主要显示了苏州、昆山与常州、无锡等城市之间的关联，表明了研究区内"东-西"方向间的关联。图 7-14 中显示的具有空间关联的城市群都是研究区内经济发展水平较高、相对重要的城市，研究表明基于节点连线的高速公路空间流聚合分析能够揭示出研究区内存在的重要的空间关联。

（3）案例主要结论

本案例以夜间货车的高速公路空间流为研究对象，基于高速公路空间流多维信息表达模型中位置维度、方向维度和距离维度的信息,利用 *k*-means 算法对高速公路空间流的节点连线进行聚类分析,根据聚合后的高速公路空间流节点连线对区域空间关联关系进行分析。研究表明,基于高速公路空间流多维信息表达模型中的位置维度、方向维度和距离维度等信息,对方向信息进行正弦和余弦变换后,利用 *k*-means 算法可以实现高速公路空间流节点连线的聚类分析,同一类别的高速公路空间流节点连线可以揭示出区域内重要的空间关联关系。研究案例中揭示的区域空间关联符合实际情况,说明了聚类结果的有效性。本书基于高速公路空间流多维信息表达模型提出的节点连线聚合方法,为空间流的聚类分析提供了一种可行的思路和方法。

7.6 本章小结

本章主要论述了在地理格局分析的研究目标下,以位置为主题的高速公路空间流聚合分析方法及其对应的案例验证。在本章中,主要提出了 3 种高速公路空间流的位置聚合分析方法,分别是基于起止节点的高速公路空间流聚合、基于行驶路径的高速公路空间流聚合以及基于节点连线的高速公路空间流聚合。对于起止节点聚合,本章介绍了 3 种节点聚合特征的计算思路(总量特征、均值特征、变异特征),并提出了对应的节点聚合特征排序算法,用以筛选出空间变异较大的节点特征,进而说明高速公路空间流基于节点的空间分异格局。对于行驶路径聚合,利用高速公路空间流受路网约束程度高的特点,恢复高速公路空间流在路网上的行驶路径,然后计算相同路径上异常高速公路空间流所占的比例,并基于此比例确定交通拥堵的路径和路段,继而分析高速公路网络中交通拥堵的地理分布格局。对于节点连线聚合,根据高速公路空间流多维信息表达模型,设计了维度信息转换的策略以衡量其相似性,然后利用已有数据聚类分析算法构造了高速公路空间流的节点连线聚类分析方法,进而挖掘高速公路空间流反映的区域空间关联关系。案例研究表明,基于起止节点的高速公路空间流聚合方法可以说明高速公路空间流在点单元(收费站)上的空间分异规律,并支持利用 GIS 中的空间分析方法(例如热点分析)发现高速公路空间流的地理分异规律;基于行驶路径的高速公路空间流聚合方法,可以挖掘出高速公路网络中交通拥堵的地理分布格局信息,可为高速公路网络规划设计提供指导和依据;基于节点连线的高速公路空间流聚合方法,可以挖掘出研究区内的多种空间联系,结果符合研究区实际情况,验证了所提出方法的有效性。

第**8**章

基于时间聚合的高速公路空间流数量预测

8.1 高速公路空间流的张量组织

8.1.1 张量的基本定义与操作

（1）张量的定义

张量（tensor）的基础理论是多重线性代数，在多重线性代数中，张量是一种多维数组。张量是一种高维数据的天然表示方式，是一维向量和二维矩阵在更高维空间中的推广。一个三维张量 A 可以表示为 $A \in \mathbb{R}^{I_1 \times I_2 \times I_3}$，该张量不同位置上对应的元素可表示为 $a_{i,j,k}(i \in I_1, j \in I_2, k \in I_3)$，其中 I_1, I_2, I_3 表示了该张量在不同维度上的长度，也可以将其视为不同的坐标方向等。张量已经被广泛地应用于地理时空场数据和交通数据分析中。三维张量的一种示意方法如图 8-1 所示。

（2）张量中的纤维和切片

张量的高维特性使得张量在实际应用中难以被直观地理解和认识，因而通常将高维张量展开成向量形式或者矩阵形式。其中，将张量数据沿着某一个特定的维度进行展开，形成的一维分量称为张量的纤维（fiber），通常表现为向量形式。

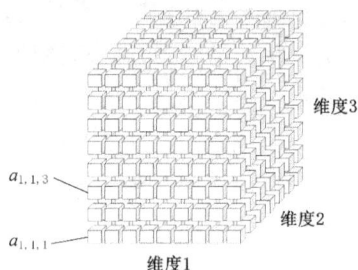

图8-1 三维张量示意方法

例如，对于一个三维张量 $X \in \mathbb{R}^{3 \times 3 \times 3}$，沿第一个维度进行展开的纤维分别为 $X_{:,1,1}, X_{:,1,2}, X_{:,1,3}, X_{:,2,1}, X_{:,2,2}, X_{:,2,3}, X_{:,3,1}, X_{:,3,2}, X_{:,3,3}$，即第一个维度取所有的值，其他维度的取值固定。其中，不同纤维的具体取值为：

$$\begin{cases} \boldsymbol{X}_{:,1,1} = (x_{1,1,1}, x_{2,1,1}, x_{3,1,1}) \\ \boldsymbol{X}_{:,1,2} = (x_{1,1,2}, x_{2,1,2}, x_{3,1,2}) \\ \quad\quad\quad\quad \vdots \end{cases} \tag{8.1}$$

通常来说，对于一个三维张量，第一个维度的纤维称为张量的列（column），第二个维度的纤维称为张量的行（row），第三个维度的纤维称为张量的管（tube）。

张量数据的二维展开称为张量的切片（slice），例如对于一个三维张量 $\boldsymbol{Y} \in \mathbb{R}^{3\times3\times3}$，其第一个维度所对应的切片分别为 $\boldsymbol{Y}_{1,:,:}, \boldsymbol{Y}_{2,:,:}, \boldsymbol{Y}_{3,:,:}$，即要展开的两个维度取所有值，其他维度的值固定。

三维张量纤维和切片示意如图 8-2 所示，其中图 8-2（a）表示三维张量的纤维行，图 8-2（b）表示三维张量的纤维列，图 8-2（c）表示三维张量的纤维管。此外，图 8-2（d）表示三维张量沿行和管展开的切片，图 8-2（e）表示三维张量沿行和列展开的切片，图 8-2（f）表示三维张量沿列和管展开的切片。

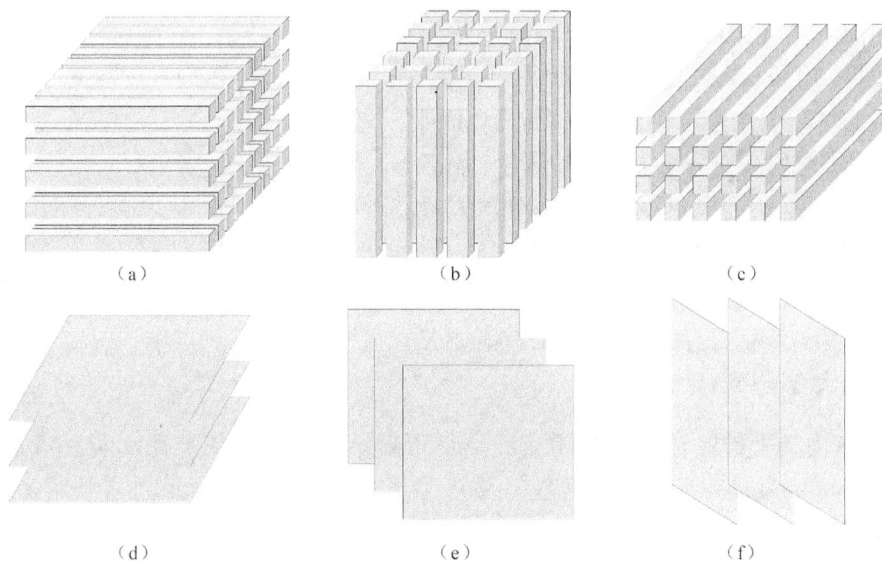

图8-2　三维张量纤维和切片示意

8.1.2　高速公路空间流张量

由于张量具有表达多维数据的优势，高速公路空间流多维信息表达模型支持利用多维张量对高速公路空间流数据进行组织和分析。本书主要以高速公路空间流多维信息表达模型中非数值型变量的维度为张量的维度，对数值型变量维度的取值进行存储和组织。例如，可以以高速公路空间流多维信息表达模型中的位置、时间、方向、类型等维度为张量的维度，对模型中的时长、距离和数量等信息进行存储。

相对来讲，三维张量更易于人们理解，所以本书主要利用三维张量对高速公路空间流数据进行组织。对于地理学来讲，时间和空间是高速公路空间流最为关注的两个维度，因而本书把时间和空间作为构造高速公路空间流张量的两个基本维度。此外，车辆类型也是地理学较为关注的高速公路空间流信息，因为客车和货车分别代表了不同的运输目的，可以反映区域的人口流动和生产活动。所以，本书主要以时间、空间和类型 3 个维度对高速公路空间流数据进行张量组织，进而支持利用张量相关的高维数据分析方法对高速公路空间流进行分析。

基于时间、空间和类型 3 个维度对高速公路空间流张量进行表达，该张量的向量表达形式如图 8-3 所示。

基于时间、空间和类型的高速公路空间流三维张量可以对高速公路空间流多维信息表达模型中的数量、时长和距离等信息进行组织，即该三维张量的每一个位置存储的是不同位置、不同时间、不同类型的高速公路空间流的数量、距离或者时长。高速公路空间流张量可以实现对大量高速公路空间流多维信息的同时组织和存储，因而可以基于张量相关的数据分析方法，对高速公路空间流的综合特征进行提取，进而支持高速公路空间流的聚合分析方法。

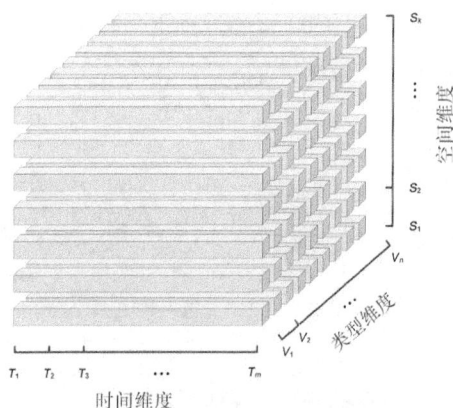

图8-3 高速公路空间流三维张量表达形式

不同车辆类型的高速公路空间流的数量可以反映区域内人员流动和经济活动的规模，对评价区域发展水平、制定区域发展规划十分重要，因此本章主要利用多维张量，根据高速公路空间流多维信息表达模型中的时间维度、位置维度、类型维度、方向维度和数量维度等信息，基于方向维度筛选出进入方向的高速公路空间流的数量，然后分别以时间维度、位置维度和类型维度构造三维张量，对高速公路空间流的数量进行整理和组织，再利用张量相关的数据分析方法对高速公路空间流的数量进行分析和预测。换言之，主要讨论不同位置上、不同类型车辆、不同时间进站方向高速公路空间流的数量。

8.2 基于张量分解的高速公路空间流时间聚合特征提取

8.2.1 张量分解简介

张量分解是一种大规模张量低秩近似表示方法，可以对不同维度的结构性特征进行提取和分离，类似于矩阵的特征值分解和奇异值分解。与矩阵分解方法相比，张量分解能够直接基于数据的原生高维结构进行，从而能够有效地保持高维数据的多维结构的主要特征以及维度之间的内含关联，避免了传统方法对高维张量进行向量化表示而造成的维度灾难，所以能够有效地从大规模、复杂的高维数据中挖掘出隐含的、占据主导影响的结构化信息和知识。

由于高速公路空间流在时间变化方面的连续性与规律性，本书主要利用张量分解对高速公路空间流的时间变化特征进行提取和分析。张量分解能够同时利用高速公路空间流的多维属性，例如时间、位置和类型，提取出不同位置、不同类型的综合的高速公路空间流的时间变化特征。更为重要的是，相对于总量聚合、均值聚合和变异聚合等特征生成的方法，基于张量分解提取出的高速公路空间流的时间变化特征能够表征其时间变化的连续性和规律性，这种连续性和规律性对于提升庞大高速公路空间流的分析效率至关重要。

根据不同的分解原理和分解时的约束条件，目前常见的张量分解方法主要包括 CP（CANDECOMP/PARAFAC）张量分解、Tucker 张量分解、INDSCAL 张量分解、CANDELINC 张量分解、层次分解等。由于 CP 张量分解具有相对简单的分解原理，同时分解结果结构简单、形式简洁、易于理解，所以本书主要利用 CP 张量分解对高速公路空间流的时间变化特征序列进行提取和分析。

8.2.2 时间聚合特征序列的提取

以高速公路空间流多维信息表达模型中的方向维度为基础，筛选出同一方向的高速公路空间流，然后以时间维度、位置维度和类型维度为张量的基本维度构造多维张量，对筛选出的高速公路空间流的数量进行整理和组织，形成高速公路空间流的数量张量。接下来，利用 CP 张量分解方法，提取高速公路空间流的时间聚合特征并进行分析和预测。

CP 张量分解主要通过将数据在各个维度上进行旋转和投影等一系列操作，探测出数据在各个维度方向上的主导因子，并将其表达为秩 1 张量的和。

秩 1 张量的解释如下。对于高维数据而言，其在不同维度上的数据可能存在一定的相似性，因而高维数据往往存在一定的数据冗余。高维张量最本质的部分可以被认为是其在各个维度上的极大线性无关组，当不同维度只有一个线性无关组，即每个维度上只有一个主导因子时，此类张量为秩 1 张量。秩 1 张量的定义为，N 阶张量 $\boldsymbol{X} \in \mathbb{R}^{I_1 \times I_2 \times \cdots \times I_N}$ 是秩 1 张量，当且仅当 $\boldsymbol{X}$ 可以被表达为 N 个向量外积的形式，即：

$$\boldsymbol{X} = \boldsymbol{x}^{(1)} \circ \boldsymbol{x}^{(2)} \circ \cdots \circ \boldsymbol{x}^{(N)} \tag{8.2}$$

其中符号 $\circ$ 表示向量的外积，因而该秩 1 张量中的每一个元素都有一个对应的向量积，即：

$$x_{i_1 i_2 \cdots i_N} = x_{i_1}^{(1)} x_{i_2}^{(2)} \cdots x_{i_N}^{(N)} \tag{8.3}$$

其中 $1 \leqslant i_N \leqslant I_N$。相对而言，秩 1 张量的结构在所有类型张量中是比较简单的，其在各个维度上的特征数也比较单一。

CP 张量分解可以将一个高维张量分解为若干个秩 1 张量的和，其中 CP 张量分解的具体定义如下。

对于 N 阶张量 $\boldsymbol{X} \in \mathbb{R}^{I_1 \times I_2 \times \cdots \times I_N}$，其 CP 分解的形式可以表达为：

$$\boldsymbol{X} \approx \left[\!\left[A^{(1)}, A^{(2)}, \cdots, A^{(N)} \right]\!\right] = \sum_{r=1}^{R} \boldsymbol{a}_r^{(1)} \circ \boldsymbol{a}_r^{(2)} \circ \cdots \circ \boldsymbol{a}_r^{(N)} \tag{8.4}$$

其中，R 表示张量分解的参数秩，即分解所要得到的每个维度主导因子的个数。如果将矩阵每列单位化为 $A^{(1)}, A^{(2)}, \cdots, A^{(N)}$，权重 $\lambda \in \mathbb{R}^R$，则标准的 CP 分解可以表达为：

$$\boldsymbol{X} \approx \left[\!\left[\lambda; A^{(1)}, A^{(2)}, \cdots, A^{(N)} \right]\!\right] = \sum_{r=1}^{R} \lambda_r \boldsymbol{a}_r^{(1)} \circ \boldsymbol{a}_r^{(2)} \circ \cdots \circ \boldsymbol{a}_r^{(N)} \tag{8.5}$$

本书中，三维的高速公路空间流张量 $\boldsymbol{F} \in \mathbb{R}^{I \times J \times K}$，其所对应的 CP 分解表达为：

$$\boldsymbol{F} = \sum_{r=1}^{R} \lambda_r \boldsymbol{t}_r \circ \boldsymbol{s}_r \circ \boldsymbol{v}_r + \mathrm{res} \tag{8.6}$$

其中，$\boldsymbol{t}$、$\boldsymbol{s}$ 和 $\boldsymbol{v}$ 分别是表示时间维度、位置（空间）维度和类型维度的主导因子向量，且 $\boldsymbol{t}_r \in \mathbb{R}^I, \boldsymbol{s}_r \in \mathbb{R}^J, \boldsymbol{v}_r \in \mathbb{R}^K$，该张量中具体元素的表达形式为：

$$F_{ijk} = \sum_{r=1}^{R} t_{ir} \circ s_{jr} \circ v_{kr}, i = 1, 2, \cdots, I, \ j = 1, 2, \cdots, J, \ k = 1, 2, \cdots, K \tag{8.7}$$

三维高速公路空间流张量的 CP 分解如图 8-4 所示，其中 CP 分解的秩是一个重要的参数，决定了张量分解从不同维度上提取的特征分量的个数，这些特征分量可以用来重构出相同大小的张量，进而实现对原始张量的整体逼近。当选取的秩较小时，CP 分解所提取出的维度特征分量个数较少，因而用于张量恢复的维度特征较少，所取得的张量逼近效果可能较差。当选取的秩较大时，CP 分解所提取出的维度特征分量个数较多，用于张量恢复的维度特征也较多，张量逼近的效果较好。

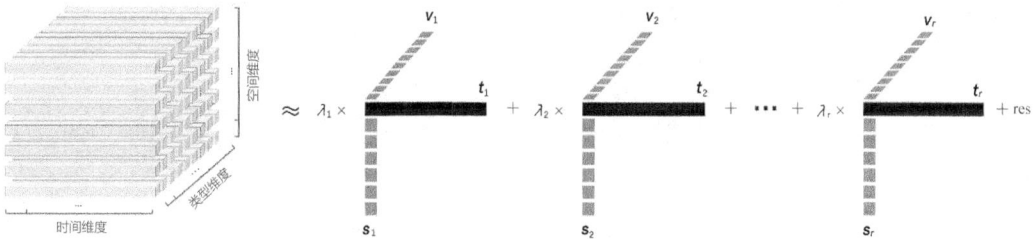

图8-4　高速公路空间流张量的CP分解

在图 8-4 中，res 表示无法被张量分解所逼近的噪声部分，即残差。此外，由于在高速公路空间流张量中，相邻的时段依次排列，因此在 CP 张量分解中可以对时间变化的连续性进行充分的考虑，提取出的时间维度特征同样具有时间意义上的连续性。基于 CP 张量分解提取出的时间聚合特征也是一种时间序列，本书称之为时间聚合特征序列。基于高速公路空间流时间聚合特征序列，本书将分析高速公路空间流随着时间的演变规律和高效预测方法。

8.3　利用时间聚合特征进行高速公路空间流演变分析与数量预测

8.3.1　时间聚合特征序列的建模

利用 CP 张量分解提取出的时间聚合特征序列，可以反映不同类型车辆高速公路空间流的综合特征。高速公路空间流大多与人口流动和区域经济活动有关，受不同城市人口总量、产业结构、经济特征及城市区位等因素的影响，一定区域内高速公路上人口流动和经济活动往往具有一定的时空规律性，因而提取出的时间聚合特征序列将集中包含这种高速公路空间流的时间规律性。本书将通过整合移动平均自回归（Autoregressive Integrated Moving Average，ARIMA）模型对高速公路空间流的时间聚合特征序列进行建模拟合，根据建模拟合的精度，分析高速公路空间流时间变化的规律性。

ARIMA 模型是一种经典的时间序列统计分析模型，可以对时间序列数据本身的内在结构和基本规律进行挖掘和表征，并应用于对未来情况的预测，即可以基于时间序列的历史值抽取其演变规律对未来状况进行预测。因而，ARIMA 模型已经较为普遍地应用在交通流的预测过程中。ARIMA 模型主要包括 3 个重要的参数，即 p、d 和 q。其中，p 表示模型中采用的时间序列数据的滞后数，即自回归部分；d 表示为了使时间序列平稳所要做的差分的阶数，即差分部分，因为 ARIMA 模型要求输入时间序列是平稳的，或者差分后的时间序列是平稳的，所以有时候需要对时间序列数据进行差分处理；q 表示模型采用的预测误差的滞后数，即移动平均部分。基于参数 p、d、q 的 ARIMA 模型可以表达为：

$$x_t = \varphi_1 x_{t-1} + \varphi_2 x_{t-2} + \cdots + \varphi_p x_{t-p} + \mu_t + \theta_1 \varepsilon_{t-1} + \theta_2 \varepsilon_{t-2} + \cdots + \theta_q \varepsilon_{t-q} \tag{8.8}$$

其中，t 表示时刻，x_t 表示 t 时刻时间序列的值（或差分后），ε 表示建模过程中的残差部分。

8.3.2　基于时间聚合特征预测值的张量重构与流量预测

张量分解能够对高速公路空间流张量在不同维度的主导因子进行提取和分离，分离后的各个维度的主导因子可以通过外积计算，实现对原始张量的重构与逼近。其中，时间聚合特征序列，即时间维度主导因子。利用 ARIMA 模型可以对高速公路空间流的时间聚合特征序列进行预测，得到高速公路空间流的综合变化趋势。将时间聚合特征序列的预测值添加到原始聚合特征序列后面，可以得到延伸的高速公路空间流的时间聚合特征序列。将该延伸的时间聚合特征序列作为时间维度的主导因子，和其他维度（空间维度、类型维度）的主导因子一起进行外积计算和张量重构，得到的新张量在时间维度的长度比分解前的更长。新张量中时间维度增加的长度代表了未来高速公路空间流的数量，本书将其作为高速公路空间流数量的预测值。因而，本书利用时间聚合特征序列的预测值与其他维度的主导因子进行张量重构，得到新张量中时间维度增加的部分，将其作为高速公路空间流数量的预测值。

利用时间聚合特征序列预测值进行张量重构，进而实现高速公路空间流数量预测的基本过程可以表述如下。

对三维高速公路空间流张量 $\boldsymbol{F} \in \mathbb{R}^{I \times J \times K}$ 进行 CP 分解，即：

$$\boldsymbol{F} \approx \sum_{r=1}^{R} \lambda_r \boldsymbol{t}_r \circ \boldsymbol{s}_r \circ \boldsymbol{v}_r \tag{8.9}$$

其中，$\boldsymbol{t}$、$\boldsymbol{s}$ 和 $\boldsymbol{v}$ 分别是表示时间维度、位置（空间）维度和类型维度的主导因子的向量，$\boldsymbol{t}$ 也为高速公路空间流时间聚合特征序列，R 为张量分解的秩。利用 ARIMA 模型对 $\boldsymbol{t}$ 进行预测，得到带有预测值的、延伸的高速公路空间流时间聚合特征序列 $\boldsymbol{t}'$，因而基于张量重构的高速公路空间流预测可以表示为：

$$\sum_{r=1}^{R} \boldsymbol{t}'_r \circ \boldsymbol{s}_r \circ \boldsymbol{v}_r = \boldsymbol{F}' \tag{8.10}$$

其中，$\boldsymbol{F}'$ 为重构出的新的三维张量，不同维度的大小依次为 $I+1$，J，K，即 $\boldsymbol{F}' \in \mathbb{R}^{(I+1) \times J \times K}$。该张量中的单个元素可以表达为：

$$F'_{ijk} = \sum_{r=1}^{R} t'_{ir} s_{jr} v_{kr}, \ i=1,\cdots,I+1, \ j=1,\cdots,J, \ k=1,\cdots,K \tag{8.11}$$

图 8-5 形象地说明了利用时间聚合特征序列的预测值，通过向量外积进行张量重构生成新张量，进而得到高速公路空间流数量预测值的过程。图 8-5 中 ET 表示带有预测值的时间聚合特征序列，箭头左边的蓝色小块表示时间聚合特征序列的预测值，箭头右边的蓝色矩阵表示高速公路空间流数量的预测值，包括每一个位置、每一种车辆类型的高速公路空间流的数量。

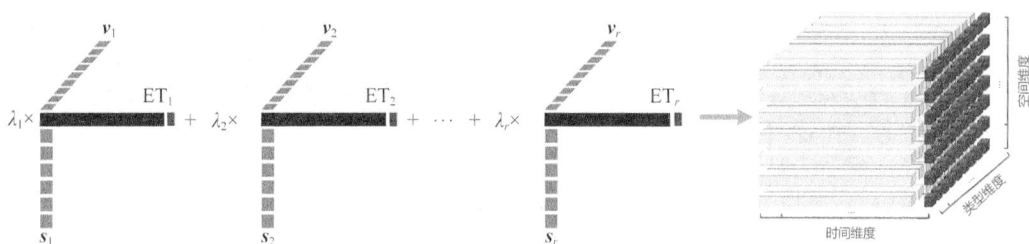

图8-5　结合时间聚合特征序列预测值重构高速公路空间流张量

8.4　实验案例分析

8.4.1　实验数据与参数设置

本案例选取江苏省中部和南部的 32 个市县为研究区，以研究区内的 201 个高速公路收费站为研究对象，收集其 2016 年的高速公路空间流数据，进而对这 201 个位置上的高速公路空间流的数量进行分析和预测。其中，研究区内高速公路网络及高速公路收费站的空间分布和第 7 章案例研究区相同。对于高速公路空间流中的车辆类型，本书主要依据《收费公路车辆通行费车型分类》（JT/T 489—2003）进行划分，共分为 9 种类型。

本书以小时为时间尺度对高速公路空间流进行组织和分析，以 2016 年 4 月 15 日（星期五）9:00 为预测的目标时间，主要利用目标时间之前的高速公路空间流数据记录，根据本书提出的基于张量的高速公路空间流时间聚合分析方法，对高速公路空间流时间变化的规律性进行分析，并根据聚合特征序列对目标小时内的高速公路空间流数量进行预测。在这个过程中，一个重要的问题是选取多长时间的训练数据，即在目标时间之前选取多长时间的数据，从而能够得到目标时间内的高速公路空间流数量预测最高的精度。本书设置了两个对比参数，分别是较短训练序列和较长训练序列，其中较短训练序列从目标时间所在的日期起往前推 2 天，共 57（=2×24+9）h；较长训练序列从目标时间所在的日期起往前推 7 天，共 177（=7×24+9）h。因而，本书将有两个不同训练序列长度的高速公路空间流张量，其维度大小分别是 201×9×57 和 201×9×177。不同训练长度的高速公路空间流总量聚合特征序列（201 个位置、9 种类型）如图 8-6 所示。

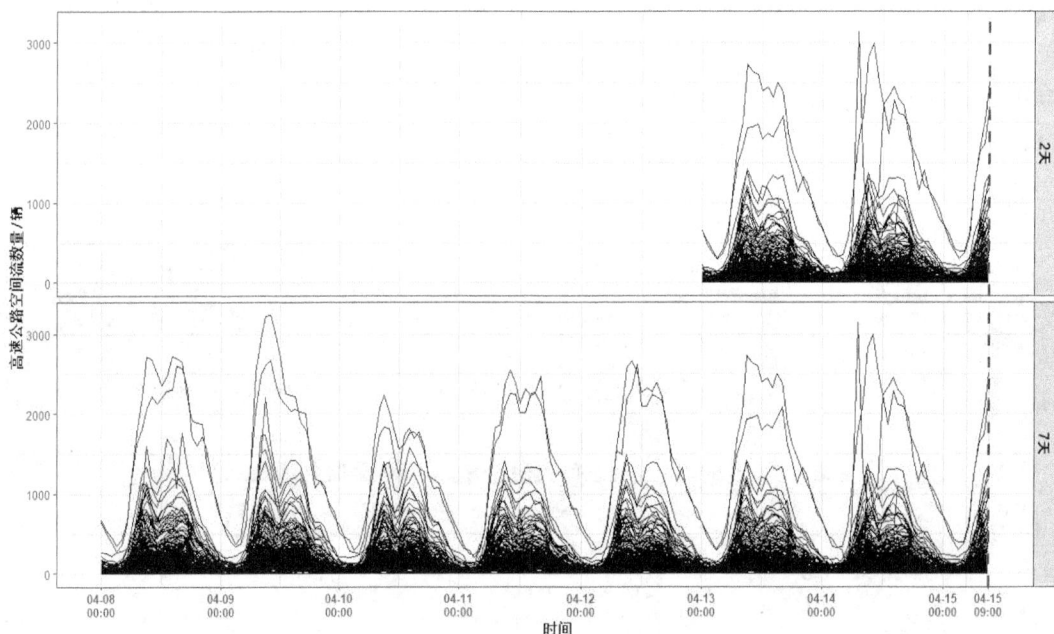

图8-6　不同训练长度高速公路空间流总量聚合特征序列

　　本书所提出的高速公路空间流时间聚合分析方法，主要利用 CP 张量分解提取高速公路空间流的时间聚合特征序列。本书基于所构建的两种张量，选定不同的秩进行 CP 张量分解，并进一步分析随着秩的变化而引起的张量分解精度的变化，从而决定秩的选取，计算了秩从 1 到 10、两种张量 CP 分解的均方根误差（Root Mean Squared Error，RMSE）。不同秩张量分解的误差变化如图 8-7 所示。

　　由图 8-7 可知，随着秩的增加，张量分解误差的变化逐渐趋于稳定，因而设置了秩 rank=1、rank=3 和 rank=5 这 3 种情形进行对比实验，以讨论不同的值对高速公路空间流数量预测的影响。

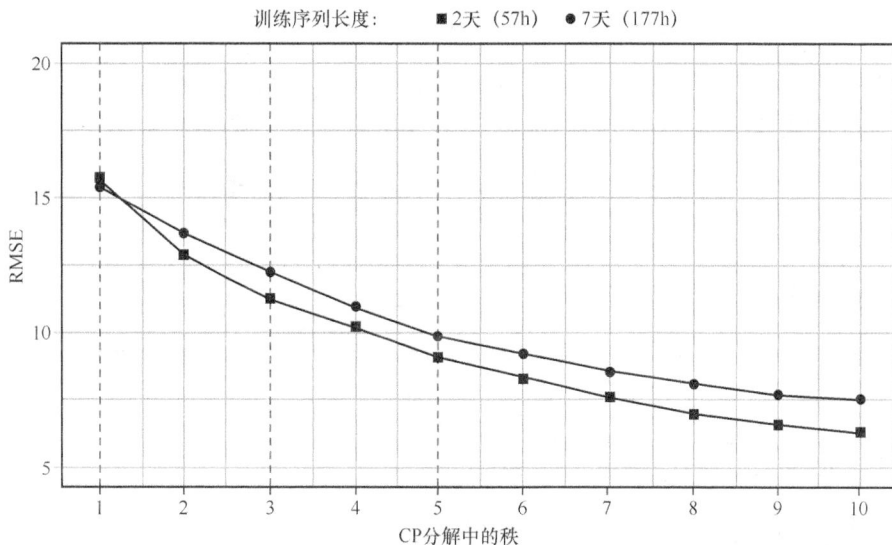

图8-7   高速公路空间流张量CP分解误差变化

综上所述，本案例中主要有两种参数，分别是训练序列的长短（2 天和 7 天）和张量分解的秩（rank=1，rank=3，rank=5），主要基于决定系数（Coefficient of Determination，R^2）、平均绝对误差（Mean Absolute Error，MAE）和均方根误差（Root Mean Squared Error，RMSE）3 种指标对高速公路空间流数量预测的精度进行评价。3 种预测结果评价指标如表 8-1 所示。

表 8-1   高速公路空间流数量预测结果评价指标

评价指标	计算公式	参数说明
R^2	$1 - \dfrac{\sum\limits_{i=1}^{n}\left(y_i - \hat{y}_i\right)^2}{\sum\limits_{i=1}^{n}\left(y_i - \overline{y}\right)^2}$	y_i 表示样本 i 的真实值； $\hat{y}_i$ 表示样本 i 的预测值； $\overline{y}$ 表示所有样本真实值的均值； n 表示样本的总个数
MAE	$\dfrac{1}{n}\sum\limits_{i=1}^{n}\left|y_i - \hat{y}_i\right|$	
RMSE	$\sqrt{\dfrac{1}{n}\sum\limits_{i=1}^{n}\left(y_i - \hat{y}_i\right)^2}$	

8.4.2   时间聚合特征序列的建模与分析

（1）时间聚合特征序列的 ARIMA 建模

分别对两种高速公路空间流的张量利用 3 种 rank 进行 CP 张量分解，将分解后的时间维度主导因子作为高速公路空间流的时间聚合特征序列，利用 ARIMA 模型对不同的时间聚合特征序列进行拟合建模和预测，并进一步讨论建模和预测的效果。不同特征序列的 ARIMA 模型建模精度如表 8-2 所示，本书主要利用 R^2 来度量建模精度。

表 8-2　不同时间聚合特征序列 ARIMA 模型建模精度

rank	2天					7天				
	t_1	t_2	t_3	t_4	t_5	t_1	t_2	t_3	t_4	t_5
rank=1	0.92	—	—	—	—	0.95	—	—	—	—
rank=3	0.92	0.73	0.88	—	—	0.95	0.87	0.68	—	—
rank=5	0.92	0.73	0.59	0.88	0.51	0.96	0.92	0.63	0.73	0.85

注："—"表示在当前rank下没有该时间聚合特征序列。

　　结果表明，ARIMA 模型能够很好地对第一时间聚合特征序列（t_1）进行建模拟合，主要原因可能是第一维度特征分量在 CP 张量分解中具有较高的方差贡献率，因而第一时间聚合特征序列能够保持小时尺度下进入方向高速公路空间流的主要规律性，而这种规律性有助于 ARIMA 模型很好地拟合时间聚合特征序列，继而带来较高的拟合精度。训练序列长度为 2 天的张量设置 rank 为 5 时进行 CP 张量分解，所产生的第三时间聚合特征序列（t_3）和第五时间聚合特征序列（t_5）的 ARIMA 模型的拟合精度相对较低，而其他情况下产生的时间聚合特征序列均能被 ARIMA 模型较好地拟合，表明大部分情况下 CP 张量分解能够提取出多种高速公路空间流的时间变化特征，这些时间变化特征从不同程度上反映了高速公路空间流的多种时间变化模式，隐含着高速公路空间流在时间变化上的规律性。此外，研究结果还表明，利用 ARIMA 模型对高速公路空间流的时间聚合特征进行建模时，长的训练序列（7 天）比短的训练序列（2 天）更容易取得较高的拟合精度，这可能是因为长序列可以表现出更多的时间变化模式，有助于 ARIMA 模型的训练。

　　（2）时间聚合特征序列的变化规律和预测效果

　　图 8-8 展示了不同参数（训练序列和 rank）下第一时间聚合特征序列的分布，以及利用 ARIMA 模型对其未来 6 小时的演变所做出的预测。其中，时间编号是以时间序列对应的第一个小时为起点按照小时顺序依次进行的编号；黑色实线表示高速公路空间流的第一时间聚合特征序列，红色实线表示利用 ARIMA 模型对未来 6 小时内时间聚合特征序列演变趋势的预测数值，灰色区域表示预测结果对应的 95% 的置信区间。这些特征序列的数值是对空间流数量（单位为辆）进行张量分解所提取的数据特征，反映了高速公路空间流数量在所处时间节点上的一种类型特征的状态高低，类似于矩阵的特征值和特征向量，因而不具备传统变量的单位，所以图中未标出聚合特征序列的单位。

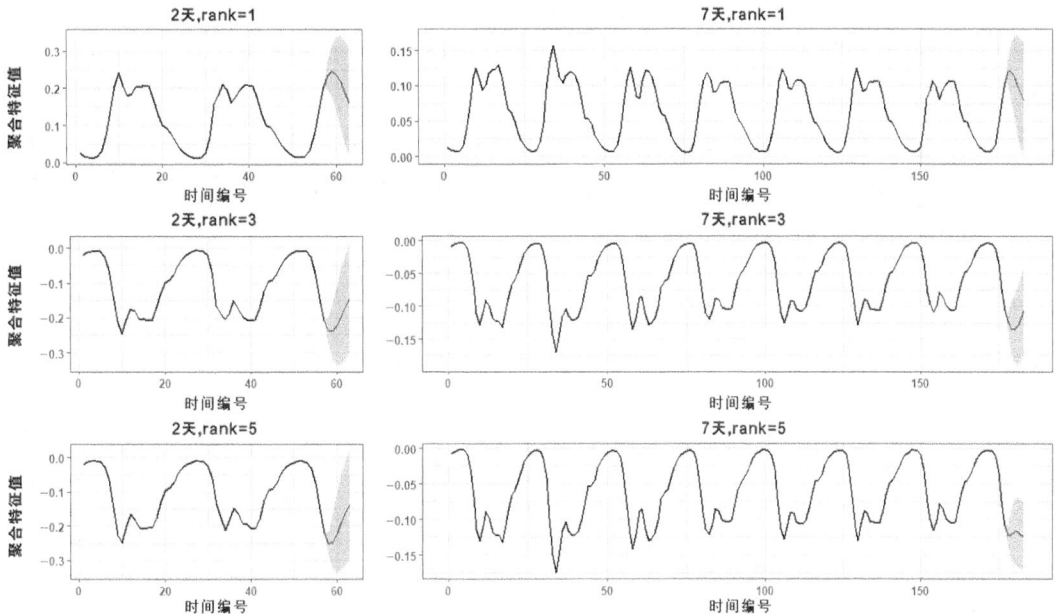

图8-8 第一时间聚合特征序列及其ARIMA模型预测效果

由图 8-8 可以看出，高速公路空间流的第一时间聚合特征表现出了峰值和谷值交替变化的规律性，这基本上符合高速公路上车流昼夜变化的时间规律。不同长度训练（2 天和 7 天）序列所提取出的第一时间聚合特征序列，在峰值和谷值的连续分布上表现出了一定的相似性。然而，根据不同 rank 值提取出的第一时间聚合特征序列，则表现出了一定的差异性。当 rank=1 时，提取出的时间聚合特征序列只有一条，因而该时间聚合特征序列将蕴含着原始高速公路空间流的数量时间变化的最大方差贡献率，即最大信息量。因而 rank=1 时，产生的第一时间聚合特征保持了高速公路空间流时间变化的主要规律，例如一天之内的双峰值（早高峰和晚高峰）。当 rank>1 时，CP 张量分解将提取出不止一个高速公路空间流时间变化聚合特征，不同的时间聚合特征序列将表达出不同的高速公路空间流的时间变化规律。例如，当 rank=3 和 5 时，提取出的第一时间聚合特征序列明显区别于 rank=1 时提取出的第一时间聚合特征序列（唯一的）。根据较高的 rank 提取出的第一时间聚合特征序列，主要反映了高速公路空间流的两种状态，这可能与高速公路上车流的昼夜变化有关，但无法进一步区分。此外，由图 8-8 还可以发现 ARIMA 模型的预测值能够很好地延伸高速公路空间流时间聚合特征的演变趋势，但随着预测小时数的提升，预测的不确定性提升较快，主要表现为预测对应的置信区间越来越大，这可能与 ARIMA 模型适合于时间序列的短期预测有关。

作为对比，本书还将对高速公路空间流的顺序靠后的聚合特征序列进行分析。当 rank=1 和 3 时，分别只会产生 1 个和 3 个时间聚合特征序列；而当 rank=5 时，将会产生 5 个时间聚合特征序列。因而，本小节主要基于两种长度的训练序列，对当 rank=5 时产生的第五时间聚合特征序列进行分析，进而说明方差贡献率较低的高速公路空间流时间聚合特征序列的变化规律和建模效果。当 rank=5 时，两种训练序列长度对应的第五时间聚合特征序列及其 ARIMA 模型预测结果如图 8-9 所示。

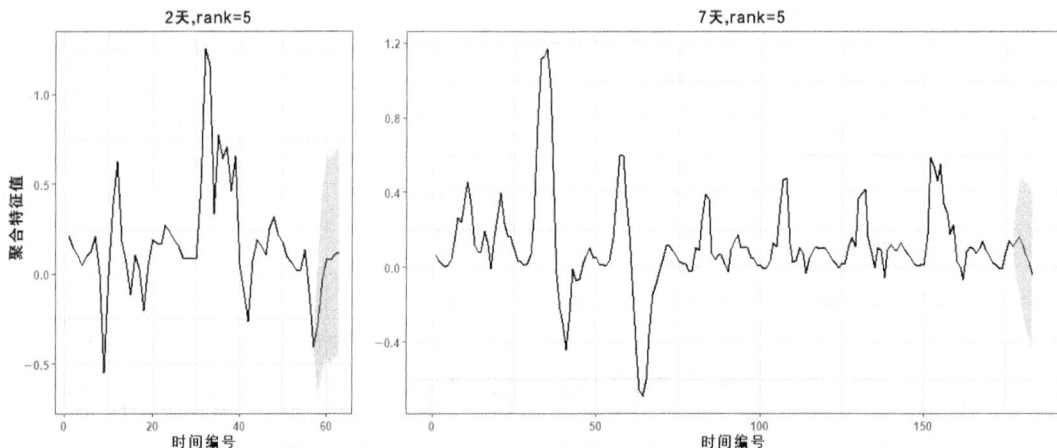

图8-9　第五时间聚合特征序列及其ARIMA模型预测结果

张量分解生成的顺序靠后的高速公路空间流时间聚合特征对原始张量的方差贡献率较小，主要反映了高速公路空间流时间变化的微小信号特征。由图 8-9 可知，与第一时间聚合特征序列进行对比，第五时间聚合特征序列能够对高速公路空间流的局部时间微小变化进行凸显，可用于识别出高速公路空间流变化的异常状况。ARIMA 模型也可以对第五时间聚合特征序列进行模拟，预测值基本上保持了原始特征序列的演变趋势，但随着预测时长的增加，预测的不确定性也逐渐增大，不适合进行长期预测。

（3）案例基本结论

本案例对江苏省中部和南部的 201 个高速公路收费站、9 种车辆类型进入方向的高速公路空间流的时间变化进行了分析，主要通过 CP 张量分解提取出高速公路空间流的时间聚合特征序列，然后利用 ARIMA 模型对时间聚合特征序列进行建模拟合，进而分析高速公路空间流的时间变化规律。研究表明，CP 张量分解能够提取出反映高速公路空间流时间变化的多种时间聚合特征序列，这些时间聚合特征序列反映了高速公路空间流不同方面的时间变化规律。ARIMA 模型能够对张量分解提取出的不同高速公路空间流的时间聚合特征序列进行很好的拟合，ARIMA 模型的预测结果能够保持时间聚合特征序列的演变趋势。但随着预测时长的增加，预测的不确定性增加，因而 ARIMA 模型不适宜对高速公路时间聚合特征序列进行较长时间的预测。

8.4.3 高速公路空间流的同步数量预测

本小节主要利用带有预测值的高速公路空间流时间聚合特征序列，通过张量重构的方法得到新的张量，新的张量中在时间维度新增加的切片表示了高速公路空间流数量的预测值。得出这些预测值后，进一步对预测的精度和效果进行评价。

（1）高速公路空间流预测结果的评价

本书基于高速公路空间流的方向维度、位置维度、类型维度和时间维度进行数量维度的预测，具体来讲，为 201 个收费站、9 种车辆类型预测未来 1 小时内进入方向的高速公路空间流数量。其中，不同参数下，空间流数量预测值和真实值的对比如图 8-10 所示。

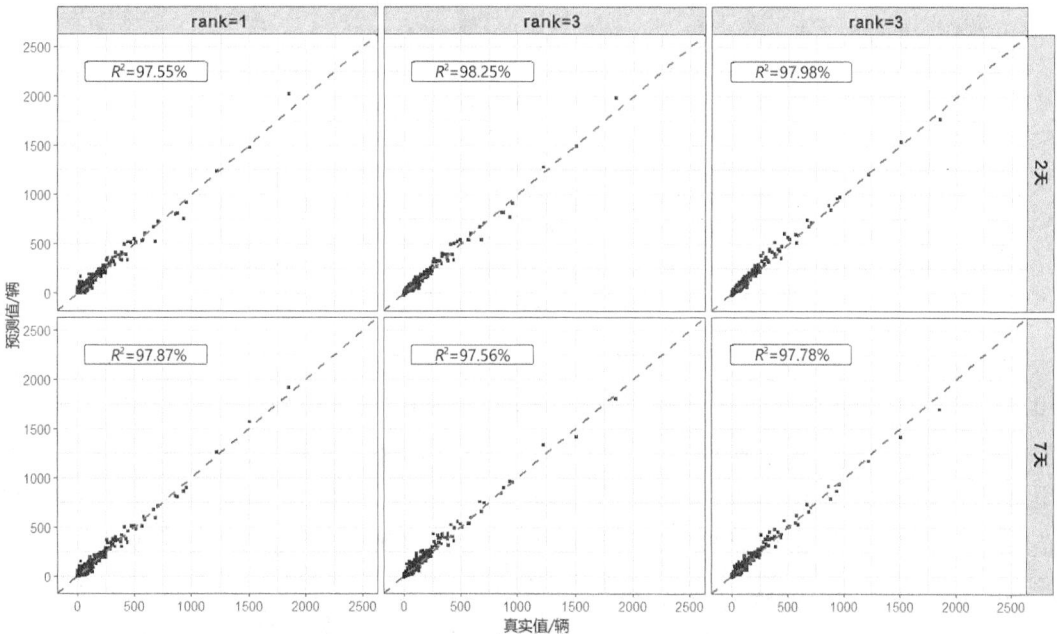

图8-10　基于时间聚合特征序列的高速公路空间流数量预测

由图 8-10 可知，高速公路空间流数量的预测结果与其对应的真实数据非常接近，总体预测效果良好。不同参数的实验结果的 R^2 均在 97% 以上，说明本书所提出的通过时间聚合特征及其预测值的张量重构进行预测的方法可以解释 97% 以上的进入方向高速公路空间流的变化，基于时间聚合特征序列的方法可以取得对区域高速公路系统内空间流数量的较好的整体预测效果。

通过 R^2、MAE 和 RMSE 对 9 种车辆类型的高速公路空间流的预测效果进行评价，结果如图 8-11 所示。

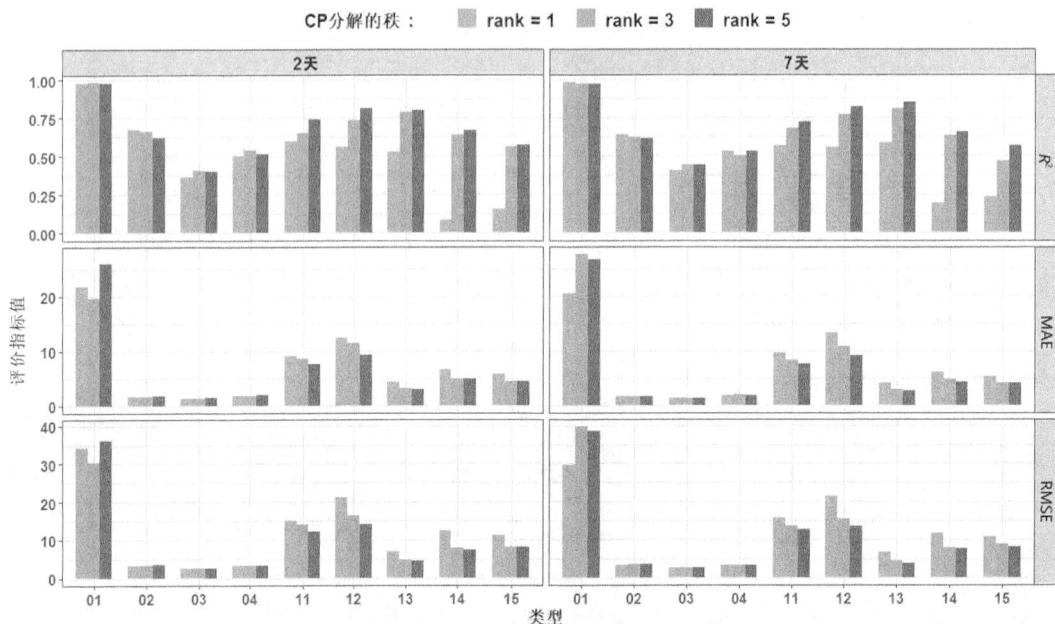

图8-11　不同车型高速公路空间流数量预测精度与误差

就预测精度而言，类型为小型客车（01 类型）的高速公路空间流的 R^2 最高，因而类型为小型客车的高速公路空间流能够取得更高的预测精度。其主要原因可能是进入高速公路的小型客车空间流具有明显的时间变化规律，例如白天的峰值和夜间的谷值，因而可以利用张量分解提取出包含这些规律的时间聚合特征序列，并通过 ARIMA 模型模拟出这种内在的变化规律，得到较为准确的时间聚合特征序列的预测值，从而通过张量重构可以获得较为准确的高速公路空间流数量的预测值。然而，类型为小型客车的高速公路空间流的预测误差（MAE 和 RMSE）要高于其他的车辆类型。其主要原因可能是小型客车是所有高速公路空间流中的主要车辆类型，其空间流数量的基数大，相应地其小时尺度内的变化量大于其他车辆类型的变化量，引起比较高的预测误差。虽然类型为小型客车的高速公路空间流的预测误差大于其他车辆类型，但该误差远小于其实际数量，因而总体预测精度相对较高。对于类型为大中型客车（02、03、04 类型）的高速公路空间流，其在小时尺度内的数量往往较少，因而预测的误差较小，但这 3 种车辆类型高速公路空间流数量预测的 R^2 相对较小，表明其整体预测精度较低。对于所有类型为货车（类型为 11、12、13、14、15）的高速公路空间流，其数量预测的精度和预测误差整体上彼此较为相似，但高速公路系统中小型货车（类型为 11 和 12）的数量相对较多、基数较大，因而其预测误差也相对较高。

此外，当参数 rank 取值较小时，类型为客车的高速公路空间流能够取得较好的预测效果，而类型为货车的高速公路空间流则需要较高的参数 rank。主要原因可能是客车与货车的高速公路空间流所具有的时间变化规律不同。当 rank=1 时，提取出一个高速公路空间流的时间聚合特征，由于客车在所有高速公路空间流中占据主导地位，因而该特征主要反映了客车的高速公路空间流的时间变化规律，所以该特征将不适用于货车的高速公路空间流的数量预测，继而表现出货车的高速公路空间流预测精度较低。当 rank=5 时，提取出的多个高速公路空间流的时间聚合特征序列中会包含货车的高速公路空间流的时间变化规律，因而此时货车的高速公路空间流的数量预测精度较高。所以，当参数 rank 较大时，不同车辆类型的高速公路空间流均能取得较高的数量预测精度。

此外，由于 2 天和 rank=3 这组结果的整体预测精度较高，因而将利用这组结果进一步讨论预测误差在不同位置上的直方图，结果如图 8-12 所示。

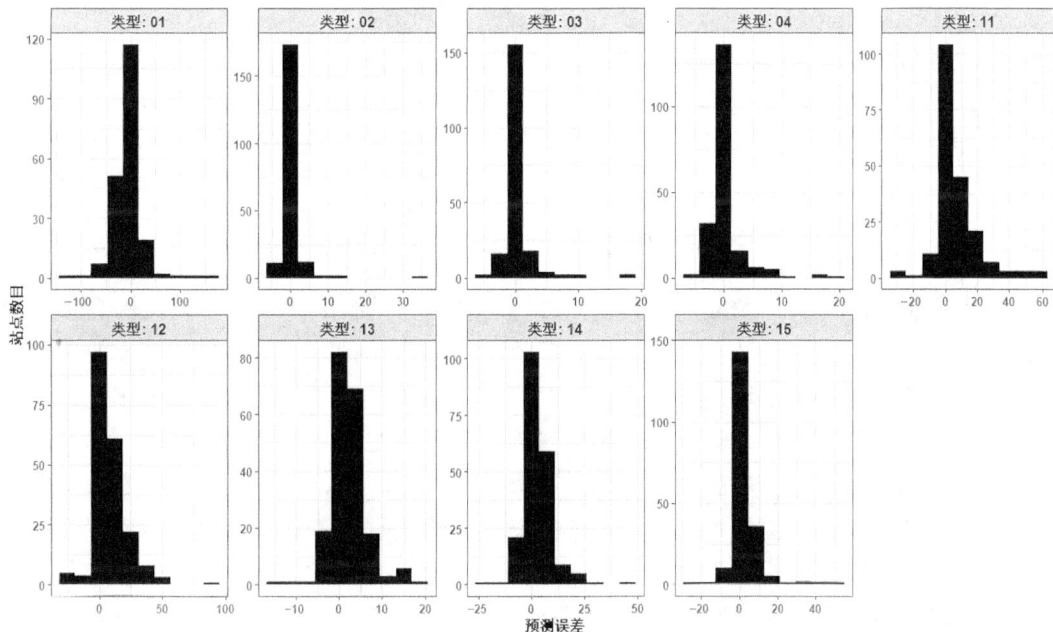

图8-12　不同车型高速公路空间流数量预测误差直方图

由图 8-12 可知，对于同一车型，大多数收费站的预测误差相对较小，接近 0，表明预测结果中高估的值和低估的值均较少。同时，不同类型的预测误差的直方图分布接近于正态分布，其均值接近 0，进一步说明了高速公路空间流数量整体预测效果的合理性，也表明了基于时间聚合特征序列及其预测值的张量重构方法能够对高速公路空间流的数量取得较好的预测效果。

（2）高速公路空间流预测结果的空间分布

重点关注小型客车（01 类型）和大型货车（15 类型）这两种类型的高速公路空间流，其中小型客车是高速公路系统中数量最多的类型，集中反映了区域之间的人口流动；大型货车是高速公路系统中体积最大或者载重最高的车辆类型，对其他车辆的行车安全影响最大。接下来将进一步讨论其预测值在不同收费站上空间分布的合理性，这两种类型高速公路空间流的数量预测值的空间分布如图 8-13 所示，此外进一步计算同一城市或县内所有收费站预测值的均值，以便从市县的尺度上讨论高速公路空间流数量预测结果的合理性。

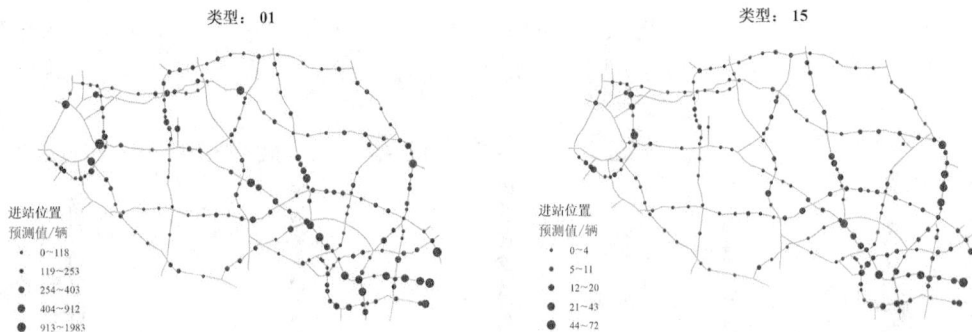

图8-13　不同类型高速公路空间流数量预测值的空间分布

对于类型为小型客车的高速公路空间流而言，新方法预测出的进入方向的高速公路空间流数量在昆山和太仓两个市最大，说明这两个城市在目标小时内具有最大的人口流动量。主要原因是这两个城市位于长三角区域，人口较多，同时这两个城市靠近上海，人员流动频繁。从东向西，类型为小型客车的高速公路空间流数量逐渐减少，但南京除外，主要是因为南京是江苏的省会城市，有大量的人口流动。对于类型为大型货车的高速公路空间流而言，昆山拥有最大的高速公路空间流数量，主要原因可能是该城市的轻工业发达，因而商品运输业务频繁。从东向西，除南京、靖江、姜堰外，大型货车进港流量有所减少。综上所述，利用本书所提出的方法预测得到的进入方向的高速公路空间流数量的空间分布基本上与区域的人口规模和经济发展水平吻合，表明了新方法预测结果在空间分布上的合理性。

（3）对比方法评价

本案例聚焦于高速公路空间流的时间聚合特征的提取与分析，对高速公路空间流聚合特征进行预测后，利用张量重构可以得到不同位置上、不同类型的所有高速空间流数量的预测值。然而，已有研究也应用了多种其他方法，基于高速公路空间流数量的原始时间序列，对其进行预测。因而，下文设置了与其他方法的对比，以说明本书所提出方法的优点与特色。

本书选取 3 种对比方法，分别是整合移动平均自回归（Autoregressive Integrated Moving Average，ARIMA）模型、Holt-Winters（HW）模型和 Long Short-Term Memory（LSTM）模型，这些方法被广泛地用于交通流量的预测中。本书所提出的方法利用 ARIMA 模型对高速公路空间流的时间聚合特征序列进行了建模和预测，但在此次对比实验中，ARIMA 模型被用于对原始的高速公路空间流数量的时间序列进行预测。HW 模型是一种 3 次指数平滑模型，可以预测具有趋势和季节性的时间序列，在本书中被用于预测高速公路空间流数量的原始时间序列。LSTM 模型是一种递归神经网络模型，能够很好地解决长序列数据的训练和预测问题。在此次对比实验中，3 种对比方法主要根据高速公路空间流数量的原始时间序列进行预测，并不考虑不同空间位置或不同车辆类型的差异。

本书主要关注 201 个收费站、9 种车辆类型、1809 条时间序列。对比方法主要基于原始的时间序列进行预测，较难处理所有的高速公路空间流数量的原始时间序列，所以在此次对比实验中，随机选取 180 条原始时间序列（约占所有时间序列数量的 10%）进行对比分析。利用 3 种对比方法依次对选出的每一条时间序列进行建模和预测，新方法对选出的时间序列的预测结果从基于时间聚合特征序列的所有预测结果中对应选出。基于随机筛选出的 180 条时间序列，不同方法的预测效果评价指标如图 8-14 所示。

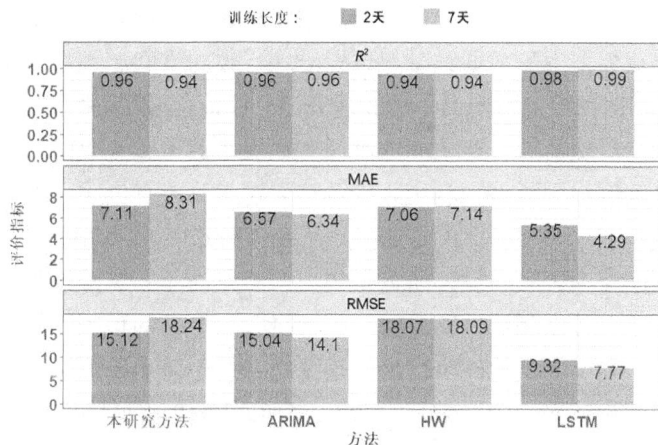

图8-14 高速公路空间流数量预测效果评价指标对比

由图 8-14 可知，对于基于时间聚合特征序列进行预测的新方法而言，较短的训练序列比较长的训练序列取得的预测结果更好，而 LSTM 模型对于较长的训练模型能够取得较好的预测结果，另外两种对比方法的预测结果受训练序列长度的影响较小。整体而言，在所有对比实验中，LSTM 模型比其他所有方法能够取得更高的预测精度和更低的预测误差，然而作为一种递归神经网络，LSTM 模型比较复杂，训练 LSTM 模型的过程可能比较耗时。在对比实验中，ARIMA 模型对高速公路空间流数量的原始时间序列进行预测的效果与本书所提出的新方法相近。HW 模型的预测效果比其他 3 种方法的预测效果较差。整体而言，新方法可以取得和已有方法相近的预测效果。

然而，就预测的效率而言，新方法展示出了明显的优势。具体来讲，本书所提出的新方法可以极大地减少区域高速公路系统中进入方向的高速公路空间流数量预测时需要处理的时间序列的数量。考虑高速公路空间流的空间位置和车辆类型，基于不同位置上、不同类型高速公路空间流数量的时间变化规律，新方法将 1809 条高速公路空间流数量的时间序列组织为一个三维张量，利用张量分解提取出能够反映高速公路空间流时间变化规律的时间聚合特征序列。通过对 5（rank=5）条时间聚合特征序列进行预测，利用时间聚合特征序列的预测值，通过张量重构可以得到所有时间序列的预测值。然而，对比方法主要基于原始的时间序列进行流量预测，所以当应用于整个高速公路系统对所有高速公路空间流的数量进行预测时，已有方法需要处理 1809 条时间序列，工作量巨大。因而，本书所提出的基于时间聚合特征序列预测和张量重构的高速公路空间流数量预测方法，可以极大地减少区域高速公路系统中高速公路空间流数量预测时的工作量，进而提升预测效率。

（4）案例主要结论

本书提出了一种基于时间聚合的高速公路空间流数量预测方法，新方法基于高速公路空间流多维信息表达模型中的方向维度、位置维度、时间维度、类型维度和数量维度等信息，将相同方向、不同位置、不同类型的高速公路空间流的数量组织为一个张量，通过 CP 张量分解提取出能够反映高速公路空间流时间变化规律的少数主要的时间聚合特征序列。对时间聚合特征序列进行预测后，利用张量重构可以得到所有位置、所有类型的高速公路空间流的数量。以江苏省中部和南部高速公路系统内 201 个收费站、9 种车辆类型的进入方向的高速公路空间流为研究对象，研究结果表明新方法能够取得较高的预测精度。与基于原始时间序列的已有方法相比，新方法能够取得较为准确的预测效果。同时，新方法具有明显的效率优势，能够极大地减少区域高速公路系统中高速公路空间流数量预测时需要处理的时间序列的数量，提升预测效率。新方法可以为高速公路入口处车辆的有效引导提供一定的依据和指示。

8.5 本章小结

本章主要介绍了在空间流数量预测的研究目标下,以时间变化为主题的高速公路空间流聚合分析方法及案例实践。结合高速公路空间流多维信息表达模型中的时间维度、空间维度、类型维度和数量维度,提出了利用三维张量对高速公路空间流数据的组织方法,并进一步利用 CP 张量分解提取高速公路空间流数量维度的时间聚合特征序列,以反映高速公路空间流的时间变化规律。基于此,还利用时间序列分析方法中的 ARIMA 模型,对高速公路空间流的时间聚合特征序列进行模拟,以说明高速公路空间流的时间规律性。基于 ARIMA 模型预测出的时间聚合特征序列,进一步利用向量外积进行张量重构,同步计算不同维度(时间维度、空间维度和类型维度)下高速公路空间流数量的预测值,用以提升区域高速公路系统内高速公路空间流数量预测的效率。实验案例表明,三维张量可以很好地实现高速公路空间流数据的多维组织,CP 张量分解可以得到不同的高速公路空间流时间聚合特征序列,反映了高速公路空间流时间演变的多种特征。此外,ARIMA 模型可以较好地对提取出的高速公路空间流聚合特征序列进行建模和预测,表明了高速公路空间流的时间演变过程具有较强的规律性。最后,基于高速公路空间流时间聚合特征序列的规律性,利用张量重构进行高速公路空间流数量的多维同步预测,所得到的预测值具有较高的整体精度(R^2 高于 97%)。对比实验表明,基于时间聚合特征序列的预测方法与已有的基于原始时间序列数据进行预测的方法具有相近的预测精度,但新方法在预测效率方面具有明显的优势,可以极大地减少高速公路系统中空间流数量预测时需要处理的时间序列的数量,减少预测的工作量。

第9章

基于位置和时间聚合的高速公路空间流关联分析

9.1 高速公路空间流与地理要素的关联分析

9.1.1 关联分析的内涵与目的

（1）高速公路空间流关联分析的内涵

高速公路空间流是一种普遍的人文地理现象，是由人驱动的车辆通过高速公路系统进行空间移动的过程，具有空间上的广域性、时间上的连续性以及数量上的庞大性。因而，高速公路空间流并不是孤立的，它并不独立于区域系统之外，而是和区域内多种地理要素相互关联、相互依存、相互影响。因而，高速公路空间流要素关联分析就是通过搜集多种可能的、与高速公路空间流具有联系的地理变量（人文地理变量和自然地理变量），利用统计建模、相关性分析等多变量的分析方法，来说明与高速公路空间流具有关联关系的其他地理要素的种类、关联关系的强度以及关联产生的方式等。

高速公路空间流关联分析主要是将高速公路空间流置于区域地理系统内，从区域整体视角，分析不同地理要素与高速公路空间流之间的相互关联与耦合关系。在区域系统中，高速公路空间流是一种普遍且重要的现象，因而探索其与区域内其他地理变量的相互关系，对于理解区域地理系统的运行机理、推测区域地理系统的演变过程等具有重要的帮助作用。此外，对高速公路空间流进行关联分析，也可以加深对相关地理要素形成机制和演变规律的理解和认识。

（2）高速公路空间流要素关联分析的目的

首先，与高速公路空间流具有关联关系的地理要素既可以影响高速公路空间流的

116

产生与否，也可以影响高速公路空间流的其他维度信息，这些关联要素可以归纳为高速公路空间流的驱动因子。其次，高速公路空间流的持续产生与发展会产生诸多后果，会对其他地理要素产生影响。因而，对高速公路空间流进行关联分析的目的主要包括两个方面，一个是高速公路空间流的驱动因子分析，另一个是高速公路空间流的产生影响分析。

① 驱动因子分析。高速公路空间流包含大量进行不同目的空间移动的个体车辆，这些车辆的空间移动往往具有多种多样的驱动因子。就目前而言，高速公路空间流是一类以人为主体进行的地理现象，即由人驱动车辆进行的空间流动。因而，一切影响人们的社会行为和经济行为的地理要素都可能成为高速公路空间流的驱动因子。对高速公路空间流进行驱动因子分析可以从个体尺度和群体尺度两个方面出发，从个体尺度主要研究高速公路空间流的人类主观驱动原因，例如居民外出的迫切度、居民乘汽车出行的接受度等。从个体尺度研究高速公路空间流的产生可以不依赖于高速公路空间流的记录数据，需要进行诸如问卷调查等一系列的工作，研究的难度较大。从群体尺度研究高速公路空间流的驱动因子一般以区域为研究对象，讨论区域内的不同要素对高速公路空间流的影响。区域内影响群体尺度下高速公路空间流的因素主要包含两个方面，分别是人口因素和经济因素。人口因素中，人口数量及人口结构都会影响高速公路空间流的数量。经济因素主要影响高速公路空间流的类型、方向、距离和时长等。例如，对于工业发达的城市，货车类型的高速公路空间流相对较多；对于与较远区域具有经济关联的城市，对高速公路空间流的距离和时长等影响相对较大。本书提出的高速公路空间流的表达模型及其对应的聚合方法，适用于从区域视角、在群体尺度下研究高速公路空间流的驱动因子，主要通过高速公路空间流的聚合特征与不同驱动因子表征变量之间的关系探讨，实现高速公路空间流驱动因子的识别和分析。

② 产生影响分析。高速公路空间流的大量产生与持续发展会对多个方面产生影响。首先，高速公路空间流中的客车类型反映了区域的人口流动状况；其次，高速公路空间流中的货车类型可以说明区域内生产资料或者商品的流通，其规模可以反映出经济发展的状况。高速公路空间流能够产生的最主要的影响就是对区域经济发展的影响，可以通过探讨高速公路空间流不同聚合特征与区域经济水平的指标进行说明。此外，高速公路空间流还将对环境质量产生深远影响。由于车辆在运行过程中会排放出尾气，尤其是在高速公路中进行长距离、高速度运输的大量的车辆，因而高速公路空间流对空气污染的影响较大。此外，由于空气污染的变化具有时间上的连续性，因而可基于高速公路空间流多维信息表达模型及其对应的聚合特征，基于时间聚合方法分析高速公路空间流对空气污染影响随时间的变化情况。

9.1.2　要素关联关系的探索方式

本书中，对要素关联关系的探索方式主要有两种，分别是基于位置聚合的要素关联关系探索和基于时间聚合的要素关联关系探索。

（1）基于位置聚合的要素关联关系探索

对高速公路空间流进行位置聚合，可以得到多种高速公路空间流的地理分布格局，一方面，这种地理分布格局是在其他地理因素的空间分布的影响下形成的，比如人口和经济；另一方面，这种高速公路空间流的地理分布格局也将会对其他地理要素的空间分布产生影响。因而，高速公路空间流进行位置聚合的结果可以支持高速公路空间流与其他地理要素关联关系的识别、探测和度量。其中，这种关联关系探测既包括高速公路空间流的驱动因子分析，又包括高速公路空间流的产生影响分析。由于基于位置聚合的高速公路空间流要素关联探索方式并不考虑时间上的动态性，因此本书将这种关联关系的探测方式称为静态关联关系探索方式，即将包括时间维度信息在内的高速公路空间流的其他维度信息，聚合到位置维度，基于静态的面板数据，进行高速公路空间流的要素关联关系探测。

（2）基于时间聚合的要素关联关系探索

对高速公路空间流进行时间聚合可以抽取出高速公路空间流随时间变化的主要特征，包括各种时间聚合特征序列。这些特征序列能够说明区域内高速公路空间流的时间变化规律，因而可以用来探讨高速公路空间流与其他地理要素在时间上的响应与匹配关系。这种基于时间聚合的高速公路空间流与其他地理要素的关联关系探测方式，考虑到了其在时间变化上的连续性与动态性，因而本书称之为动态关联关系探索方式。在本书中，高速公路空间流与其他地理要素的动态关联关系探索，主要依赖将时间聚合特征序列数据与其他地理变量的时间序列数据进行空间上的匹配，然后进行多变量时间序列的建模与分析，最终实现对高速公路空间流的驱动因子及其产生的影响基于时间的动态关联分析。

9.2　基于位置聚合的高速公路空间流关联关系探索

9.2.1　区域聚合特征生成及其与地理要素的匹配

高速公路空间流多维信息表达模型中的位置维度主要记录其节点位置，属于空间点元素类型。为了分析高速公路空间流的地理分布格局，本书提出了基于起止节点的高速公路空间流聚合方法、基于行驶路径的高速公路空间流聚合方法以及基于节点连线的高速公路空间流聚合方法。当从群体上分析高速公路空间流的关联关系时，其他地理变量的空间一般是以面域空间单元进行度量的。本书将高速公路空间流的位置聚合特征与面域空间单元的其他地理变量进行匹配，以实现对应的建模和分析。

本书主要基于高速公路空间流的节点聚合特征，实现与其他地理变量的面域单元的匹配。主要原因包括两个方面，一方面，高速公路空间流的节点聚合特征是以空间点为单元进行度量的，空间点上的聚合特征可以方便地汇总到空间单元中，例如可以统计某一面域内空间点的个数，对不同空间点的同一聚合特征计算均值，用以表征该面域内对应聚合特征的整体状况；另一方面，本书提出的基于节点的高速公路空间流聚合特征较为丰富，能够对高速公路空间流多维信息表达模型中的多种信息进行综合和表征，进而反映高速公路空间流的多种信息。本书依据高速公路空间流的节点聚合特征，以其他地理变量的面域单元为目标，进行节点聚合特征的汇总，以反映对应的面域单元内高速公路空间流不同方面的综合特征。

利用节点聚合特征进行地理变量的要素匹配主要分为两个步骤，首先是筛选不同面域单元内对应的所有高速公路空间流的节点，其次是对同一面域单元内多个高速公路空间流的节点聚合特征进行汇总，以反映该面域单元内高速公路空间流的整体状况。参照节点聚合特征的生成思路，从节点聚合特征到面域单元的汇总匹配主要包含 3 种思路，分别是总量特征、均值特征和变异特征。

其中，总量特征是指将同一面域单元内所有节点的聚合特征进行加和得到聚合特征的总量，将节点聚合特征的总量作为该面域单元对应的聚合特征，继而与其他地理变量进行建模分析。该过程可以表达如下：

$$r_{\mathrm{sum}}^{f} = \sum_{i=1}^{N} V_{i}^{f} \tag{9.1}$$

均值特征是指筛选出同一面域单元内所有节点后，计算所有节点上相同的节点聚合特征的均值作为该面域单元对应的聚合特征，用以衡量该面域单元内高速公路空间流的综合状况的某些方面。该过程可以表达如下：

$$r_{\mathrm{mean}}^{f} = \frac{1}{N} \sum_{i=1}^{N} V_{i}^{f} \tag{9.2}$$

变异特征主要是通过计算同一面域单元内所有节点具有的相同节点聚合特征的聚合指标，例如标准差，作为该面域单元对应的聚合特征，进而度量该面域单元内所有高速公路

119

空间流综合状况的某些方面，支持与其他地理变量的建模分析。该过程可以表达如下：

$$r_{\text{variance}}^f = \sqrt{\dfrac{\sum\limits_{i=1}^{N}(V_i^f - \dfrac{1}{N}\sum\limits_{i=1}^{N}V_i^f)^2}{N}} \tag{9.3}$$

在公式（9.1）、公式（9.2）、公式（9.3）中，f 表示节点聚合特征的具体种类，N 表示同一面域单元内所有高速公路空间流节点的个数，i 表示具体节点，V_i^f 表示节点 i 上种类为 f 的节点聚合特征的数值。

基于此，本书将构建高速公路空间流与其他地理变量在空间分布上相互匹配的特征数据集，进而支持利用面板数据分析方法探索高速公路空间流与其他地理变量之间的静态关联关系。

9.2.2 静态关联探索分析方法

基于空间上相互匹配的高速公路空间流聚合特征和其他地理变量的数据集，可进一步探索其间存在的关联关系。这种分析可以从两个方面入手，分别是相关性分析和回归分析。

（1）相关性分析

高速公路空间流聚合特征与地理变量的相关性分析主要通过计算二者之间的相关系数，以及对应的显著性检验结果进行说明。需要说明的是，这种相关性分析主要是从统计学的视角，从数据出发计算相关系数，利用相关系数的大小对高速公路空间流与地理变量之间的关联程度进行分析。这种相关性并不代表因果性，即无法说明谁引起了谁的变化。本书通过计算高速公路空间流聚合特征与其他地理变量之间的皮尔逊相关系数（Pearson Correlation Coefficient），来探讨二者之间单变量对单变量的关联关系。相关性分析只适合分析高速公路空间流与其他地理变量之间的关联关系，但无法进一步区分驱动因子分析和产生影响分析。

皮尔逊相关系数主要用来衡量两组数据之间的线性相关系数，该相关系数的计算公式如下：

$$\text{Cov}(x,y) = \dfrac{N\sum xy - \sum x \sum y}{\sqrt{\sum x_i^2 - \dfrac{(\sum x_i)^2}{N}}\sqrt{\sum y_i^2 - \dfrac{(\sum y_i)^2}{N}}} \tag{9.4}$$

其中 x 表示一种变量，y 表示另一种变量，N 表示数据中包含的样本个数。皮尔逊相关系数的取值范围为 -1 ~ 1，其中相关系数为正值表示正相关，相关系数为负值表示负相关。相关系数趋近于 0，表示两组数据之间没有线性相关性，相关系数的绝对值越大，表示相关性越强。

（2）回归分析

回归分析是建立一种变量与另一种变量之间，或一种变量与多种变量之间所存在的定量关系的统计分析方法，按照基本假设（线性定量关系或非线性定量关系）可以将回归分析分为线性回归和非线性回归两种主要类型。因而，回归分析可以表示为 $y = f(x)$ 或者 $y = f(x_1, x_2, \cdots, x_n)$。其中，$f$ 表示不同的回归模型，线性回归分析主要包含一元线性回归模型、多元线性回归模型、逐步回归模型等，非线性回归分析主要包含多项式回归模型及机器学习中的多种回归分析方法，例如决策树回归模型、随机森林模型、支持向量机模型和神经网络模型等。回归模型可以构建出自变量与因变量之间的数量对应关系，权重较高的自变量或重要性较高的自变量与因变量的联系程度更紧密、关联程度更强，因而回归分析可以揭示高速公路空间流与其他地理变量之间的关联关系。此外，回归模型还可以进行预测模拟，即根据自变量的值对因变量可能的取值进行预测，因而回归模型也可以实现对高速公路空间流在建模区域或建模时段外的分析，也就是利用其他区域或其他时段的自变量数据对因变量数据进行预测和分析。

更为重要的是，利用回归分析模型既可以进行高速公路空间流的驱动因素分析，又可以进行高速公路空间流的产生影响分析。一方面，可以以多种不同的地理要素特征作为自变量，依次以单个高速公路空间流聚合特征为因变量，建立回归模型进行分析。基于此，可以探索地理要素的变化对高速公路空间流产生影响的变量，进而说明不同的地理环境变量对高速公路空间流的影响，也即对高速公路空间流的驱动因子进行分析。该过程可以表示如下：

$$
\begin{aligned}
\mathrm{RAI}_1 &= f(\mathrm{Variable}_1, \mathrm{Variable}_2, \mathrm{Variable}_3, \cdots, \mathrm{Variable}_n) \\
\mathrm{RAI}_2 &= f(\mathrm{Variable}_1, \mathrm{Variable}_2, \mathrm{Variable}_3, \cdots, \mathrm{Variable}_n) \\
&\vdots \\
\mathrm{RAI}_m &= f(\mathrm{Variable}_1, \mathrm{Variable}_2, \mathrm{Variable}_3, \cdots, \mathrm{Variable}_n)
\end{aligned}
\tag{9.5}
$$

其中 RAI 表示区域内高速公路空间流的聚合特征，$\mathrm{Variable}_i$ 表示不同的地理变量特征，f 表示回归模型。

另一方面，也可以将多种高速公路空间流的聚合特征作为自变量，依次将其他地理要素的特征作为因变量，建立回归模型进行分析。基于此，可以探索高速公路空间流对其他地理变量特征产生的影响，也即实现高速公路空间流的产生影响分析。该过程可以表示如下：

$$\text{Variable}_1 = f(\text{RAI}_1, \text{RAI}_2, \text{RAI}_3, \cdots, \text{RAI}_m)$$
$$\text{Variable}_2 = f(\text{RAI}_1, \text{RAI}_2, \text{RAI}_3, \cdots, \text{RAI}_m)$$
$$\vdots$$
$$\text{Variable}_n = f(\text{RAI}_1, \text{RAI}_2, \text{RAI}_3, \cdots, \text{RAI}_m) \tag{9.6}$$

因而，回归模型既可以进行高速公路空间流的驱动因子分析，又可以进行高速公路空间流的产生影响分析，适用于基于高速公路空间流的位置聚合特征对高速公路空间流对应的关联关系探索。对高速公路空间流进行位置聚合会生成多种聚合特征，同时与高速公路空间流具有关联关系的地理变量也是多种多样的，不同的聚合特征可能会影响不同的地理变量，而不同的地理变量也可能会影响高速公路空间流的不同方面，因而在建立回归模型时，需要讨论输入数据中的变量特征。鉴于线性关系是不同变量间可能存在的一种普遍关系，所以本书假定高速公路空间流与其他地理变量之间存在线性关系，重点利用多元线性回归模型和逐步回归模型来确定高速公路空间流与其他地理变量之间的对应关系。

多元线性回归主要指利用两个或者两个以上的自变量对因变量建立线性的定量关系，一般情况下一种因素往往是由多种因素引起的，因而利用多个自变量的组合来估计因变量比只用一个自变量更有效，也更符合多数情况下的实际认知。因变量为 y、自变量为 $x_1, x_2, \cdots, x_n$ 的多元线性回归模型可以表达为：

$$y = a + b_1 x_1 + b_2 x_2 + \cdots + b_{n-1} x_{n-1} + b_n x_n \tag{9.7}$$

其中，a 为截距，表示当所有自变量为 0 时因变量 y 的平均取值；$b_1, b_2, \cdots, b_{n-1}, b_n$ 表示自变量的回归系数，可以反映自变量对因变量的影响程度。回归模型中，截距和所有回归系数都要通过观测数据来估计，例如可以利用最小二乘法来估计。当所有自变量的单位相同或者自变量经过标准化之后，回归系数越大就表示自变量对因变量的影响程度越大，二者之间的关联关系越紧密。

逐步回归模型是在多元线性回归模型的基础上构建的。在多元线性模型中，当自变量的个数较多时，由于不同自变量对目标变量的重要性不同、影响程度不同，若引入不重要的变量在回归模型中，模型的计算量将会变大，同时模型的稳定性将会变差，所以需要对变量进行筛选后建模。逐步回归模型可以在建模的过程中对变量进行筛选，通过逐步引入变量（每次引入的变量一定是剩余变量中最重要的变量），从而筛选出相对最重要的变量子集，并基于筛选出的变量构建最优的回归模型。构建最优回归模型常用的方法包括逐步剔除法、逐步引入法和逐步回归分析法。

① 逐步剔除法，又称后向（backward）剔除法，首先构建了全部自变量与因变量的回归模型，然后逐个对自变量进行显著性检验，提出最不显著的自变量。重复该过程，直至回归模型中每个自变量都显著为止，此时得到的回归模型即最优回归模型。该方法的缺点是，在构建最优模型的过程中自变量一旦被剔除就不再被考虑，从而忽略了某一自变量被剔除后回归模型整体显著性的变化。

② 逐步引入法，又称前向（forward）引入法，首先从所有变量中选取一个与因变量相关关系最显著的自变量，建立一个最显著的回归模型，然后从未选中的自变量中选取一个自变量，建立新的最显著的回归模型，重复该过程，其中每选择一次都需要对引入的新的自变量进行显著性检验，直到检验不通过为止，此时得到的回归模型就是最优回归模型。使用该方法，一旦某一自变量被选中，就不会再被剔除，从而也无法做到回归模型整体显著性的最优判断。

③ 逐步回归分析法（Step-Wise Analysis），结合了逐步引入法和逐步剔除法的优点，首先从一个自变量出发，根据自变量对因变量的显著性对自变量进行从大到小的排序，依次将单个自变量引入回归模型。如果发现先前引入的自变量在引入新的自变量后变得不显著，则将其从回归模型中剔除。重复该过程，在每一次引入新的自变量后进行显著性检验，从而使得回归模型中只包含显著的自变量，当回归模型中既无不显著的自变量被剔除，又没有显著的自变量需要引入时，该过程终止，从而得到最优的回归模型。

由于逐步回归分析法基于"有进有出"的思路进行变量筛选，相对而言具有明显的优势，因此本书主要基于第三种思路进行变量的筛选，从而构建最优的线性回归模型，分析高速公路空间流的位置聚合特征与其他地理变量特征之间的关联关系。

9.3   基于时间聚合的高速公路空间流关联关系探索

9.3.1   时间聚合特征序列生成及其与地理要素的匹配

基于时间聚合的高速公路空间流关联关系探索，首先利用本书所提出的多维信息表达模型中的时间维度对高速公路空间流进行表达，即根据时间维度中的相同刻度（时段）筛选高速公路交通流，计算高速公路空间流的时间聚合特征序列，然后根据高速公路空间流的时间聚合特征序列与地理变量的时间序列，探讨二者之间动态变化的关联关系。在此过程中，时间维度的刻度是保证高速公路空间流与地理变量之间互相匹配的关键。

在探索高速公路空间流与地理变量的动态关联关系时，高速公路空间流时间聚合特征序列的生成需要利用高速公路空间流的节点聚合特征。筛选高速公路空间流多维信息表达模型中时间维度上相同时段内的高速公路空间流并计算多个位置上的节点聚合特征，然后将该时段内所有位置上的节点聚合特征进行汇总，得到时段连续高速公路空间流综合节点聚合特征，即区域内高速公路空间流时间聚合特征序列。在对同一时段内高速公路空间流多个位置上的节点聚合特征进行汇总时，同样有 3 种汇总方法可计算综合的节点特征，分别是总量特征、均值特征和变异特征。

其中，总量特征是指将同一时间单元（也即时段）内所有节点的聚合特征进行加和得到节点聚合特征的总量，将节点聚合特征的总量作为该时间单元对应的聚合特征，多个连续时间单元的总量聚合特征会形成聚合特征时间序列，继而支持利用时间序列分析方法来探讨高速公路空间流与其他地理要素的动态关联关系。总量节点特征的计算过程可以表达如下：

$$t_{\mathrm{sum}}^{f} = \sum_{j=1}^{M} V_{j}^{f} \qquad (9.8)$$

均值特征是指筛选出同一时间单元内所有高速公路空间流，计算其所包含的所有节点聚合特征，然后将所有位置上的节点聚合特征的均值作为该时间单元对应的聚合特征，多个连续时间单元的均值聚合特征构成的时间序列，形成了高速公路空间流的时间聚合特征序列，用以探索高速公路空间流与其他地理要素之间的动态关联关系。均值节点特征的计算过程可表达如下：

$$t_{\mathrm{mean}}^{f} = \frac{1}{N} \sum_{j=1}^{M} V_{j}^{f} \qquad (9.9)$$

变异特征主要基于同一时间单元内所有高速公路空间流在多个位置上的节点聚合特征，计算这些节点聚合特征的内部变异程度指标，如标准差，反映了该时间单元内高速公路空间流某一方面特征的变异幅度。连续时间单元的变异特征也会构成高速公路空间流的时间聚合特征序列，支持利用多变量时间序列分析方法探测高速公路空间流与其他地理要素之间的动态关联关系。节点变异特征的计算过程可表达如下：

$$t_{\mathrm{variance}}^{f} = \sqrt{\frac{\sum_{j=1}^{M} (V_{j}^{f} - \frac{1}{N} \sum_{j=1}^{M} V_{j}^{f})^2}{N}} \qquad (9.10)$$

在公式（9.8）、公式（9.9）、公式（9.10）中，f 表示节点聚合特征的具体种类，M 表示同一时间单元内所有高速公路空间流节点的个数，j 表示具体节点，V_{j}^{f} 表示节点 i 上种

类为 f 的节点聚合特征的数值。

高速公路空间流时间聚合特征序列与地理变量时间序列匹配的核心问题是时间范围的重叠和时间单元的统一，因而在利用多变量时间序列模型探索高速公路空间流与地理要素的动态关联关系时，需要对数据进行筛选和划分等操作，以实现将一组时间序列匹配到另一组时间序列上，即两组时间序列具有相同的时间范围和统一的时间单元。

9.3.2　动态关联探索分析方法

（1）向量自回归模型

本书主要利用多变量时间序列分析方法中的向量自回归（Vector Autoregressive，VAR）模型，对高速公路空间流的区域时间聚合特征序列与地理变量的时间序列进行分析。VAR模型是一个系统回归模型，其中包含的因变量数量不止一个，可以对联合内生变量的时间序列的动态关系进行很好的估计和模拟，因而 VAR 模型在研究中被广泛地应用。VAR 模型将系统中的每一个内生变量作为所有内生变量的滞后值的函数来构造模型，从而将单变量自回归模型推广到由多元时间序列变量组成的"向量"自回归模型。其中，具有 K 个内生变量的多元时间序列 Y_t 可以表达为：

$$Y_t = \begin{bmatrix} y_{1,1} & \cdots & y_{1,t} & \cdots & y_{1,T} \\ y_{2,1} & \cdots & y_{2,t} & \cdots & y_{2,T} \\ \vdots & & \vdots & & \vdots \\ y_{K,1} & \cdots & y_{K,t} & \cdots & y_{K,T} \end{bmatrix} \in \mathbb{R}^{K \times T} \tag{9.11}$$

Y_t 对应的 p 阶滞后 VAR 模型，记作 VAR(p)，可以表达为：

$$Y_t = c + A_1 y_{t-1} + A_2 y_{t-2} + \cdots + A_p y_{t-p} + \varepsilon_t \tag{9.12}$$

其中，A_i 是系数矩阵，ε_t 是无法被模拟的噪声，ε_t 的数学期望是 0，即 $E(\varepsilon_t) = 0$，c 是常量。

（2）脉冲响应函数

基于高速公路空间流的区域时间聚合特征序列与其他地理变量之间构建的 VAR 模型，可以进一步分析其间对应的关联关系。在统计学中的多元时间序列分析方法中，将一个变量的变化对另一个变量产生的影响进行的分析称为脉冲响应分析函数（Impulse Response Function，IRF）。本书将利用脉冲响应函数研究高速公路空间流与其他地理变量之间的动态关联关系。

在多变量的 VAR 模型中，某一时期某个事件引起因变量变化后，通过整体系统的保留、放大和传递，会对其他变量的当期值和后期值产生影响，引起其数值的变化，这便是脉冲响应的内涵。结合 VAR 模型，脉冲响应的具体过程可以表达如下，假设存在 VAR 模型：

$$\begin{cases} y_{1,t} = \alpha_{1,1}y_{1,t-1} + \alpha_{1,2}y_{1,t-2} + \alpha_{1,3}y_{2,t-1} + \alpha_{1,4}y_{2,t-2} + u_{1,t} \\ y_{2,t} = \alpha_{2,1}y_{1,t-1} + \alpha_{2,2}y_{1,t-2} + \alpha_{2,3}y_{2,t-1} + \alpha_{2,4}y_{2,t-2} + u_{2,t} \end{cases} \tag{9.13}$$

从 $t=1$ 开始，假定在此前任何时期 y 的值都是 0，有 $y_{1,t} = y_{2,t} = 0$ $(t=0, t=-1)$，令 $\begin{cases} u_{1,1} = 1 \\ u_{2,1} = 0 \end{cases}$，$u_t = 0(t=2,3,\cdots)$，也就是说，第一期给扰动项 u_t 一个正向的单位冲击，从而对 y_1 产生脉冲，于是得到 $\begin{cases} y_{1,1} = 1 \\ y_{2,1} = 0 \end{cases}$，当 $t=2$ 时，可以得到 $\begin{cases} y_{1,2} = \alpha_{1,1} \\ y_{2,2} = \alpha_{2,3} \end{cases}$，当 $t=3$ 时，$\begin{cases} y_{1,3} = \alpha_{1,1}^2 + \alpha_{1,2} + \alpha_{1,3}\alpha_{2,3} \\ y_{2,3} = \alpha_{1,1}\alpha_{2,1} + \alpha_{2,2} + \alpha_{2,3}^2 \end{cases}$，同理可以求得当 $t=4,5,\cdots$ 时的 $y_{1,t}$ 与 $y_{2,t}$ 的值，称以上这些 $y_{1,t}$ 为给扰动项 u_1 一个单位的正向冲击后对 y_1 产生的脉冲所引起的 y_1 的响应函数，$y_{2,t}$ 为给扰动项 u_1 一个单位正向冲击后对 y_2 产生的脉冲所引起的 y_2 的响应函数。此外，第一期给扰动项 u_2 一个单位正向冲击后对 y_2 产生的脉冲为 $\begin{cases} u_{1,1} = 1 \\ u_{2,1} = 0 \end{cases}$，类似地，可以分别求出 y_1 和 y_2 给扰动项 u_2 冲击后的响应函数。

基于高速公路空间流的时间聚合特征序列与相互匹配的地理变量时间序列，建立 VAR 模型后，进一步进行脉冲响应函数的分析，以探讨高速公路空间流在时间上的变化与其他地理变量随时间变化的动态关系。

9.4　实验案例分析

9.4.1　基于位置聚合的高速公路空间流与区域经济水平关联分析

（1）研究区与研究数据

① 研究区高速公路分布。本案例以 2015 年江苏省中部及南部的 25 个市县为研究区，研究区内高速公路分布密集，经济活动频繁，是我国经济快速发展的地区之一。本案例选取了研究区内 224 个高速公路收费站之间的高速公路空间流记录数据进行分析，研究区内的市县和高速公路收费站的空间分布和第 7 章案例的研究区相同。

② 高速公路空间流数据与社会经济数据。本案例基于研究区内 2015 年全年的高速公路空间流记录数据（高速公路联网收费数据），利用高速公路空间流多维信息表达模型对其进行组织与表达，然后基于高速公路空间流的位置聚合方法生成高速公路空间流的区域聚合特征，进而探讨高速公路空间流与区域经济发展水平之间的关系。因而，本案例选取一些主要的经济指标来度量不同市县的经济发展水平，所选择的不同城市的主要经济指标统计如表 9-1 所示，这些经济指标的数据来源于《江苏统计年鉴 2015》。

表 9-1 研究区不同经济指标统计

经济指标	单位	最小值	最大值	均值	标准差
区域GDP	亿元	408.19	14504.07	3034.17	3480.30
第一产业GDP	亿元	11.87	354.90	95.52	90.32
第二产业GDP	亿元	186.44	7045.12	1474.29	1632.24
第三产业GDP	亿元	200.06	7243.24	1464.35	1799.99
人均GDP	元	64761.13	186582.00	111978.07	35097.06
居民可支配收入	元	24415.70	42987.33	32450.81	6944.10

③ 高速公路空间流区域聚合特征生成。为了匹配不同市县的社会经济指标，市县内的高速公路空间流区域聚合特征主要由节点聚合特征进行空间匹配后生成。其中，数量维度采用总量匹配，即对属于相同市县的数量维度节点聚合特征进行求和，得到该区域内的数量维度的区域聚合特征。类型维度、方向维度和时间维度的区域聚合特征采用的方法是变异，即计算相同市县内这 3 个维度节点聚合特征的内部变异，作为该区域内类型维度、方向维度和时间维度的区域聚合特征。时长维度区域聚合特征采用均值匹配，即对相同市县内所有的时长维度节点聚合特征计算均值，作为该区域内时长维度的区域聚合特征。此外，距离维度与时长维度的相关性较强，因而本案例不再讨论距离维度的区域聚合特征。

本案例中，这些区域聚合特征按照匹配的方式主要可以分为 3 种类型，即总量区域聚合特征、均值区域聚合特征和分异区域聚合特征，本书将在讨论不同维度聚合特征的基础上，进一步讨论不同类型区域聚合特征对于区域经济发展水平揭示程度的差异。

（2）高速公路空间流位置聚合特征与经济水平之间的相关性分析

基于不同市县的高速公路空间流位置聚合特征，本书首先讨论了这些聚合特征与主要经济水平指标之间的线性相关性。高速公路空间流区域聚合特征与经济指标之间的相关系数如表 9-2 所示。

表 9-2　高速公路空间流区域聚合特征与经济指标之间的相关系数

聚合特征	区域 GDP	第一产业 GDP	第二产业 GDP	第三产业 GDP	人均 GDP	居民可支配收入
Quantity_LPD	0.8822 ***	0.4415 *	0.8892 ***	0.8772 ***	0.3544	0.5887 **
Quantity_LPN	0.8755 ***	0.4394 *	0.8836 ***	0.8695 ***	0.3628	0.5901 **
Quantity_APD	0.8798 ***	0.4572 *	0.8887 ***	0.8724 ***	0.3552	0.5835 **
Quantity_APN	0.8773 ***	0.4685 *	0.8823 ***	0.8726 ***	0.3605	0.585 **
Quantity_LFD	0.8531 ***	0.3816	0.8664 ***	0.8447 ***	0.3774	0.6066 **
Quantity_LFN	0.8789 ***	0.4467 *	0.8846 ***	0.8749 ***	0.3121	0.5739 **
Quantity_AFD	0.8519 ***	0.3861	0.8672 ***	0.8415 ***	0.3876	0.6131 **
Quantity_AFN	0.8418 ***	0.4382 *	0.8432 ***	0.8411 ***	0.3207	0.5637 **
Time_LP	0.1958	−0.0566	0.2007	0.1994	0.3448	0.4357 *
Time_LF	−0.0089	−0.2794	0.0248	−0.0256	0.4342 *	0.3042
Time_AP	−0.1135	−0.2546	−0.1013	−0.1149	−0.1471	−0.0805
Time_AF	0.1903	−0.1665	0.2425	0.1565	0.5501 **	0.5246 **
Type_LD	−0.2747	−0.0423	−0.2715	−0.2829	−0.5131 **	−0.5963 **
Type_LN	−0.2396	−0.1385	−0.2236	−0.2536	−0.2579	−0.3937
Type_AD	−0.2691	0.0018	−0.2739	−0.2721	−0.5158 **	−0.6034 **
Type_AN	−0.1385	−0.0301	−0.1229	−0.1549	−0.1962	−0.2947
Direction_PD	0.0536	0.0504	0.0481	0.0574	−0.1717	−0.042
Direction_PN	−0.0608	−0.0433	−0.0614	−0.0597	−0.2485	−0.1662
Direction_FD	−0.0064	0.125	−0.026	0.0049	−0.3215	−0.2111
Direction_FN	0.1709	0.2406	0.1662	0.1677	−0.2041	−0.0193
Duration_LPD	−0.1484	−0.0341	−0.174	−0.1273	−0.292	−0.229
Duration_LPN	−0.0991	0.0939	−0.1273	−0.081	−0.3568	−0.2666
Duration_APD	−0.2958	−0.0849	−0.3152	−0.2818	−0.4479 *	−0.4305 *
Duration_APN	−0.2726	−0.0743	−0.3054	−0.2465	−0.4749 *	−0.428 *
Duration_LFD	−0.1259	0.0519	−0.1535	−0.1067	−0.4439 *	−0.3359
Duration_LFN	−0.0919	0.1425	−0.1098	−0.0853	−0.3705	−0.3103
Duration_AFD	−0.2741	0.0234	−0.2993	−0.2597	−0.5628 **	−0.544 **

注：* 表示相关系数的显著性水平是0.05；** 表示相关系数的显著性水平是0.01；*** 表示相关系数的显著性水平是0.001。

由表 9-2 可知，数量维度高速公路空间流区域聚合特征与多个经济指标之间的相关性较高，也较为显著。其中，高速公路空间流的数量维度聚合特征与区域 GDP 和第三产业 GDP 具有最强的相关性，表明区域高速公路空间流的数量可以很好地反映区域发展的总体规模和总体水平。同时，高速公路空间流的数量也可以很好地揭示第三产业的发展规模。值得注意的是，数量维度高速公路空间流区域聚合特征与人均 GDP 这一经济指标的相关性较弱，主要原因可能是人均 GDP 这一经济指标同时考虑了经济总量和人口总量两个重要的因素，高速公路空间流的数量可以很好地反映区域的经济总量，但无法准确地表明区域的人口总量。除了数量维度，其他高速公路空间流的区域聚合特征与经济指标之间的相关性普遍较弱，个别区域聚合特征与部分经济指标之间存在中等的相关性，如 Type_LD（白天离开方向的不同车辆类型之间的变化）与居民可支配收入、Type_AD（白天到达方向的不同车辆类型之间的变化）与居民可支配收入之间的相关性。

整体而言，多数高速公路空间流区域聚合特征与区域经济发展水平的相关性较弱，表明单个高速公路空间流区域聚合特征无法充分有效地揭示不同方面的区域经济发展水平。本书将进一步利用多元线性回归模型来探讨同时利用多种高速公路空间流区域聚合特征对经济发展水平的揭示能力。

（3）高速公路空间流位置聚合特征与经济水平之间的多元线性回归分析

多元线性回归模型可以利用多个高速公路空间流区域聚合特征，模拟和揭示区域经济的发展水平。本案例中，高速公路空间流区域聚合特征可以分为 3 种类型，分别是总量聚合特征（主要针对数量维度信息）、分异聚合特征（主要针对方向维度、时间维度和类型维度信息）和均值聚合特征（主要针对时长维度信息）。本书首先使用属于同一类型的高速公路空间流区域聚合特征与不同的经济指标建立线性回归模型，进而分析单一类型的高速公路空间流位置聚合特征与区域经济之间的关联关系。

本书采用模型的 R^2 来说明模型的效果，3 种类型的多元线性回归模型效果如图 9-1 所示。

由图 9-1 可知，不同类型的高速公路空间流聚合特征对区域经济发展水平的揭示能力不同。其中，高速公路空间流数量维度信息的总量聚合特征对区域 GDP、第二产业 GDP 和第三产业 GDP 的模拟效果较好，R^2 超过了 80%，表明模型可以揭示这 3 种经济指标 80% 以上的变异。但数量维度信息总量聚合特征无法有效揭示第一产业 GDP、人均 GDP 和居民可支配收入等经济指标，表明了数量维度信息的总量聚合特征无法有效揭示经济发展水平的全部方面。研究表明高速公路空间流时间维度、类型维度和方向维度等信息的分异聚合特征可以有效地揭示人均 GDP 和居民可支配收入等指标，R^2 超过了 79%；此外，这些维度的分异聚合特征对第一产业 GDP 的揭示能力也相对较高，表明了高速公路空间流时间维度、方向维度和类型维度的聚合特征也有揭示区域经济发展水平的能力，并且这些聚合特征揭示的区域经济发展水平的指标，不能通过数量维度信息的总量聚合特征揭示出来。最后，高速公路空间流时长维度的均值聚合特征对所有经济指标的揭示能力均弱于其他两种类型的聚合特征。

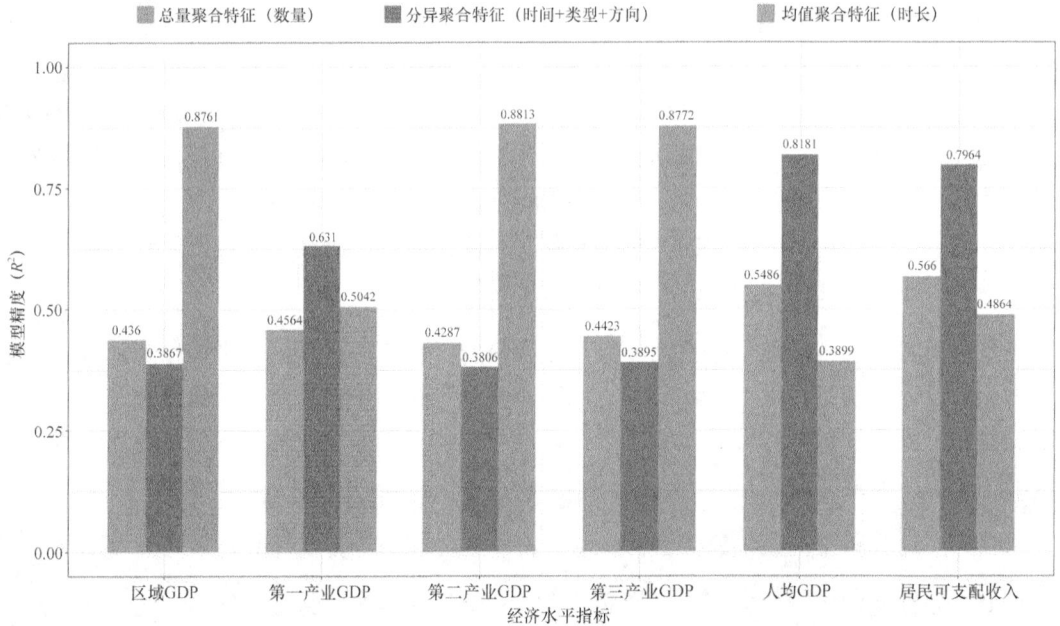

图9-1　单一类型位置聚合特征与区域经济指标多元回归精度柱状图

整体而言，高速公路空间流数量维度信息的聚合特征可以很好地揭示区域 GDP、第二产业 GDP 及第三产业 GDP，但对于第一产业 GDP、人均 GDP 以及居民可支配收入等经济指标的揭示能力较弱。高速公路空间流方向维度、类型维度及时间维度等信息的聚合特征可以很好地揭示区域经济中的人均 GDP、居民可支配收入及第一产业 GDP，但无法有效揭示区域 GDP、第二产业 GDP 和第三产业 GDP 等经济指标。因而，相较于单一的高速公路空间流聚合特征，利用多种聚合特征可以提升对区域经济的揭示能力；任何一种单一类型的高速公路空间流聚合特征都不能很好地模拟和揭示所有的经济指标。因而有必要利用不同类型的高速公路空间流区域聚合特征对区域经济指标进行模拟，以进一步探讨高速公路空间流与区域经济之间的关系。

（4）高速公路空间流聚合特征与经济水平之间的逐步回归分析

本案例采用逐步回归模型利用所有的高速公路空间流聚合特征对区域经济指标进行模拟，主要原因是上述研究结果表明不同的经济指标可能需要不同的高速公路空间流聚合特征来取得较好的模拟效果。逐步回归模型能够根据输入的所有高速公路空间流聚合特征，自动地筛选出部分重要的特征进行建模，从而取得较好的模拟效果。本案例中，逐步回归模型对不同经济指标的模拟效果如图 9-2 所示。

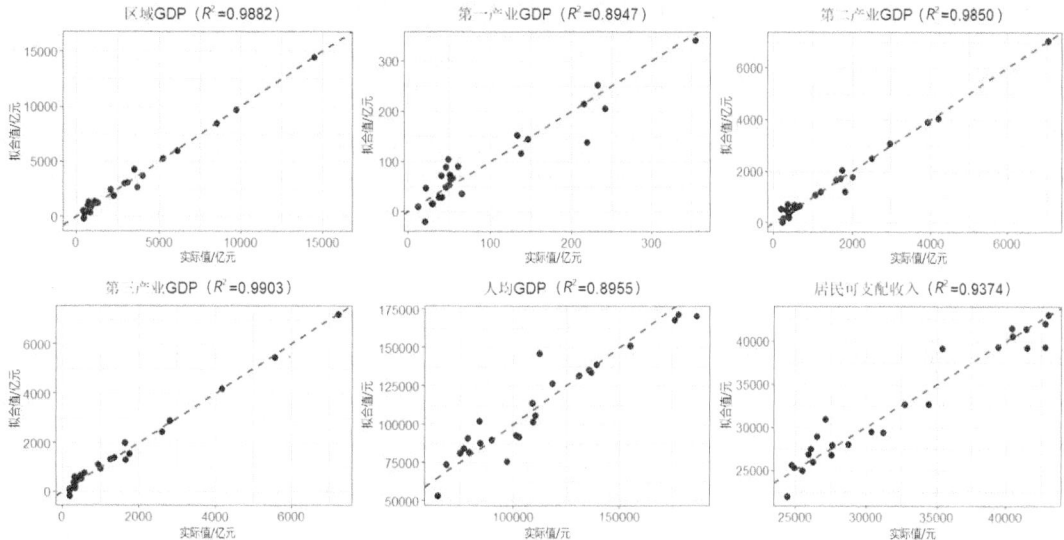

图9-2   所有聚合特征与区域经济指标逐步回归模型模拟效果

由图 9-2 可知，基于所有的高速公路空间流聚合特征，逐步回归模型可以很好地模拟经济发展指标，极大地提升了利用单一类型的高速公路空间流聚合特征进行经济指标模拟和估计的精度（R^2）。特别需要说明的是，由于自适应地筛选出部分重要的聚合特征，逐步回归模型在所有的经济指标上均取得了比较好的模拟精度，R^2 均超过了 89%，其中区域 GDP、第二产业 GDP 和第三产业 GDP 这 3 种经济指标的 R^2 超过了 98%。基于逐步回归模型，采用所有的高速公路空间流聚合特征，可以很好地对多种主要的经济指标取得很好的模拟和估计效果，表明了本书所提出的基于高速公路空间流多维信息表达模型的位置聚合分析方法所生成的聚合特征，可以很好地揭示区域经济的发展水平，包括区域经济的整体规模、三大主要产业的生产规模及区域经济效益（人均 GDP、居民可支配收入），进而表明利用高速公路空间流多维信息表达模型及其对应的位置聚合方法，可以很好地揭示出高速公路空间流与区域经济发展之间的关联性。

表 9-3 进一步显示了估计不同经济指标时逐步回归模型所选择的聚合特征的种类及其回归系数。大部分回归系数显著，说明了逐步回归模型的可靠性，其中夜间离开方向客车类型总数量（Quantity_LPN）、离开方向货车类型不同时段之间的变化（Time_LF）、白天客车类型不同方向之间的变化（Direction_PD）、夜间客车类型不同方向之间的变化（Direction_PN）、

夜间货车类型不同方向之间的变化（Direction_FN）等聚合特征被用于估计所有的经济指标，显示出了其相对重要性。白天到达方向客车类型总数量（Quantity_APD）只在估计第一产业 GDP 时被使用，显示了其在揭示第一产业经济指标时的独特重要性。夜间离开方向货车类型总数量（Quantity_LFN）只在估计第二产业 GDP 时被使用，显示了其在揭示第二产业经济指标时的独特重要性。白天到达方向的不同车辆类型之间的变化（Type_AD）只在估计居民可支配收入时被用到，显示了其独特性。

表 9-3　所有聚合特征模拟经济指标逐步回归模型系数

回归项	区域 GDP	第一产业 GDP	第二产业 GDP	第三产业 GDP	人均 GDP	居民可支配收入
Quantity_LPD	2.82 ***	0.03	1.16 ***	1.57 ***	—	—
Quantity_LPN	−5.58 ***	−0.1 *	−2.63 ***	−3.15 ***	13.36 ***	4.31 *
Quantity_APD	—	0.07 **	—	—	—	—
Quantity_APN	−2.58 **	−0.18 **	−0.69 ***	−1.28 *	—	−2.15
Quantity_LFD	−1.31 **	—	−0.44 **	−0.62 *	—	—
Quantity_LFN	—	—	0.2	—	—	—
Quantity_AFD	—	−0.05 **	—	−0.35	−19.37 **	−4.63 *
Quantity_AFN	0.89	—	—	0.76 *	18.09 *	5.95
Time_LP	−369264.84 **	−7513.56 **	−128810.1 **	−239790.29 **	—	−621090.06
Time_LF	223646.42 **	224	80423.89 **	148078.42 **	1780619.32 **	642077.54
Time_AP	247971.38 *	5279.26	71345.25 *	174559.56 **	—	663666.47
Time_AF	−104750.45 *	—	−33045.04 **	−70243.2 *	−1244795.29 *	−387895 *
Type_LD	112959.49 **	—	45102.75 *	73334.93 **	—	276955.27
Type_LN	−132622.46 **	—	−43676.42 *	−95198.33 **	−701663.82 *	−398801.5
Type_AD	—	—	—	—	—	−116312.58
Type_AN	20148.14	−330.93 **	—	22010.9 *	526640.55	201713.96 *
Direction_PD	126402.14 *	4224.32 *	36707.17 *	89756.82 **	−189735.96	222935.24
Direction_PN	−145251.68 **	−5088.79 *	−49116.87 **	−91246.32 **	542938.73 *	−185035.35
Direction_FD	−93446.47 **	—	−34372.9 **	−62437.33 **	−1354694.4 **	−285055.88
Direction_FN	89159.58 ***	734.25 **	37406.6 **	50211.87 ***	755214.77 **	187324.86 *
常数项	1177.54	1370.96 *	5479.89	−7237.89	−39382.15	−112124.31

注：* 表示回归系数的显著性水平是0.05；** 表示回归系数的显著性水平是0.01； *** 表示回归系数的显著性水平是0.001； — 表示回归模型中不包括当前聚合特征。

本案例表明了高速公路空间流多个维度信息的总量聚合特征、分异聚合特征，可以很好地揭示和模拟区域经济的发展规模和效益，说明了区域高速公路系统与经济发展的关联，证明了高速公路空间流的多种特征可以很好地估计和模拟多种经济指标，丰富了交通与区域经济研究的相关内容。

此外，本案例表明了高速公路空间流时间维度信息、类型维度信息和方向维度信息的分异特征可以揭示几个经济指标，而这些经济指标无法被高速公路空间流数量维度的总量特征所揭示。因而，高速公路空间流的分异特征与总量特征可以起到很好的互补作用，进而揭示区域经济的发展水平。具体来讲，高速公路空间流时间维度信息中白天与夜间的分异特征，可以说明不同区域夜间的活跃程度，二者分异较小，表明区域夜间活动相对频繁，进而反映了区域的发展程度较高。高速公路空间流的类型维度中客车与货车的分异特征，可以说明区域内商品贸易的活跃程度，二者之间的差异较小，说明货车数量相对较高、商品贸易相对频繁，进而说明了区域经济发展水平较高。高速公路空间流的方向维度中离开方向与到达方向之间的分异特征，可以说明区域的吸引力，当到达方向的空间流多于离开方向的空间流时，说明区域吸引力强，进而可以体现经济发展的某些特征。因而，高速公路空间流时间维度、方向维度和类型维度等信息的分异聚合特征，可以很好地揭示区域经济发展水平，表明了高速公路空间流在不同方面与区域经济发展之间的关联性。

（5）案例主要结论

利用本书提出的高速公路空间流多维信息表达模型及其对应的位置聚合分析方法，可以生成多种高速公路空间流的区域聚合特征。结合相关性分析、多元线性回归模型以及逐步回归模型，可以探讨高速公路区域聚合特征与区域经济指标的定量关系，进而揭示高速公路空间流与区域经济发展水平之间的关联关系。研究表明，高速公路空间流的数量维度信息的多种总量聚合特征可以较好地模拟区域 GDP、第二产业 GDP 以及第三产业 GDP 等经济指标；高速公路空间流时间维度、方向维度和类型维度等信息的多种分异聚合特征可以较好地模拟第一产业 GDP、人均 GDP 及居民可支配收入等经济指标；单一类型的高速公路空间流区域聚合特征无法较好地模拟出所有主要的经济指标。基于逐步回归模型，利用所有的高速公路空间流区域聚合特征模拟多种主要的区域经济指标，结果表明逐步回归模型可以很好地模拟所有主要的经济指标，揭示高速公路空间流与区域经济发展多个方面的关联关系。研究结果可为区域经济发展评价、经济发展预测、区域发展规划制定及高速公路建设等提供一定的借鉴和依据。

9.4.2　基于时间聚合的高速公路空间流与空气污染变化关联分析

高速公路空间流的主要对象是车辆，其数量庞大且车速较快。车辆在运行过程中会产生尾气，汽车尾气主要包含二氧化碳（CO_2）、水（H_2O）、一氧化碳（CO）、氮氧化物（NO_x）、碳氢化合物（HC）、二氧化硫（SO_2）和细颗粒物（PM）等，其中一部分成分是主要的空气污染物。大量车辆在高速公路系统中快速运行时会持续产生空气污染物，因而高速公路空间流对空气环境质量具有深远的影响。本案例将基于高速公路空间流的时间聚合分析方法，提取其时间聚合特征序列，探讨高速公路空间流与空气污染的时间动态关联关系。

（1）研究区与研究数据选取及处理

研究高速公路空间流与空气污染的关联，需要考虑减少城市空气污染的其他主要影响因素，一方面是天气，另一方面是高速公路与城市之间的距离和布局。为了能够凸显高速公路空间流对城市空气质量的影响，本书将重点考虑研究时段（减少天气的影响，凸显高速公路对城市空气的影响）和研究区（凸显高速公路对城市空气的影响）的选取。上述一系列案例实验的研究区和时段不是分析高速公路空间流对城市空气污染的理想环境，所以本实验案例重新选取了研究区和研究时段，最后筛选的研究区为江苏省盐城市区及其环城高速公路，研究时段为 2016 年 1 月 1 日—2016 年 1 月 4 日。

在我国，高速公路空间流的数量在节假日会出现急剧增加，因而本案例挑选节假日作为研究的时段。最终，本案例选取 2016 年元旦 3 天假期和其后一天作为研究时段，即 2016 年 1 月 1 日 00:00:00—2016 年 1 月 4 日 24:00:00，所选研究时段总共包含 96 小时。本案例选取江苏省盐城市作为研究区，基于研究区内的 7 个高速公路收费站与 4 个空气监测站，收集高速公路空间流与城市内部的空气污染物含量在连续时段的数据，进而分析高速公路空间流与城市内部空气污染变化之间的关联关系。盐城市是我国重要的沿海生态城市，研究其高速公路空间流对城市空气污染的影响，对于评估沿海城市空气环境状况、探讨区域发展对生态环境的影响等方面具有重要的意义。此外，所选研究区内的高速公路具有明显的环状布局，即高速公路围绕城市而修建。这种环状布局下，高速公路上车辆空间流动所产生的空气污染物将不可避免地影响到城市内部的空气状况。由于环状布局高速公路在我国具有典型性和代表性，因而探讨环状布局下高速公路空间流对城市内部空气污染的动态关联关系对于高速公路基础设施的建设与规划也具有一定的指导意义。本案例所选的研究区及其境内的高速公路道路、高速公路收费站和城市空气监测站分布如图 9-3 所示。

研究区内，不同高速公路收费站与城市空气监测站之间的空间距离如表 9-4 所示，其中，监测站与收费站之间的平均距离为 11.82 公里，因而本案例在一定程度上可反映中等空间尺度下高速公路空间流与城市空气污染之间的关联关系。

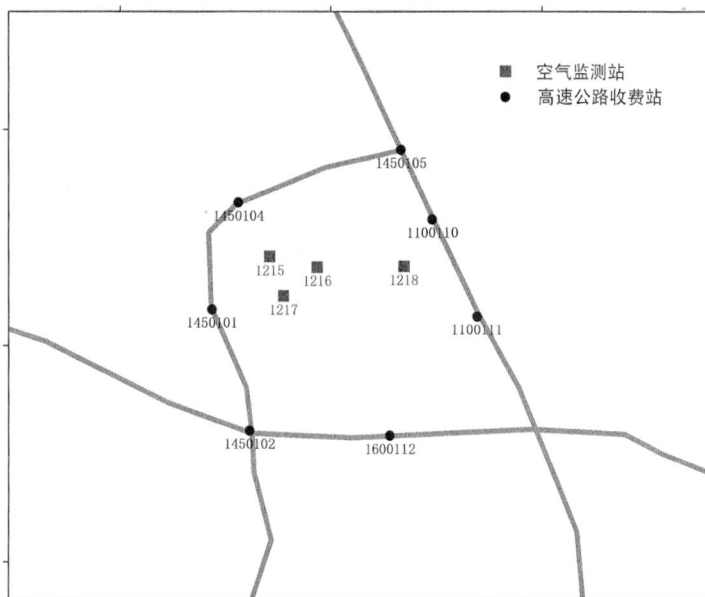

图9-3 高速公路空间流与城市空气污染变化关联探测案例研究区分布

表 9-4 高速公路收费站与城市空气监测站之间的空间距离 （单位：公里）

空气监测站	收费站						
	1450101	1450102	1450104	1450105	1100110	1100111	1600112
1215	6.18	14.95	5.16	13.36	12.45	16.13	17.77
1216	8.57	14.86	8.02	11.79	9.43	12.50	15.41
1217	5.38	11.78	8.64	15.24	12.81	14.39	14.32
1218	14.67	18.09	13.45	10.02	4.55	6.79	14.45

图 9-4 显示了不同节点（收费站）上高速公路空间流的数量维度的时间聚合特征序列，采取的聚合方式是总量聚合。结果显示，研究时段内高速公路空间流的总数量较之前出现了急剧的上升，继而其所产生的空气污染物总量也相对增加。根据当时研究区内的气象记录，所选研究时段内天气以晴为主，气象条件稳定。此外，其他各种城市空气污染的影响因素较之前时段保持相近，而高速公路空间流的数量急剧增加。因而，在所选时段内，高速公路空间流的急剧增加是影响城市空气污染变化的主要因素，继而有助于观测和探讨高速公路空间流与城市空气污染之间较为明显的动态关联关系。

对于空气污染物数据的选取，根据我国《环境空气质量标准》（GB 3095—2012）中确定的污染物种类，本案例选取 CO（mg/m^3）、NO_2（$\mu g/m^3$）、SO_2（$\mu g/m^3$）和 $PM_{2.5}$（$\mu g/m^3$）这 4

种主要的空气污染物进行分析。研究区内 4 个空气监测站在所选时段，空气污染物在小时尺度内的含量变化如图 9-5 所示。整体而言，在所选时段内，城市空气污染物含量随时间出现了波动上升的整体趋势，空气污染物含量在所选时段内的第 3 天末尾达到最高值。原因可能是增加的高速公路空间流所产生的空气污染物不断累积，在假期的最后一天达到最高值。

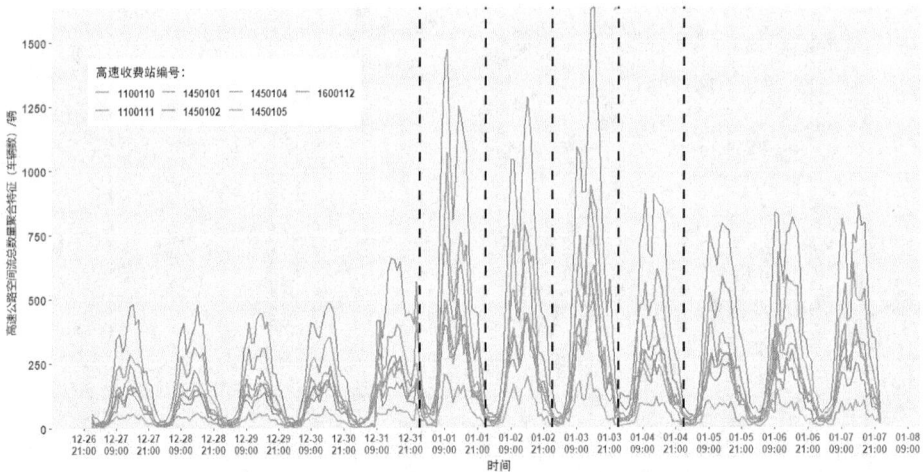

图9-4　不同节点上高速公路空间流时间聚合特征序列

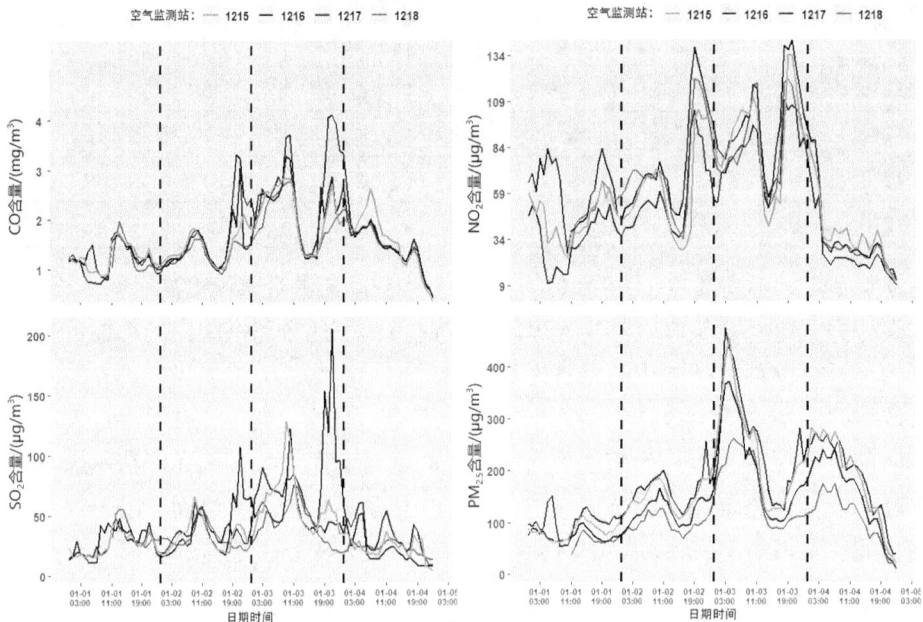

图9-5　不同空气污染物含量变化

数据表明在不同监测站同一污染物的时间变化趋势大致相同，因而本书对相同时刻不同监测站的污染物含量计算了均值，生成了污染物含量的平均时间序列，并进一步利用 SG（Savitzky-Golay）滤波器对平均时间序列进行平滑处理，提取出污染物时间序列的整体性时间变化特征，用来说明城市内部空气污染的时间变化趋势性特征。由于所选空气污染物含量所用的单位不同，本书采用 0-1 归一化处理，即根据实际序列的最小值和最大值将数据缩放到 0～1，继而可以对比不同污染物与高速公路空间流总量之间动态关联关系的强度。

基于高速公路空间流时间聚合特征序列与处理后的不同空气污染物含量时间序列，本书将建立 VAR 模型，并进一步分析不同空气污染物含量对高速公路空间流的脉冲响应特征，进而说明高速公路空间流与城市空气污染之间的动态关联关系。

（2）聚合特征序列与污染物含量时间序列的 VAR 模型

① 时间序列的统计检验。高速公路空间流时间聚合特征序列和空气污染物含量时间序列各自的平稳性检验与彼此之间的协整检验是建立 VAR 模型的基础。首先，本书采用 ADF（Augmented Dickey–Fuller）检验，即单位根检验，通过检验序列中是否存在单位根，来说明时间序列的平稳性。具体来讲，如果一组时间序列存在单位根，则说明其是非平稳时间序列。ADF 检验结果表明在所选时段内，高速公路空间流时间聚合特征序列与 CO 含量的时间序列在 90% 的置信区间内是协整的，其他 3 种空气污染物（NO_2、SO_2 和 $PM_{2.5}$）含量的时间序列在 95% 的置信区间内是协整的。因而，本书中所使用的时间序列，包括高速公路空间流时间聚合特征序列与处理后的空气污染物含量时间序列，均满足平稳性的统计检验，可进行下一步协整关系检验，用以建立 VAR 模型。

基于平稳的高速公路空间流时间聚合特征序列与空气污染物含量时间序列，本书采用 EG（Engle–Granger）检验来说明高速公路空间流与空气污染物含量的协整关系。高速公路空间流时间聚合特征序列与 4 种空气污染物含量时间序列之间的 EG 检验结果如表 9-5 所示。

表 9-5　高速公路空间流时间聚会特征序列与不同污染物的 EG 检验结果

空气污染物	EG 检验统计值	检验临界值		
		1%	5%	10%
CO	−4.0615			
NO_2	−3.6548	−2.6	−1.95	−1.61
SO_2	−4.2117			
$PM_{2.5}$	−3.0432			

结果表明，高速公路空间流时间聚合特征序列与不同空气污染物含量时间序列之间的 EG 检验的统计值均小于 1%置信水平下的检验临界值，说明高速公路空间流与空气污染物含量在时间变化规律上存在显著的协整关系，即在所选时段内高速公路空间流总量与空气污染物含量存在均衡的时间变化一致性，说明了二者之间存在某种关联关系。基于此，本书将进一步建立 VAR 模型，用来定量模拟二者之间的动态关联关系，并分析高速公路空间流的时间变化对空气污染物含量时间变化的影响。

② VAR 模型拟合效果。以不同空气污染物含量为目标变量，以高速公路空间流时间聚合特征为自变量，建立 VAR 模型，拟合效果如图 9-6 所示，本书采用 R^2 来评价模型的拟合效果。其中，滞后阶是建立 VAR 模型时一个重要的参数，本书主要基于 AIC 准则，利用模型进行自动的滞后阶参数选取，最后根据时间序列的偏自相关函数（Partial Auto Correlation Function，PACF）确定最终的滞后阶数，进行 VAR 模型的构建。

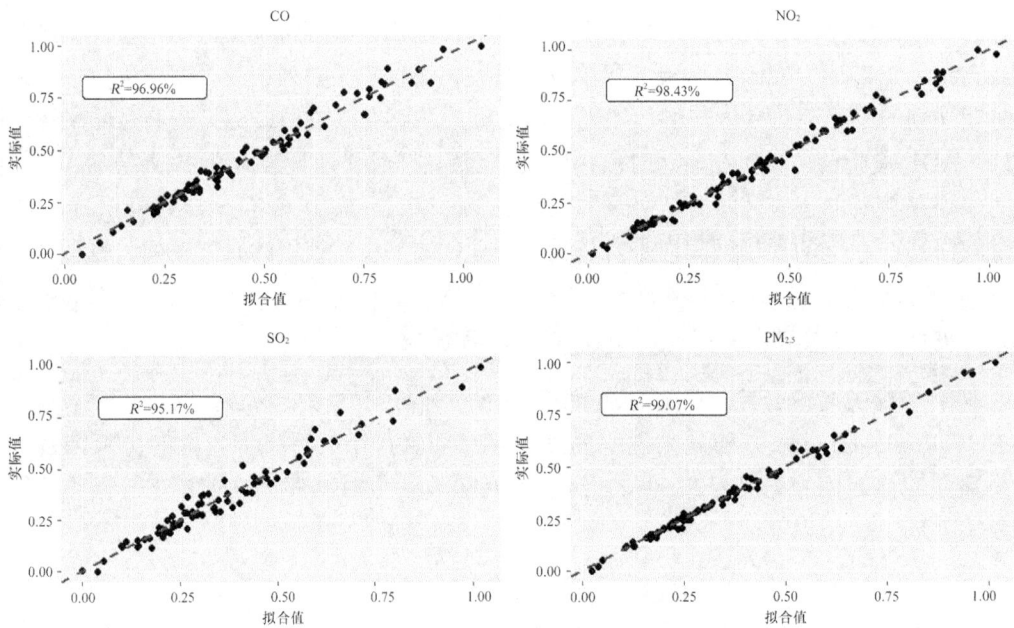

图9-6　空气污染物与高速公路空间流VAR模型拟合效果

由图 9-6 可知，VAR 模型可以很好地拟合高速公路空间流聚合特征与不同空气污染物含量在时间变化上的对应关系，不同 VAR 模型的拟合精度较好，其所对应的 R^2 均大于 95%，表明 VAR 模型可以解释 95%以上的高速公路空间流与城市空气污染物之间的分异规律。其中，VAR 模型对高速公路空间流聚合特征与空气中 $PM_{2.5}$ 含量之间的拟合精度最高，R^2 达到了 99%，主要原因可能是 $PM_{2.5}$ 是城市内最主要的空气污染物类型，汽车尾气排放物是其重要的来源之一，二者具有很好的对应关系。

综上所述，VAR 模型可以很好地模拟出高速公路空间流聚合特征与其所环绕下的城市内部空气污染物含量之间在时间变化上的对应关系，因而可以在此模型的基础上继续讨论高速公路空间流与空气污染物含量之间的时间动态关联关系。具体来讲，本书基于 VAR 模型，利用脉冲响应函数，分析了高速公路空间流对不同类型的空气污染物的影响，即不同类型的空气污染物对高速公路空间流的脉冲响应。

（3）空气污染物含量对高速公路空间流的脉冲响应分析

基于空气污染物与高速公路空间流之间的 VAR 模型，本书应用脉冲响应函数进行时间序列的脉冲响应分析，进而说明高速公路空间流与城市空气污染物含量之间的动态关联关系。其中，不同类型的空气污染物（CO、NO_2、SO_2 和 $PM_{2.5}$）对高速公路空间流的脉冲响应曲线如图 9-7 所示。图 9-7 中实线曲线代表了脉冲响应的数值，灰色的条带对应了 95% 的置信区间，脉冲响应的时间长度为 24 小时。

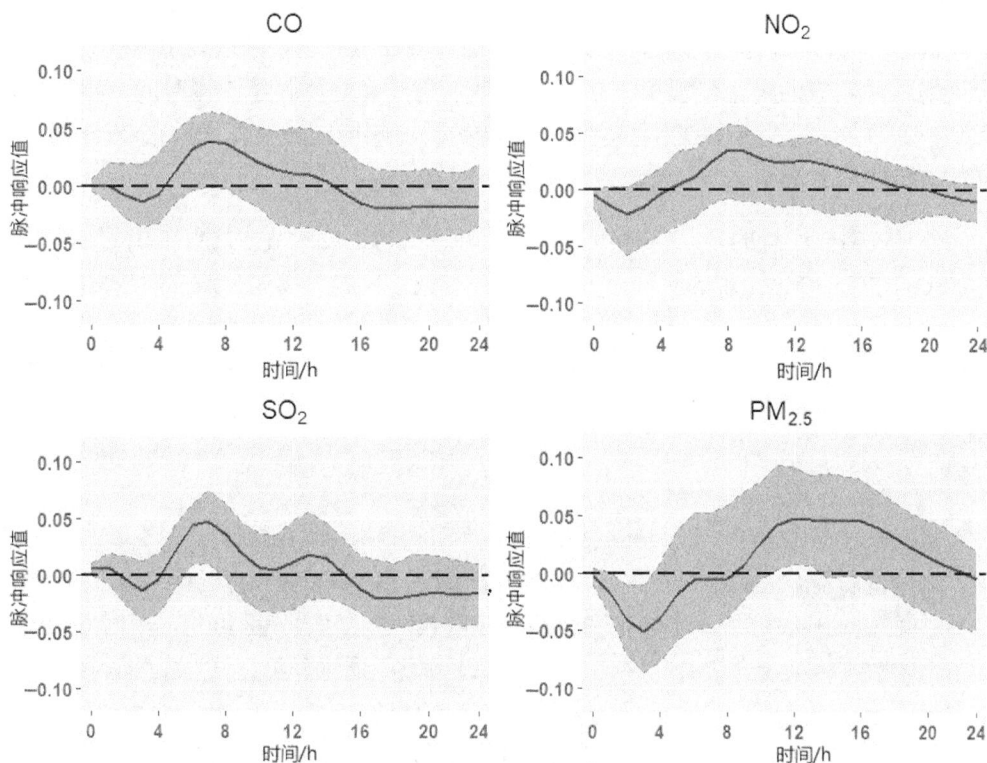

图9-7　不同类型的空气污染物对高速公路空间流的脉冲响应曲线

由图 9-7 可知，空气污染物对高速公路空间流的脉冲响应曲线大体上可以分为两种类型，分别是短峰值型和长峰值型。其中，CO 和 SO_2 的脉冲响应曲线是短峰值型的。这种类型空气污染物的脉冲响应曲线的主要特点是峰值出现的时间较早，且峰值持续的时间较短。具体来讲，当高速公路空间流对空气污染物施加一个脉冲后，由于时间上的滞后性，这两种空气污染物的初始响应值较小，经过一段时间后，其响应值开始升高，在脉冲施加后的 6 小时左右，这两种污染物对高速公路空间流的脉冲响应达到了峰值，但峰值并未持续太久，在 8 小时后，脉冲响应的峰值降低。主要原因可能是这两种空气污染物的化学性质较为活跃，在空气中不能长期稳定存在，因而其峰值持续的时间较短。但这两种脉冲响应的数值在下降的过程中出现了拖尾的特征，表明其对高速公路空间流的响应不会快速消失，会以较低水平持续一段时间。在脉冲施加后的 16 小时左右，这两种空气污染物对高速公路空间流的脉冲响应开始消失。

NO_2 和 $PM_{2.5}$ 两种空气污染物的脉冲响应曲线是长峰值型的。同样地，由于时间滞后性的存在，这两种空气污染物对高速公路空间流的脉冲响应数值较低，随着时间的推移，其脉冲响应的数值开始升高，其中 NO_2 对高速公路空间流脉冲响应的数值在 8 小时时达到了峰值，$PM_{2.5}$ 对高速公路空间流脉冲响应的数值在 12 小时时达到了峰值。这两种空气污染物脉冲响应的峰值出现后，并没有马上消失，而是持续了一段时间，出现了峰值的"平台"。在 16 小时后，这两种空气污染物的脉冲响应的峰值降低，在 20 小时左右，其脉冲响应逐渐完全消失。

此外，还需要注意的是，NO_2 和 $PM_{2.5}$ 两种空气污染物的响应峰值出现的时间均晚于 CO 和 SO_2 的响应峰值出现的时间，说明前两种空气污染物对高速公路空间流的响应较慢。同时，前两种污染物的正响应峰值持续 4 小时，比后两种空气污染物脉冲响应峰值持续的时间长。综合而言，高速公路交通流对城市 NO_2 和 $PM_{2.5}$ 的影响比对 CO 和 SO_2 的影响更强烈，持续时间也更长。

（4）案例主要结论

本案例以江苏省盐城市及其环城高速公路为研究对象，主要利用高速公路空间流多维信息表达模型以及时间聚合分析方法，生成了高速公路空间流的时间聚合特征序列，并利用多元时间序列分析中的 VAR 模型和脉冲响应函数，建立了高速公路空间流时间聚合特征序列与不同空气污染物含量时间序列之间的 VAR 模型，通过分析空气污染物含量对高速公路空间流的脉冲响应曲线，讨论了高速公路空间流与城市空气污染状况的动态关联关系。研究结果表明，高速公路空间流时间聚合特征序列与环城高速公路内部空气污染物含量时间序列具有显著的协整关系，表明二者的时间变化具有均衡的一致性；VAR 模型可以利用高速公路空间流的时间聚合特征序列对不同空气污染物的含量进行很好的模拟，模型的拟合精度较高（R^2大于95%），说明二者之间存在较好的数值对应关系。基于VAR模型，利用脉冲响应函数，分析高速公路空间流与城市空气污染物之间的动态关联关系，结果显示存在两种主要的脉冲响应曲线类型，分别是短峰值型脉冲响应曲线和长峰值型脉冲响应曲线。短峰值型包括CO和SO_2两种空气污染物的脉冲响应曲线，主要特点是峰值出现的时间较早，且峰值持续的时间较短。长峰值型包括$PM_{2.5}$和NO_2两种空气污染物的脉冲响应曲线，主要特点是峰值持续的时间较长。高速公路交通流对城市NO_2和$PM_{2.5}$的影响比对CO和SO_2的影响更强烈，持续时间也更长。

9.5　本章小结

本章主要关注的地理学研究目标为探索高速公路空间流与地理变量之间的关联关系，提出了相应的以地理位置为主题和以时间变化为主题的高速公路空间流聚合分析方法。将利用位置聚合方法分析高速公路空间流与地理变量之间的关联关系称为静态关联关系探索，将利用时间聚合方法分析高速公路空间流与地理变量之间的关联关系称为动态关联关系探索。对于静态关联关系探索，首先基于高速公路空间流的节点聚合特征，设计了与地理变量在空间单元上相互匹配的高速公路区域聚合特征；基于相同空间区域内对应的高速公路空间流区域聚合特征与地理变量数值，利用相关性分析和回归模型可分析高速公路空间流与地理变量之间的关联关系，具体分为高速公路空间流的驱动因子分析和高速公路空间流的产生影响分析。对于动态关联关系探索，主要计算相同时间单元内高速公路空间流的节点聚合特征，并进一步汇总得到高速公路空间流时间聚合特征序列，进而支持利用多变量时间序列分析方法，如向量自回归模型和脉冲响应函数，分析高速公路空间流与地理要素之间的动态关联关系。本书通过探讨高速公路空间流与区域经济水平之间的关系，验证了所提出的基于位置聚合的高速公路空间流静态关联关系探索方法，通过讨论高速公路空间流与空气污染物含量变化之间的关系，验证了所提出的基于时间聚合的高速公路空间流动态关联关系探索方法。基于高速公路空间流与地理要素关联关系探索的研究目标，本书分别提出高速公路空间流的位置聚合方法和时间聚合方法，并通过案例证明了其具有较好的应用效果。

第 **10** 章
结论、创新和展望

10.1 主要结论

高速公路系统是社会经济发展的重要驱动作用之一，从空间流的视角探讨高速公路系统内的车辆流动，对于揭示区域内经济活动和人口出行的空间分异格局和流动规律等方面具有重要的意义。针对已有研究中以 OD 数据为代表的空间流表达方式忽略高速公路空间流的多种重要内涵信息、关注个体流动记录，而造成数据量大、难以应用于 GIS 空间分析方法等研究现状，本书进行了高速公路空间流的表达模型和分析方法的研究工作。首先梳理了高速公路空间流的基本信息内核，构建出高速公路空间流的多维信息表达空间，进而提出了高速公路空间流多维信息表达概念模型和逻辑模型。利用多维信息表达模型，本书提出了高速公路空间流聚合分析的基本模式和主要步骤等框架，然后分别介绍了基于地理位置和基于时间变化的高速公路空间流聚合分析模式。以所提时空聚合模式为骨架，提出了面向不同地理学研究目标的高速公路空间流时空聚合分析方法，并通过案例证明了所提方法的可行性与有效性。本书的主要结论如下。

（1）本书构建出高速公路空间流的多维信息表达空间，主要包括位置、时间、方向、距离、时长、类型和数量 7 个维度，并提出了高速公路空间流多维信息表达概念模型和多维信息表达逻辑模型。所提出的多维信息表达模型可以对高速公路的多种重要信息进行表征，包括几何信息、时间信息和属性信息等。相较于已有表达方式，本书所提出的高速公路空间流多维信息表达模型具有多种信息直接表达、粒度可变等优势，一定程度上丰富了 GIS 中研究空间流的理论体系，为空间流数据的处理和分析提供了适用的理论依据。

（2）利用高速公路空间流多维信息表达模型，本书提出了高速公路空间流聚合分析的基本模式。通过梳理高速公路空间流聚合分析的基本内涵，构建了高速公路空间流聚合分析的基本框架，主要包括基准维度选取、维度单元划分、空间流筛选、聚合特征生成和聚合特征分析等步骤。分别以空间位置和时间变化为聚合分析的主题维度，提出了基于地理位置和基于时间变化的高速公路空间流聚合分析模式。根据所提出的这两种聚合分析模式，可进一步设计出具体的高速公路空间流时空聚合分析方法，以支持不同目标下对高速公路空间流的地理学分析。

（3）以分析高速公路空间流地理分异格局为研究目标，本书提出了高速公路空间流的位置聚合分析方法，其中不同类型的位置单元（节点、路径、连线）对应 3 种类型的位置聚合分析方法。对于节点聚合分析，本书提出了不同的节点聚合特征计算方法和对应的特征排序筛选算法，用以说明在不同点单元间高速公路空间流的地理分异格局。对于路径聚合分析，设计了速度异常高速公路空间流所占比例这一路径聚合特征，用以探测发生交通拥堵的路径和路段，进而说明高速公路网络中交通拥堵的空间分异格局。对于连线聚合，设计了维度信息转换方法，以利用已有聚类方法实现对高速公路空间流连线的聚合分析。3 种位置聚合分析方法的实验案例表明，基于节点的高速公路空间流聚合方法可以说明高速公路空间流在点单元上的空间分异格局，并支持利用 GIS 中的空间分析方法挖掘高速公路空间流的地理分异规律；基于行驶路径的高速公路空间流聚合分析方法可以挖掘出高速公路网络中交通拥堵的空间分异格局，为高速公路网络规划设计提供指导和依据；基于节点连线的高速公路空间流聚合方法，可以挖掘出不同区域之间的空间连接关系，为区域规划、城市协同发展提供借鉴。

（4）以预测高速公路空间流的数量为研究目标，本书提出了高速公路空间流时间聚合分析方法。对高速公路空间流的时间维度、空间维度、类型维度和数量维度进行三维张量构造，并利用 CP 分解方法提取高速公路空间流的时间聚合特征序列，以反映其时间变化规律；使用时间序列分析方法中的 ARIMA 模型，对时间聚合特征序列进行拟合，以模拟其时间规律性；根据 ARIMA 模型的预测值，利用张量重构计算不同维度组合下高速公路空间流数量的预测值。实验表明，对三维张量进行 CP 分解可以得到不同的高速公路空间流时间聚合特征序列，反映了高速公路空间流时间演变的多种特征；ARIMA 模型可以较好地对提取出的高速公路空间流聚合特征序列进行模拟和预测，利用张量重构进行高速公路空间流数量的多维同步预测，所得到的预测值具有较高的整体精度；对比实验表明，本书提出的方法在预测效率方面具有明显的优势，可以极大地减少高速公路系统中空间流数量预测时需要处理的时间序列的条数，减少高速公路空间流数量预测的工作量。

（5）以探索高速公路空间流的关联关系为研究目标，本书提出了分析静态关联关系的位置聚合方法和分析动态关联关系的时间聚合方法。对于静态关联关系探索，设计了与地理变量在空间单元上相互匹配的高速公路区域聚合特征生成方法，再根据相同区域内地理变量数值，利用回归模型分析高速公路空间流与地理要素的关联关系（包括驱动因子分析和产生影响分析）。对于动态关联关系探索，汇总得到高速公路空间流时间聚合特征序列，进而支持利用多变量时间序列分析方法（包括向量自回归模型和脉冲响应函数），分析高速公路空间流与地理要素之间的动态关联关系。在案例中，通过探讨高速公路空间流与区域经济水平之间的关系，表明高速公路空间流聚合特征对区域经济发展水平具有较强的揭示能力；通过讨论高速公路空间流时间聚合特征序列与空气污染物浓度变化之间的关系，展示了环城高速公路空间流对城市空气污染的影响。

总而言之，本书提出了"1 个表达模型 + 2 套聚合模式 + 4 种聚合方法"的内容体系，并通过多个案例证明了所提出内容的可用性和有效性。其中，表达模型主要指高速公路空间流的多维信息表达模型，包括概念模型和逻辑模型；聚合模式包括基于地理位置的高速公路空间流聚合分析模式和基于时间变化的高速公路空间流聚合分析模式；聚合方法指面向地理格局分析的高速公路空间流位置聚合分析方法、面向数量预测的高速公路空间流时间聚合分析方法、面向静态关联关系探索的高速公路空间流位置聚合分析方法和面向动态关联关系探索的高速公路空间流时间聚合分析方法。

10.2　创新点

本书以高速公路空间流为研究对象，提出了高速公路空间流多维信息表达模型和时空聚合分析方法，并通过案例应用和验证了所提出的模型和方法。本书的创新点主要包括以下 4 个方面。

（1）建立了一种新的高速公路空间流的表达与分析方法

本书建立了高速公路空间流多维信息表达模型，并在该表达模型的基础上构建出高速公路空间流聚合分析模式和方法，包括基于地理位置的高速公路空间流聚合分析和基于时间变化的高速公路空间流聚合分析。以两种高速公路空间流的聚合分析模式（空间和时间）为骨架，根据不同的研究目标（分析空间格局、预测时间过程、探索关联关系），本书进一步提出了对应的高速公路空间流聚合分析方法，进行高速公路空间流数据的规律挖掘与分析，构建出面向高速公路空间流表达和分析的新方法体系。同时，本书提出的高速公路空间流表达模型和分析方法，有效扩展了已有研究中主要基于 OD 数据的空间流表达方式。本书提出的高速公路空间流聚合分析方法也为其他类型空间流数据的知识挖掘提供了新的思路。

（2）揭示了多样的高速公路空间流地理分异规律

本书基于起止节点、行驶路径和节点连线 3 种类型的地理位置，分别构建出高速公路空间流的聚合分析方法，用以分析高速公路空间流的地理分异格局。基于起止节点的高速公路空间流聚合方法生成的多种节点聚合特征，可以在点单元的尺度上表征高速公路空间流不同方面的空间分异格局，并支持利用 GIS 空间分析的方法挖掘其空间分异规律。基于行驶路径的高速公路空间流聚合分析方法，可以揭示出高速公路网络中交通拥堵发生频率的空间分异格局，对于路网规划具有指导意义。基于节点连线的高速公路空间流聚合分析方法，可以揭示出不同区域之间的连接关系，进而说明区域交流密切度的空间分异格局。因而，本书在统一的框架下，利用相同的基于地理位置的高速公路空间流聚合分析模式，揭示了区域系统内高速公路空间流多样的地理分异规律。

（3）实现了区域系统内高速公路空间流数量的高效预测

在传统研究中，区域高速公路系统内不同空间位置上不同类型车辆的空间流数量的预测，主要基于其原始时间序列进行建模和预测，往往需要处理较多数量的时间序列，因而具有极大的工作量。本书梳理高速公路空间流多维特性，建立了新的表达模型，并进一步提出时间聚合分析方法生成时间聚合特征序列，通过对少量时间聚合特征序列的建模和预测，实现了对区域系统多个位置上多种类型的高速公路空间流数量的预测。案例实验结果表明，该方法可以极大地减少高速公路系统中空间流数量预测所需要处理的时间序列的条数，极大地减少了高速公路空间流数量预测的工作量，是一种高效的预测方法。

（4）分析了高速公路空间流与地理要素（社会经济、空气污染）之间的关联关系

高速公路空间流是一种重要的地理对象，其与多种地理要素相互影响和相互关联，本书提出了面向关联关系探索的高速公路空间流聚合分析方法，包括以空间聚合为基础的静态关联关系探索方法和以时间聚合为基础的动态关联关系探索方法。以分析高速公路空间流与区域经济发展水平之间的关系为例，说明了高速公路空间流静态关联关系探索的方法，研究案例证明了高速公路空间流的区域聚合特征可以很好地模拟区域不同的经济指标，说明区域聚合特征能够反映出高速公路空间流综合状况的不同方面，并进一步揭示区域经济发展的真实水平。本书以分析高速公路空间流与城市内部空气污染物含量之间的关系为例，说明了高速公路空间流动态关联关系的探索方法，研究案例表明 VAR 模型可以很好地模拟高速公路空间流时间聚合特征序列和空气污染物时间序列的动态关联，进一步利用脉冲响应函数分析了高速公路空间流对城市内部空气污染物含量的动态影响。本书以高速公路空

间流的时空聚合分析为基础，构建了高速公路空间流静态关联关系和动态关联关系探索的方法，扩展了高速公路空间流的应用范围，也为高速公路相关研究领域提供了新方法。

10.3　研究展望

（1）利用所提表达模型和聚合分析方法研究其他类型的地理空间流

本书的研究对象是高速公路空间流，通过抽象其共有特性，构建出多维信息表达空间，进而提出高速公路空间流多维信息表达模型，并在此表达模型的基础上提出了高速公路空间流时空聚合分析方法。本书关注的高速公路空间流的基本维度包括位置、时间、方向、距离、时长、类型和数量 7 个维度，这些维度也是其他类型空间流的基本特征，例如出租车的空间流、海洋浮标的空间流。因而，将本书提出的空间流的多维信息表达模型和聚合分析方法，应用于其他类型的地理空间流，分析其所对应的空间分异格局、时间变化过程和要素关联关系，是后续可深入开展的研究。

（2）探讨以非时空维度为聚合主题的高速公路空间流聚合分析方法

本书提出的高速公路空间流多维信息表达模型中包含 7 个基本维度，本书主要基于位置维度和时间维度构建了高速公路空间流位置聚合分析模式和高速公路空间流时间聚合分析模式，并将这两种基本维度对应的分析模式进一步具现化为不同的分析方法，以进行不同目标（分析空间格局、预测时间过程、探索关联关系）下的地理学研究。对于除位置和时间之外的维度，本书并没有进一步讨论其聚合分析的可行性以及对应的聚合分析的基本模式和具体方法。因而，在后续研究中，可进一步探讨基于时空之外的其他维度的高速公路空间流聚合分析的可行性，思考基于该维度进行聚合分析的内涵，提出聚合分析的模式和方法并示范其聚合分析的应用，从而进一步扩展高速公路空间流聚合分析的理论和方法体系，完善高速公路空间流聚合分析的框架。

（3）进一步分析高速公路空间流与地理要素之间的关联关系

高速公路系统在区域发展中发挥着重要的作用，高速公路车辆的空间流动数据是高速公路系统实际运行的状态记录，因而可基于高速公路空间流研究高速公路系统对区域内各个方面的影响。本书提出的高速公路空间流时空聚合分析方法，可以提取出高速公路空间流多样的综合特征的空间分异格局（由位置聚合得到）和时间规律（由时间聚合得到），所得出的丰富的高速公路空间流综合特征可用于探索高速公路空间流与各个方面的关联关系（动态关联关系和静态关联关系）。本书中的案例主要筛选了人文要素中的经济发展水平和自然要素中的空气污染物含量两个方面，分析高速公路空间流与这两个方面的关联关系，重点讨论高速公路空间流对这两个方面的影响。在后续的研究中，可基于本书所提方法得出的高速公路空间流综合特征，探讨高速公路与其他多个方面的综合影响，如农村发展、旅游出行、人口通勤等。另外，在分析高速公路空间流产生影响的同时，需要重视高速公路空间流的驱动因素，进而可评价不同区域的高速公路系统的匹配度与饱和度，为区域高速公路系统发展规划提供指导和借鉴。

（4）探讨对轨迹数据和动态空间流信息的表达和分析

当前研究中空间流的主要表达形式是 OD 数据，除此之外轨迹数据也是记录个体位置变化的一类数据，蕴含着大量空间流信息。本书未深入探讨轨迹数据所代表的高速公路空间流表达和分析的方法，主要原因是轨迹数据和 OD 数据具有较大的关联性。一方面，轨迹数据是个体从起点到终点的详细位移过程记录，即主要记录一系列时间和位置之间的对应关系，所以对于空间流整体而言，轨迹数据的起点和终点就会形成 OD 数据，轨迹整体的起点和终点可以适用于本书所提内容。另一方面，轨迹数据的相邻点对表示了有精确数据记录的空间移动，即起点和终点，属于一次 OD 记录。因而轨迹数据可以拆分为一系列的 OD 记录，其中局部的 OD 记录可以用本书所提方法来表达，进而分析空间流的过程状态特征。除此之外，对于高速公路空间流而言，其具有受路网约束程度高的特点，本书中的基于行驶路径的高速公路空间流聚合可以反映高速公路空间流轨迹分析的某些特征。基于以上思考，后续研究将进一步探讨轨迹数据所代表的高速公路空间流信息多维信息表达和时空聚合分析方法。此外，本书所进行的高速公路空间流的表达与分析主要针对已完成位置变化的车辆，目标在于挖掘高速公路空间流历史记录数据中的规律和知识，无法对运行中的车辆进行分析，即未构建高速公路空间流的实时分析模型。后续研究工作可以基于轨迹数据，探讨实时动态的空间流表达模型和分析方法，从而进行空间流方向、轨迹等信息的预测，进而促进智能交通系统的建设。

参考文献

[1] DODGE S, GAO S, TOMKO M, et al. Progress in computational movement analysis – towards movement data science [J]. International Journal of Geographical Information Science, 2020, 34(12):2395-2400.

[2] DODGE S, WEIBEL R, AHEARN S C, et al. Analysis of movement data [J]. International Journal of Geographical Information Science, 2016, 30(5):825-834.

[3] 裴韬, 舒华, 郭思慧, 等. 地理流的空间模式:概念与分类 [J]. 地球信息科学学报, 2020, 22(01):30-40.

[4] 刘瑜, 康朝贵, 王法辉. 大数据驱动的人类移动模式和模型研究 [J]. 武汉大学学报(信息科学版), 2014, 39(06):660-666.

[5] 刘瑜, 肖昱, 高松, 等. 基于位置感知设备的人类移动研究综述 [J]. 地理与地理信息科学, 2011, 27(04):8-13.

[6] ANDRIS C, LIU X, FERREIRA J. Challenges for social flows [J]. Computers, Environment and Urban Systems, 2018, 70:197-207.

[7] HE G, XIE Y, ZHANG B. Expressways, GDP, and the environment: the case of China [J]. Journal of Development Economics, 2020, 145:102485.

[8] PERCOCO M. Highways, local economic structure and urban development [J]. Journal of Economic Geography, 2016, 16(5):1035-1054.

[9] GUO D, ZHU X. Origin-destination flow data smoothing and mapping [J]. IEEE Transactions on Visualization and Computer Graphics, 2014, 20(12):2043-2052.

[10] GUO X G, XU Z J, ZHANG J Q, et al. An OD flow clustering method based on vector constraints: a case study for Beijing taxi origin-destination data [J]. ISPRS International Journal of Geo-Information, 2020, 9(2):22.

[11] ISHIKAWA K, NAKAYAMA D. Estimation of origin-destination flows of passenger cars in 1925 in old Tokyo city, Japan [J]. ISPRS International Journal of Geo-Information, 2019, 8(11):472.

[12] SONG C, PEI T, MA T, et al. Detecting arbitrarily shaped clusters in origin-destination flows using ant colony optimization [J]. International Journal of Geographical Information Science, 2019, 33(1):134-154.

[13] ALE-AHMAD H, CHEN Y, MAHMASSANI H S. Travel time variability and congestion assessment for origin-destination clusters through the experience of mobility companies [J]. Transportation Research Record, 2020, 2674(12):2095031.

[14] ANDRIENKO G, ANDRIENKO N, FUCHS G, et al. Revealing patterns and trends of mass mobility through spatial and temporal abstraction of origin-destination movement data[J]. IEEE Transactions on Visualization and Computer Graphics, 2017, 23(9):2120-2136.

[15] ASAKURA Y, HATO E, KASHIWADANI M. Origin-destination matrices estimation model using automatic vehicle identification data and its application to the Han-Shin expressway network [J]. Transportation, 2000, 27(4):419-438.

[16] DAI X Q, SUN L J, XU Y Y. Short-term origin-destination based metro flow prediction with probabilistic model selection approach [J]. Journal of Advanced Transportation, 2018, 2018:1-15.

[17] DONG Q F, CHEN D K, WANG T. Urban community structure detection based on the OD of traffic analysis zones [J]. Modern Physics Letters B, 2019, 33(13):13.

[18] LI X, KURTHS J, GAO C, et al. A hybrid algorithm for estimating origin-destination flows [J]. IEEE Access, 2018(6):677-687.

[19] MA J, LI H, YUAN F, et al. Deriving operational origin-destination matrices from large scale mobile phone data [J]. International Journal of Transportation Science and Technology, 2013, 2(3):183-204.

[20] MUNIZAGA M A, PALMA C. Estimation of a disaggregate multimodal public transport origin-destination matrix from passive smartcard data from Santiago, Chile [J]. Transportation Research Part C: Emerging Technologies, 2012, 24:9-18.

[21] RAO W M, WU Y-J, XIA J X, et al. Origin-destination pattern estimation based on trajectory reconstruction using automatic license plate recognition data [J]. Transportation Research Part C: Emerging Technologies, 2018, 95:29-46.

[22] REN J, XIE Q. Efficient OD trip matrix prediction based on tensor decomposition [C]. 2017 18th IEEE

International Conference on Mobile Data Management (MDM),2017: 180-185.

[23] SUN Y, REN Y, SUN X. Uber movement data: a proxy for average one-way commuting times by car [J]. ISPRS International Journal of Geo-Information, 2020, 9(3):184.

[24] WEI W, MAO B H, CHEN S K, et al. Spatial correlation analytical method of OD flow in freight transport: a case study of China [C]//Proceedings of the 2016 International Conference on Civil, Transportation and Environment. Paris:Atlantis Press, 2016: 161-171.

[25] YANG X, LU Y, HAO W. Origin-destination estimation using probe vehicle trajectory and link counts [J]. Journal of Advanced Transportation, 2017, 2017:1-18.

[26] 郑晔. 时空流计算模型及其在边缘计算环境下的验证 [D]. 杭州: 浙江大学, 2017.

[27] HE B, ZHANG Y, CHEN Y, et al. A simple line clustering method for spatial analysis with Origin-Destination data and its application to bike-sharing movement data [J]. ISPRS International Journal of geo-information, 2018, 7(6):16.

[28] GUO D, ZHU X, JIN H, et al. Discovering spatial patterns in origin-destination mobility data [J]. Transactions in GIS, 2012, 16(3):411-429.

[29] KAN Z H, TANG L L, KWAN M-P, et al. Traffic congestion analysis at the turn level using Taxis' GPS trajectory data [J]. Computers, Environment and Urban Systems, 2019, 74:229-243.

[30] KOHAN M, ALE J M. Discovering traffic congestion through traffic flow patterns generated by moving object trajectories [J]. Computers, Environment and Urban Systems, 2020, 80:1-14.

[31] Qian X W, Lei T, Xue J W, et al. Impact of transportation network companies on urban congestion: Evidence from large-scale trajectory data [J]. Sustainable Cities and Society, 2020, 55:102053.

[32] ZHANG Y C, ZUO X Q, ZHANG L T, et al. Traffic congestion detection based on GPS floating-car data [J]. Procedia Engineering, 2011, 15:5541-5546.

[33] ZHU X, GUO D, KOYLU C, et al. Density-based multi-scale flow mapping and generalization [J]. Computers, Environment and Urban Systems, 2019, 77:1-10.

[34] GUO D S. Flow mapping and multivariate visualization of large spatial interaction data [J]. IEEE Transactions on Visualization and Computer Graphics, 2009, 15(6):1041-1048.

[35] ANDRIENKO N, ANDRIENKO G. Spatial generalization and aggregation of massive movement data [J]. IEEE Transactions on Visualization and Computer Graphics, 2011, 17(2):205-219.

[36] ANDRIENKO G, ANDRIENKO N. Spatio-temporal aggregation for visual analysis of movements [C]. 2008 IEEE Symposium on Visual Analytics Science and Technology, Columbus, USA, 2008:51-58.

[37] WOOD J, DYKES J, SLINGSBY A. Visualisation of origins, destinations and flows with OD maps [J]. The Cartographic Journal, 2010, 47(2):117-129.

[38] YAO X, WU L, ZHU D, et al. Visualizing spatial interaction characteristics with direction-based pattern maps [J]. Journal of Visualization , 2019, 22(3):555-569.

[39] ZHU X, GUO D S. Mapping large spatial flow data with hierarchical clustering [J]. Transactions in GIS, 2014, 18(3):421-435.

[40] MADDOX C, CORCORAN J, LIU Y. Mapping spatial flows over time: a case study using journey-to-work data [J]. Journal of Spatial Science, 2013, 58(1):147-159.

[41] ROWE F, PATIAS N. Mapping the spatial patterns of internal migration in Europe [J]. Regional Studies, Regional Science , 2020, 7(1):390-393.

[42] 曹俊杰. 基于出租车数据的可视化系统与出行模式可视分析 [D]. 杭州: 浙江师范大学, 2019.

[43] 冯涛. 基于出租车 OD 流数据的居民出行模式可视分析 [D].武汉: 武汉大学, 2017.

[44] GAO Y Z, LI T, WANG S W, et al. A multidimensional spatial scan statistics approach to movement pattern comparison [J]. International Journal of Geographical Information Science, 2018, 32(7):1304-1325.

[45] 冯涛, 艾廷华, 杨伟, 等. 基于 Circos 弦图的居民出行模式可视分析 [J]. 华中师范大学学报(自然科学版), 2016, 50(03):471-480.

[46] LI Y N, ZHANG K, HU D N, et al. The influence of edge bundling on visual information search [J]. Information Sciences, 2019, 495:234-246.

[47] YANG G B, MA K L, YUAN X H, et al. Expectation-based 3D edge bundling [J]. Multimed Tools Applications, 2019, 78(24):35099-35118.

[48] ZHENG J X, PAWAR S, GOODMAN D F M. Further towards unambiguous edge bundling: investigating power-confluent drawings for network visualization [J]. IEEE Transactions on Visualization and Computer Graphics, 2021, 27(3):2244-2249.

[49] LUO L K, HE Z C, LU Y H, et al. Clarifying origin-destination flows using force-directed edge bundling layout [J]. IEEE Access, 2020, 8:62572-62583.

[50] ZENG W, SHEN Q, JIANG Y, et al. Route-aware edge bundling for visualizing origin-destination trails in urban traffic [J]. Computer Graphics Forum, 2019, 38(3):581-593.

[51] GUO L, ZUO W L, PENG T, et al. Attribute-based edge bundling for visualizing social networks [J]. Physica A, 2015:438:48-55.

[52] WOOD J, DYKES J, SLINGSBY A, et al. Flow trees for exploring spatial trajectories [D].Durham, UK:University of Durham,2009.

[53] ZHANG H, ZHOU X, TANG G, et al. Detecting colocation flow patterns in the geographical interaction data [J]. Geographical Analysis, 2022,54(1):84-103.

[54] TAO R, THILL J C. Spatial cluster detection in spatial flow data [J]. Geographical Analysis, 2016, 48(4):355-372.

[55] GAO X, LIU Y S, YI D S, et al. A spatial flow clustering method based on the constraint of origin-destination points' location [J]. IEEE Access, 2020, 8:216069-216082.

[56] 杨喜平, 方志祥, 赵志远, 等. 城市人群聚集消散时空模式探索分析: 以深圳市为例 [J]. 地球信息科学学报, 2016, 18(04):486-492.

[57] XIANG Q L, WU Q Y. Tree-based and optimum cut-based origin-destination flow clustering [J]. ISPRS International Journal of Geo-Information, 2019, 8(11):20.

[58] LIU Y, YAO X, GONG Y, et al. Analytical methods and applications of spatial interactions in the era of big data [J]. Acta Geographica Sinica, 2020, 75(7):1523-1538.

[59] RAE A. From spatial interaction data to spatial interaction information? Geovisualisation and spatial structures of migration from the 2001 UK census [J]. Computer Environment Urban System, 2009, 33(3):161-178.

[60] JANG W, YAO X B. Interpolating spatial interaction data [J]. Transactions in GIS, 2011, 15(4):541-555.

[61] TSUTSUMI M, TAMESUE K. Intraregional flow problem in spatial econometric model for origin-destination flows [J]. Environment and Planning B: Urban Analytics and City Science, 2012, 39(6):1006-1015.

[62] DENNETT A, WILSON A. A multilevel spatial interaction modelling framework for estimating interregional migration in Europe [J] Environment and Planning A: Economy and Space, 2013, 45(6):1491-1507.

[63] DAI T Q, JIN F J. Spatial interaction and network structure evolvement of cities in terms of China's rail passenger flows [J]. Chinese Geographical Science, 2008, 18(3):206-213.

[64] GARRIDO R A. Spatial interaction between the truck flows through the Mexico-Texas border [J]. Transportation Research Part A:Policy and Practice, 2000, 34(1):23-33.

[65] ZHANG L F, CHENG J Q, JIN C. Spatial interaction modeling of OD flow data: comparing geographically weighted negative binomial regression (GWNBR) and OLS (GWOLSR) [J]. ISPRS International Journal of Geo-Information, 2019, 8(5):18.

[66] KE W, CHEN W, YU Z. Uncovering spatial structures of regional city networks from expressway traffic flow data: a case study from Jiangsu province, China [J]. Sustainability, 2017, 9(9):1541.

[67] FOTHERINGHAM A S. Spatial flows and spatial patterns [J]. Environment and Planning A: Economy and Space, 1984, 16(4):529-543.

[68] BOUKEBBAB S, BOULAHLIB M S. The spatial interactions using the gravity model: application at the evaluation of transport efficiency at Constantine City, Algeria [C]. Theory and Engineering of Complex Systems and Dependability,2015: 35-44.

[69] CHOI K, CHAE K. Data aggregation using temporal and spatial correlations in advanced metering infrastructure [C]. International Conference on Information Networking, 2014.

[70] GOMEZ L, HAESEVOETS S, KUIJPERS B, et al. Spatial aggregation: data model and implementation [J]. Information Systems, 2009, 34(6):551-576.

[71] VIGGIANO C, KOUTSOPOULOS H N, WILSON N H M, et al. Applying spatial aggregation methods to identify opportunities for new bus services in London [J]. Transportation Research Record, 2018, 2672(8):75-85.

[72] WANG L, CHRISTENSEN R, LI F F, et al. Spatial online sampling and aggregation [J].Proceedings of the VLDB Endowment, 2015, 9(3):84-95.

[73] 张雪英, 闾国年, 叶鹏. 大数据地理信息系统:框架、技术与挑战 [J]. 现代测绘, 2020, 43(06):1-8

[74] 杜晖. 基于耦合关系的学术信息资源深度聚合研究 [D]. 武汉: 武汉大学, 2013.

[75] ANDRIENKO G, ANDRIENKO N. A general framework for using aggregation in visual exploration of movement data [J]. The Cartographic Journal, 2010, 47:22-40.

[76] 郭亚然. 基于高速公路联网收费数据的区间 OD 矩阵预测 [D]. 长沙: 长沙理工大学, 2019.

[77] 钟足峰, 刘伟铭. 基于联网收费数据预测交通流量的实现 [J]. 中国管理信息化, 2009, 12(02):59-61.

[78] ZHENG K N, YAO E J, ZHANG J Y, et al. Traffic flow estimation on the expressway network using toll ticket data [J]. IET Intelligent Transport Systems, 2019, 13(5):886-895.

[79] 方杰, 罗建科, 丘建栋, 等. 基于联网收费数据实时滑动校核的高速公路交通量预测平台的应用研究 [J]. 公路工程, 2015, 40(04):205-209.

[80] 陈家炎. 基于联网收费数据的高速公路交通流特征分析 [D]. 广州: 华南理工大学, 2014.

[81] 崔毓伟, 李隆杰. 高速公路站级联网收费数据挖掘应用 [J]. 上海船舶运输科学研究所学报, 2019, 42(04):55-60.

[82] 单飞, 章晨, 何杰, 等. 基于联网收费数据的高速公路交通拥挤识别方法研究 [J]. 山东交通科技, 2016, (03):6-9.

[83] 方芳, 王家杰. 联网收费数据应用研究: 收费数据挖掘基础工作 [J]. 中国交通信息产业, 2008, (04):47-50.

[84] 柯文前, 陆玉麒, 朱宇, 等. 交通流网络的时空特征解析: 基于张量分解方法视角 [J]. 地理科学, 2016, 36(11):1679-1687.

[85] 刘旭东, 邹纪元. 基于联网收费数据的高速公路出行特征分析 [J]. 综合运输, 2019, 41(10):113-117.

[86] 叶长征, 钟足峰. 基于联网收费数据预测行程时间的实现 [J]. 微计算机信息, 2007(17):44-46.

[87] 张连发. 基于流数据的地理加权回归建模方法的研究 [D]. 武汉: 武汉大学, 2019.

[88] 陈伟, 刘卫东, 柯文前, 等. 基于公路客流的中国城市网络结构与空间组织模式 [J]. 地理学报, 2017, 72(02):224-241.

[89] 靳诚, 徐菁, 黄震方, 等. 基于高速公路联网收费数据的江苏省交通流动特征与影响因素 [J]. 地理学报, 2018, 73(02):248-260.

[90] 柯文前. 高速公路交通流网络的时空特征与城市空间关联研究 [D]. 南京: 南京师范大学, 2015.

[91] 柯文前, 陈伟, 陆玉麒, 等. 基于高速公路流的江苏省城市网络空间结构与演化特征 [J]. 地理科学, 2019, 39(03):405-414.

[92] 柯文前, 陈伟, 杨青. 基于高速公路流的区域城市网络空间组织模式: 以江苏省为例 [J]. 地理研究, 2018, 37(09):1832-1847.

[93] 柯文前, 陆玉麒, 陈伟, 等. 高速交通网络时空结构的阶段性演进及理论模型: 以江苏省高速公路交通流网络为例 [J]. 地理学报, 2016, 71(02):281-292.

[94] FANG Y F, YANG Q F, ZHENG L L, et al. A deep cycle limit learning machine method for urban expressway traffic incident detection [J]. Mathematical Problems in Engineering, 2020, 2020:11.

[95] ITO T, HIRAMOTO T. A general simulator approach to ETC toll traffic congestion [J]. Journal of Intelligent Manufacturing., 2006, 17(5):597-607.

[96] XING J, TAKAHASHI H, KAMEOKA H. Mitigation of expressway traffic congestion through transportation demand management with toll discount [J]. IET Intelligent Transport Systems, 2010, 4(1):50-60.

[97] ZHANG J B, SONG G H, YU L, et al. Identification and characteristics analysis of bottlenecks on urban expressways based on floating car data [J]. Journal of Central South University, 2018, 25(8):2014-24.

[98] 张莉, 孙钢, 郭军. 基于 K-均值聚类的无监督的特征选择方法 [J]. 计算机应用研究, 2005(3):23-24.

[99] 李郅琴, 杜建强, 聂斌, 等. 特征选择方法综述 [J]. 计算机工程与应用, 2019, 55(24):10-19.

[100] DIJKSTRA E W. A note on two problems in connexion with graphs [J]. Numerische Mathematik, 1959, 1(1):269-271.

[101] 王玉晗, 罗邓三郎. 聚类算法综述 [J]. 科技资讯, 2018, 16(24):10-1.

[102] 邓林培. 经典聚类算法研究综述 [J]. 科技传播, 2019, 11(05):108-110.

[103] 章永来, 周耀鉴. 聚类算法综述 [J]. 计算机应用, 2019, 39(07):1869-1882.

[104] 杨俊闯, 赵超. k-means 聚类算法研究综述 [J]. 计算机工程与应用, 2019, 55(23):7-14.

[105] 任远航. 面向大数据的 k-means 算法综述 [J]. 计算机应用研究, 2020, 37(12):3528-3533.

[106] 赵珍珍, 柯文前, 杨青. 区域高速公路交通流时空特征解析: 以江苏省为例 [J]. 经济地理, 2016, 36(02):53-58.

[107] NELSON T A, BOOTS B. Detecting spatial hot spots in landscape ecology [J]. Ecography, 2008, 31(5):556-566.

[108] YOHANNES A Y W, MINALE A S. Identifying the hot spot areas of road traffic accidents [J]. Jordan Journal of Civil Engineering, 2015, 9(3):358-370.

[109] IJUMULANA J, LIGATE F, BHATTACHARYA P, et al. Spatial analysis and GIS mapping of regional hotspots and potential health risk of fluoride concentrations in groundwater of northern Tanzania [J]. Science of The Total Environment, 2020, 735:139584.

[110] TRUONG L T, SOMENAHALLI S V C. Using GIS to identify pedestrian-vehicle crash hot spots and unsafe bus stops [J]. Journal of Public Transportation, 2011, 14(1):99-114.

[111] LIU Y, YAN X D, WANG Y, et al. Grid mapping for spatial pattern analyses of recurrent urban traffic congestion based on taxi GPS sensing data [J]. Sustainability, 2017, 9(4):533.

[112] MA X, YU H, WANG Y, et al. Large-scale transportation network congestion evolution prediction using deep learning theory [J]. PLoS One, 2015, 10(3):1-17.

[113] WANG Y, CAO J, LI W, et al. Exploring traffic congestion correlation from multiple data sources [J]. Pervasive and Mobile Computing, 2017, 41:470-483.

[114] KOLDA T G, BADER B W. Tensor decompositions and applications [J]. SIAM Review, 2009, 51(3):455-500.

[115] LI D S, YANG L, YU Z Y, et al. A tensor-based interpolation method for sparse spatio-temporal field data [J]. Journal of Spatial Science, 2018,65:307-325.

[116] LI D, GAO H, LUO W, et al. Multidimensional feature explorer for unbalanced spatiotemporal data [J]. Earth and Space Science, 2019, 6(5):716-729.

[117] KASHI S O M, AKBARZADEH M. A framework for short-term traffic flow forecasting using the combination of wavelet transformation and artificial neural networks [J]. Journal of Intelligent Transportation Systems, 2018, 23(1):60-71.

[118] LU S, ZHANG H, LI X, et al. Analysis of temporal-longitudinal-latitudinal characteristics in the global ionosphere based on tensor rank-1 decomposition [J]. Earth, Planets and Space, 2018, 70:1-14.

[119] LUNA X D, GENTON M G. Predictive spatio-temporal models for spatially sparse environmental data [J]. Statistica Sinica, 2005, 15:547-568.

[120] CHEN X Y, HE Z C, SUN L J. A Bayesian tensor decomposition approach for spatiotemporal traffic data imputation [J]. Transportation Research Part C: Emerging Technologies, 2019, 98:73-84.

[121] DUAN H, LIU Y Z, WANG D, et al. Prediction of a multi-mode coupling model based on traffic flow tensor data [J]. Journal of Intelligent & Fuzzy Systems, 2019, 36(2):1691-1703.

[122] GOULART J H D M, KIBANGOU A Y, FAVIER G. Traffic data imputation via tensor completion based on soft thresholding of Tucker core [J]. Transportation Research Part C: Emerging Technologies, 2017, 85:348-362.

[123] SUN L, AXHAUSEN K W. Understanding urban mobility patterns with a probabilistic tensor factorization

framework [J]. Transportation Research Part B: Methodological , 2016, 91:511-524.

[124] TAN H C, FENG G D, FENG J S, et al. A tensor-based method for missing traffic data completion [J]. Transportation Research Part C: Emerging Technologies, 2013, 28:15-27.

[125] TANG K, CHEN S Y, KHATTAK A J. Personalized travel time estimation for urban road networks: a tensor-based context-aware approach [J]. Expert Systems with Applications, 2018, 103:118-132.

[126] TANG K, CHEN S Y, LIU Z Y, et al. A tensor-based Bayesian probabilistic model for citywide personalized travel time estimation [J]. Transportation Research Part C: Emerging Technologies , 2018, 90:260-80.

[127] XIAO Y L, YIN Y. Hybrid LSTM neural network for short-term traffic flow prediction [J]. Information, 2019, 10(3):105.

[128] HONG W C, DONG Y C, ZHENG F F, et al. Hybrid evolutionary algorithms in a SVR traffic flow forecasting model [J]. Applied Mathematics and Computation, 2011, 217(15):6733-6747.

[129] WANG Z H, LU C Y, PU B, et al. Short-term forecast model of vehicles volume based on ARIMA seasonal model and Holt-Winters [C]. 4th Annual International Conference on Information Technology and Applications, 2017.

[130] KUMAR S V, VANAJAKSHI L. Short-term traffic flow prediction using seasonal ARIMA model with limited input data [J]. European Transport Research Review, 2015, 7:1-9.

[131] MOU L T, ZHAO P F, XIE H T, et al. T-LSTM: a long short-term memory neural network enhanced by temporal information for traffic flow prediction [J]. IEEE Access, 2019, 7:98053-98060.

[132] ZIVOT E, WANG J. Vector autoregressive models for multivariate time series [M]. New York: Springer, 2003.

[133] PFAFF B. VAR, SVAR and SVEC models: implementation within R package vars [J]. Journal of Statistical Software, 2008, 27(4):1-32.

[134] PRAVILOVIC S, BILANCIA M, APPICE A, et al. Using multiple time series analysis for geosensor data forecasting [J]. Information Sciences, 2017, 380:31-52.

[135] TSAY R S. Multivariate time series analysis: with R and financial applications [M]. New York: John Wiley & Sons, 2014.

[136] 宝音朝古拉, 苏木亚, 赵洋. 基于 VAR 模型的东亚主要国家和地区金融危机传染实证研究 [J]. 金融理论与实践, 2013(3):29-34.

[137] TSUI W H K, FUNG M K Y. Analysing passenger network changes: the case of Hong Kong [J]. Journal of Air Transport Management, 2016, 50:1-11.

[138] LAO X, ZHANG X, SHEN T, et al. Comparing China's city transportation and economic networks [J]. Cities, 2016, 53:43-50.

[139] GIBSON J, OLIVIA S, BOE‐GIBSON G. Night lights in economics: sources and uses [J]. Journal of Economic Surveys, 2020,34(5):955-980.

[140] MA T, ZHOU Y, ZHOU C, et al. Night-time light derived estimation of spatio-temporal characteristics of urbanization dynamics using DMSP/OLS satellite data [J]. Remote Sensing of Environment, 2015, 158:453-464.

[141] LANKHUIZEN M, BOONSTRA H J, DE BLOIS C. Unpacking freight – Identifying conditions driving regional freight transport in statistics [J]. Transportation Research Part A: Policy and Practice, 2020, 132:415-435.

[142] WANG J, GOODERHAM P. Institutional change and regional development in China: The case of commodity trading markets [J]. Environment and Planning C: Politics and Space, 2014, 32(3):471-490.

[143] KOZLOVA M, COLLAN M. Renewable energy investment attractiveness: enabling multi-criteria cross-regional analysis from the investors' perspective [J]. Renewable Energy, 2020, 150:382-400.

[144] HU B B, LIU Y Y, ZHANG X X, et al. Understanding regional talent attraction and its influencing factors in China: from the perspective of spatiotemporal pattern evolution [J]. PLoS One, 2020, 15(6):1-18.

[145] FU S H, GU Y Z. Highway toll and air pollution: evidence from Chinese cities [J]. Journal of Environmental Economics and Management, 2017, 83:32-49.

[146] PFAFF B. Analysis of integrated and cointegrated time series with R [M]. 2nd ed. New York: Springer, 2008.

[147] ZEILEIS A, HOTHORN T. Diagnostic checking in regression relationships [J]. R News, 2002, 2(3):7-10.

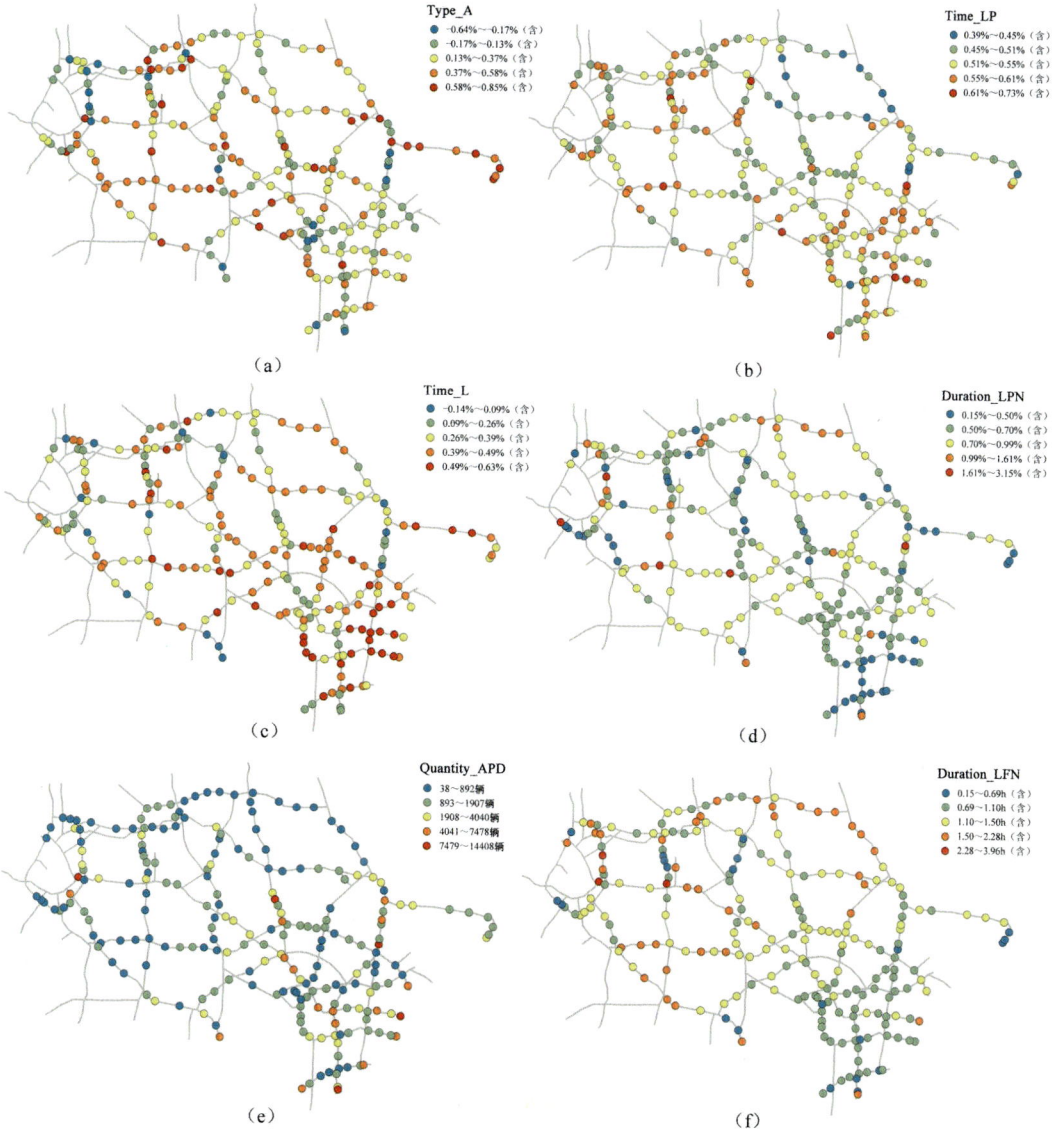

Type_A
- ● -0.64%~-0.17%（含）
- ● -0.17%~0.13%（含）
- ● 0.13%~0.37%（含）
- ● 0.37%~0.58%（含）
- ● 0.58%~0.85%（含）

Time_LP
- ● 0.39%~0.45%（含）
- ● 0.45%~0.51%（含）
- ● 0.51%~0.55%（含）
- ● 0.55%~0.61%（含）
- ● 0.61%~0.73%（含）

（a）　　　　　　　　　　　　　　（b）

Time_L
- ● -0.14%~0.09%（含）
- ● 0.09%~0.26%（含）
- ● 0.26%~0.39%（含）
- ● 0.39%~0.49%（含）
- ● 0.49%~0.63%（含）

Duration_LPN
- ● 0.15%~0.50%（含）
- ● 0.50%~0.70%（含）
- ● 0.70%~0.99%（含）
- ● 0.99%~1.61%（含）
- ● 1.61%~3.15%（含）

（c）　　　　　　　　　　　　　　（d）

Quantity_APD
- ● 38~892辆
- ● 893~1907辆
- ● 1908~4040辆
- ● 4041~7478辆
- ● 7479~14408辆

Duration_LFN
- ● 0.15~0.69h（含）
- ● 0.69~1.10h（含）
- ● 1.10~1.50h（含）
- ● 1.50~2.28h（含）
- ● 2.28~3.96h（含）

（e）　　　　　　　　　　　　　　（f）

图 7-8　高速公路空间流不同节点聚合特征空间分布

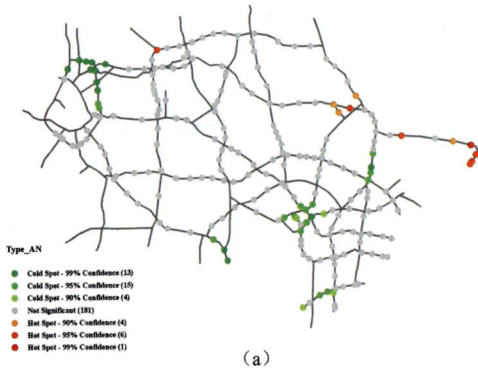

(a)

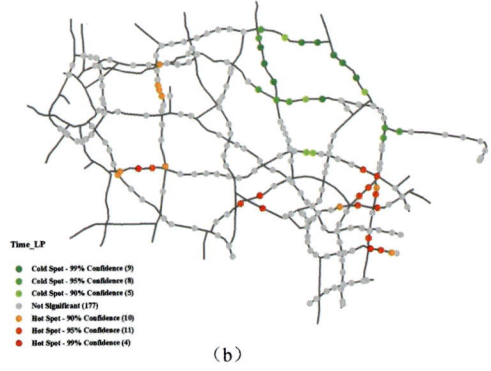

(b)

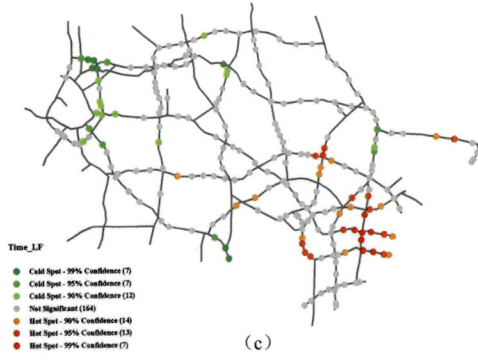

(c)

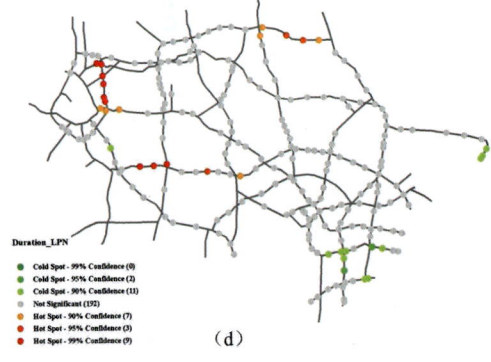

(d)

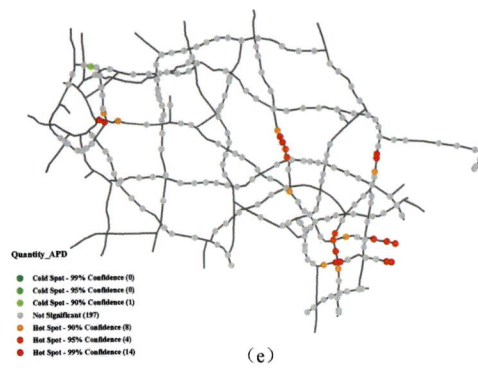

(e)

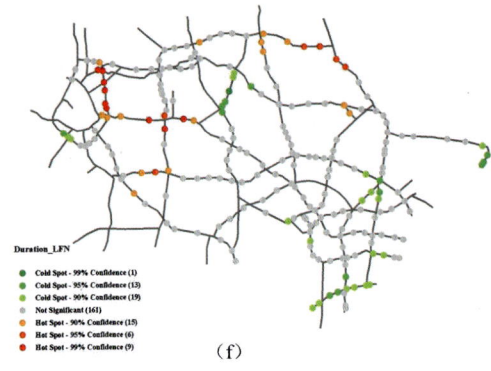

(f)

图 7-9　高速公路空间流节点聚合特征热点分析结果

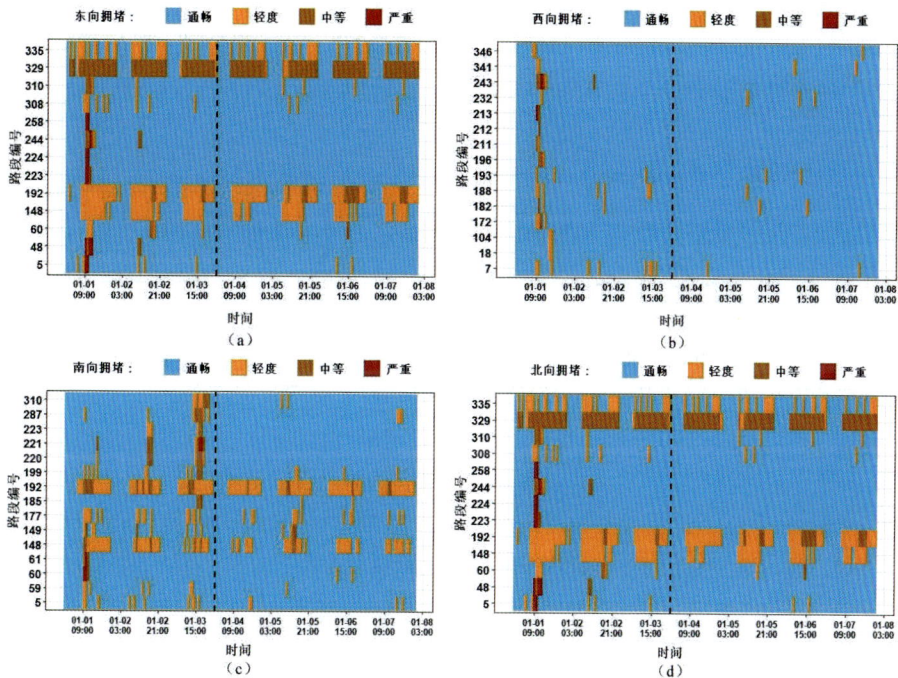

图 7-10　基于路径聚合特征检测的拥堵路段时空分布

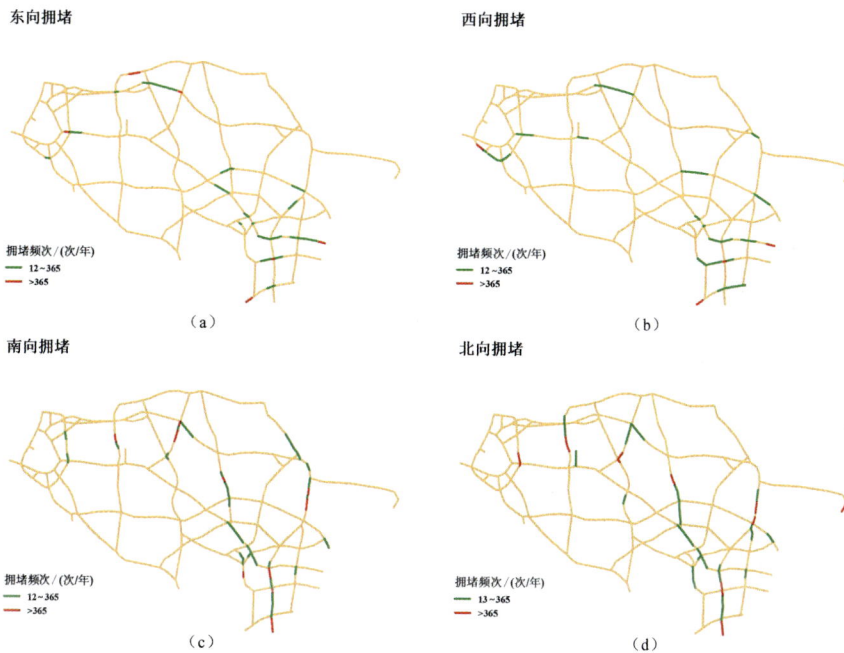

图 7-11　路径聚合特征检测的交通拥堵频次较高路段的空间分布

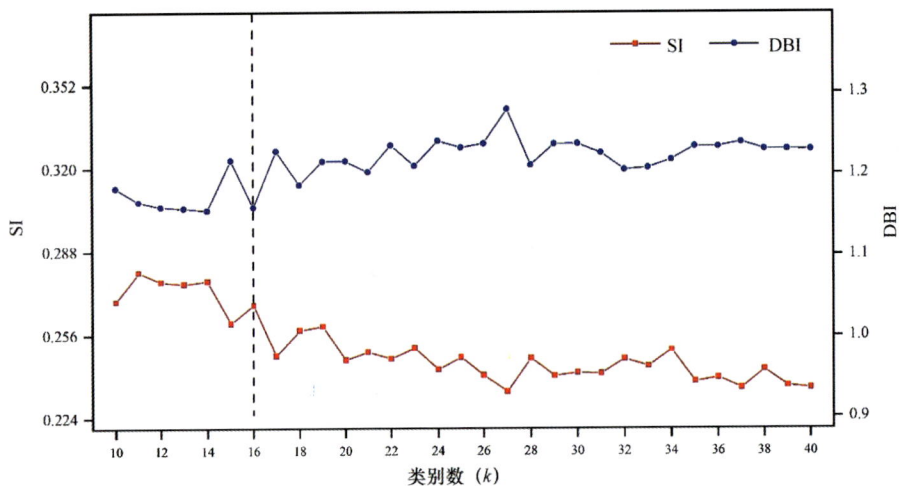

图 7-13　高速公路空间流节点连线聚类最优类别数确定

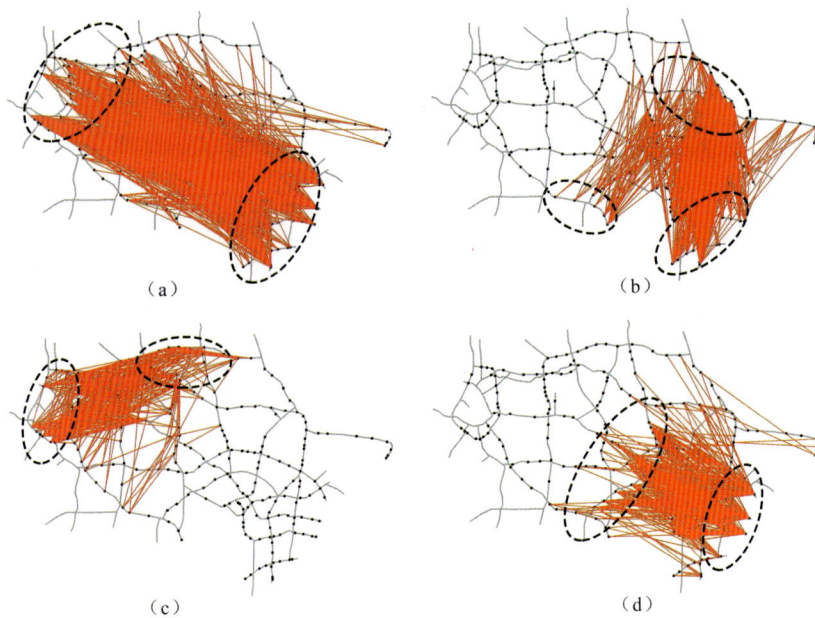

（a）

（b）

（c）

（d）

图 7-14　高速公路空间流节点连线聚类结果揭示的区域关联

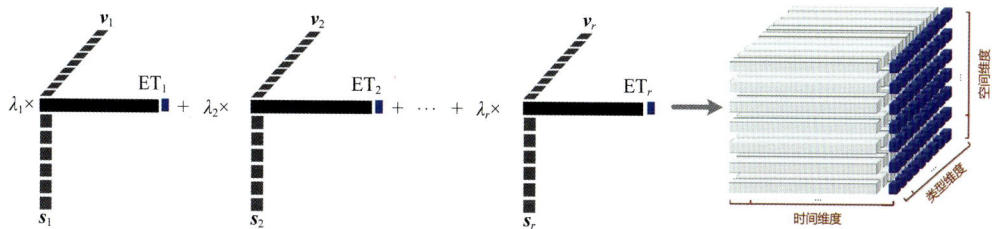

图 8-5　结合时间聚合特征序列预测值重构高速公路空间流张量

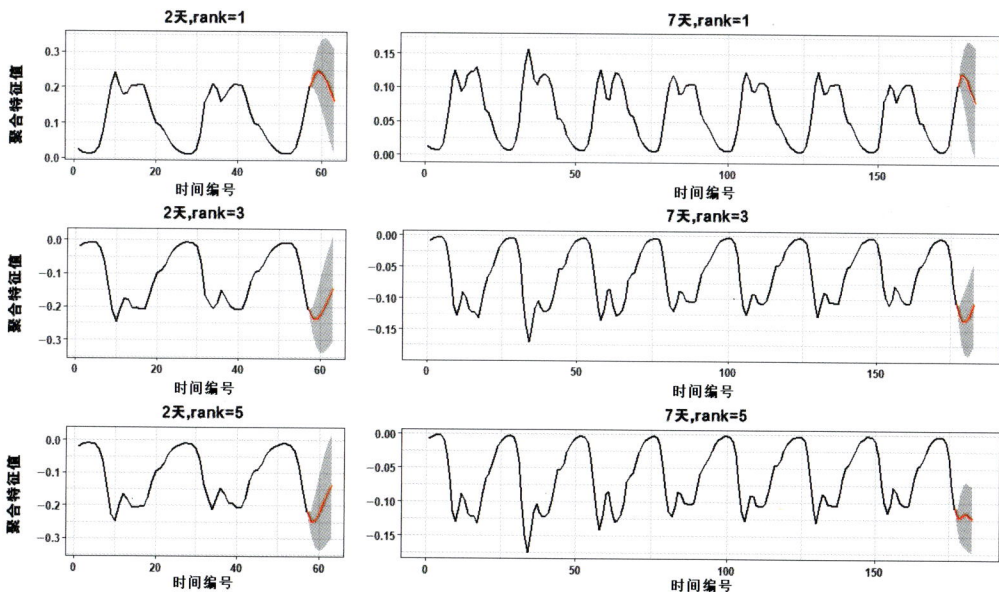

图 8-8　第一时间聚合特征序列及其 ARIMA 模型预测效果

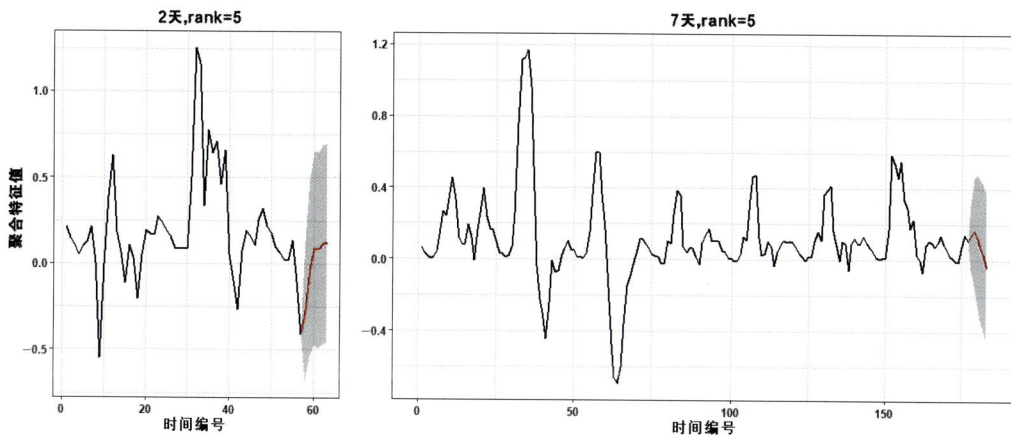

图 8-9　第五时间聚合特征序列及其 ARIMA 模型预测结果

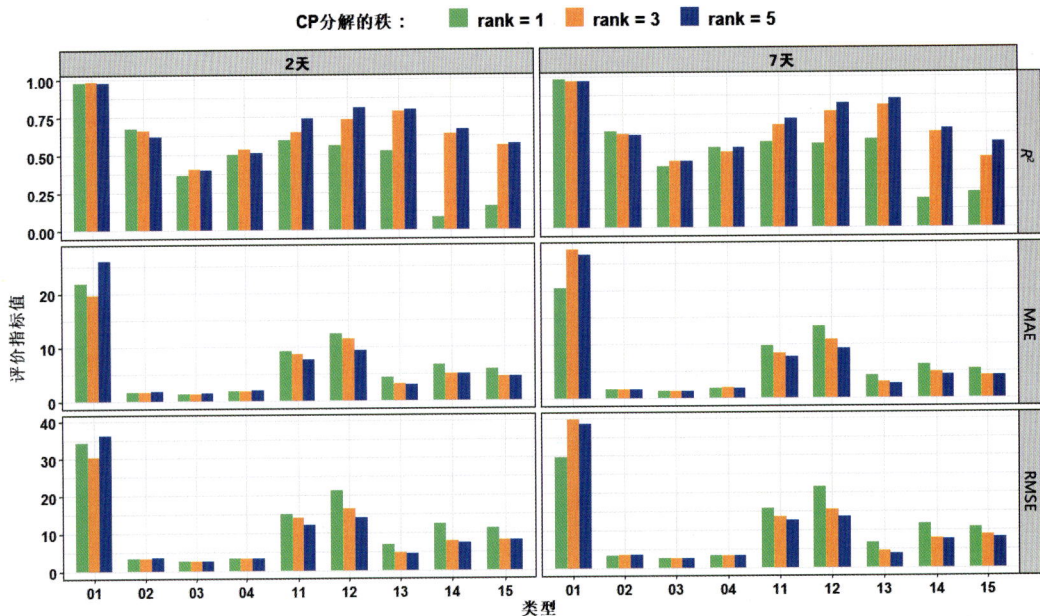

图 8-11 不同车型高速公路空间流数量预测精度与误差

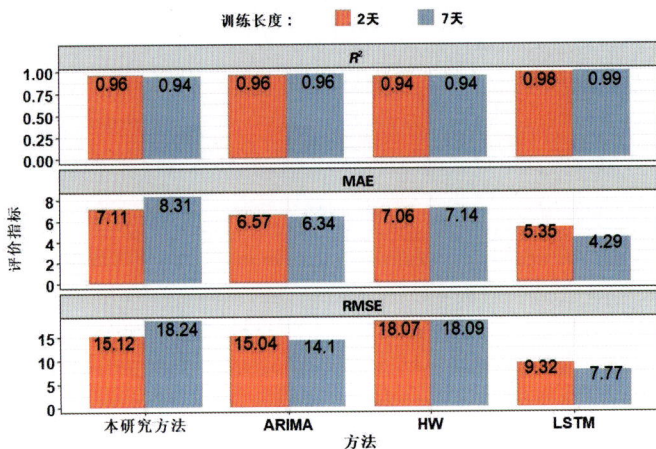

图 8-14 高速公路空间流数量预测效果评价指标对比

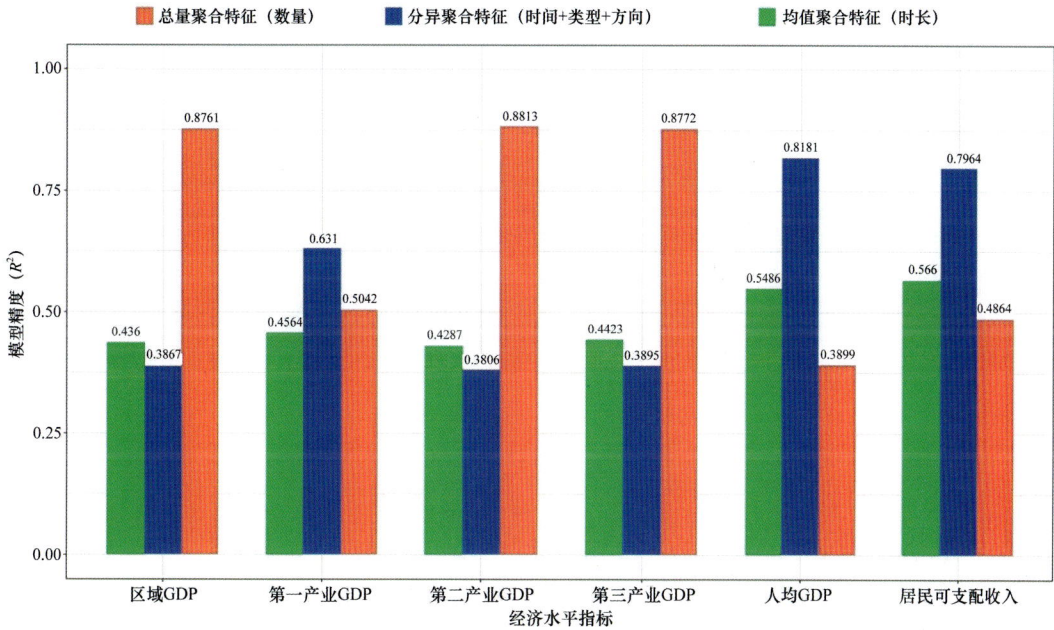

图 9-1　单一类型位置聚合特征与区域经济指标多元回归精度柱状图

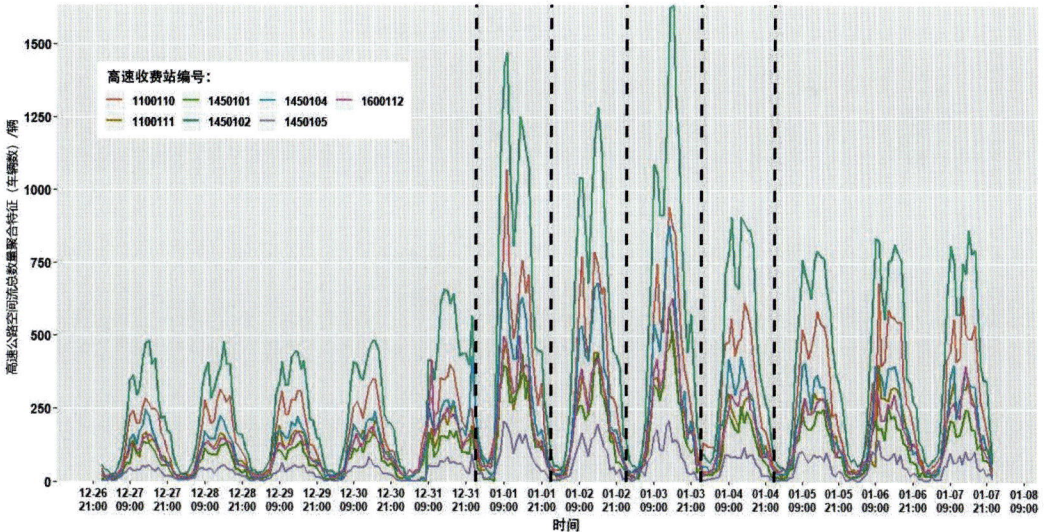

图 9-4　不同节点上高速公路空间流时间聚合特征序列

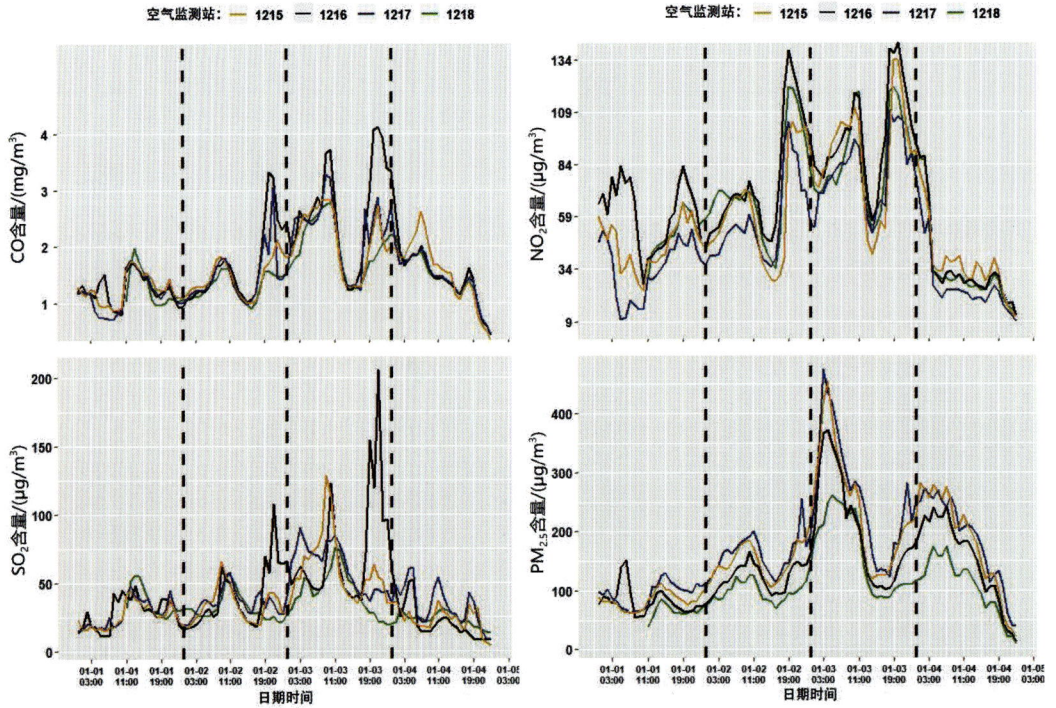

图 9-5　不同空气污染物含量变化